Hommage bien respectueux
à Monsieur Léopold-Delisle
Administrateur-Général de la Bibliothèque nationale
Membre de l'académie des Inscriptions & Belles-Lettres

1/9/1900
A. Féret

Études
SUR L'HYGIÈNE
SCOLAIRE
ET
D'Intérêt Général

1900

A. FÉRET

OFFICIER DE L'INSTRUCTION PUBLIQUE
MEMBRE
DES TROIS SOCIÉTÉS D'HYGIÈNE DE PARIS
ET DE
L'ASSOCIATION FRANÇAISE POUR L'AVANCEMENT DES SCIENCES

CHEZ L'AUTEUR
A. FÉRET, rue Étienne-Marcel, 16
PARIS

PARIS
IMPRIMERIE A. JOUANDEAUX
158, Faubourg Saint-Martin, 158

A. PÉRET
1823

A MONSIEUR GRÉARD

GRAND-OFFICIER DE LA LÉGION D'HONNEUR,

MEMBRE DE L'ACADÉMIE FRANÇAISE,

VICE-RECTEUR DE L'ACADÉMIE DE PARIS.

Paris, le 3 décembre 1889.

Monsieur le Recteur,

J'ai l'honneur de vous dédier ces Études sur l'Hygiène scolaire, en vous priant de vouloir bien en agréer l'hommage.

La sollicitude si dévouée dont vous entourez nos jeunes gens aux Ecoles, me fait espérer, Monsieur le Recteur, que vous voudrez bien faire à cet Essai un accueil favorable.

Je vous prie d'agréer, Monsieur le Recteur de l'Académie de Paris, l'expression de mes sentiments les plus respectueux, avec l'assurance de mon entier dévouement.

A. FÉRET

Officier d'Académie.

ACADÉMIE
DE PARIS

CABINET
DU
VICE-RECTEUR

UNIVERSITÉ DE FRANCE

Paris, le 7 décembre 1889.

MONSIEUR,

Je vous remercie de m'avoir communiqué les épreuves de votre ESSAI SUR L'HYGIÈNE SCOLAIRE *et j'agrée la dédicace que vous avez bien voulu m'en faire.*

Recevez, Monsieur, l'expression de mes sentiments les plus distingués.

GRÉARD.

INTRODUCTION

A cette époque où les questions d'hygiène préoccupent tant d'esprits, de grands progrès ont été accomplis ; mais en entrant dans cette voie, on s'aperçoit qu'il reste encore beaucoup à faire.

Le Congrès International d'Hygiène et de Démographie qui a eu lieu à Paris pendant l'Exposition Universelle de 1889, sous les auspices de M. le Ministre du Commerce et de l'Industrie, et sous la présidence de M. le Dr Brouardel, s'est livré, dans ses nombreuses séances, à de grands travaux.

Nombre de questions des plus intéressantes y ont été traitées avec le concours d'hommes éminents, délégués par les nations étrangères. L'hygiène scolaire a été particulièrement l'objet de discussions approfondies.

Bien que je n'occupe parmi les hygiénistes

qu'un rang bien modeste, je me suis efforcé cependant d'apporter ma part dans cette œuvre générale, heureux si mes faibles efforts peuvent contribuer à rendre service à l'enfance aux études.

Je vais donc soumettre ici le résultat de mes réflexions, en réclamant l'indulgence des lecteurs.

A. FÉRET

HYGIÈNE SCOLAIRE

CHAPITRE PREMIER

LAVAGE DU SOL ET DES MURS DANS LES SALLES D'ÉCOLES

N'avez-vous jamais été surpris, en entrant dans une salle d'étude, de l'air vicié que l'on y respire, bien que les classes soient généralement aérées et que rien n'ait été négligé par les architectes dans les nouvelles constructions pour donner à nos enfants un air abondant.

Ne serait-il pas possible de mettre moins d'enfants par salles d'écoles, en donnant plus d'importance aux constructions actuelles ?

Ajoutons un étage ou deux aux écoles de nos villes. L'enfant a les poumons libres et, en somme, il ne monterait les étages supplémentaires que quelques fois par jour. Il fait cet exercice bien plus souvent chez ses parents pour les petites commissions dont ils le chargent.

— Alors, c'est une dépense supplémentaire que vous proposez, nous dira-t-on ?

— Mais l'argent est-il à comparer avec la santé des enfants ?

Chacun de nous tient aux siens, et nous ne voyons pas que la question pécuniaire soit une cause de refus.

Notre plus grande préoccupation ne doit-elle pas être de veiller à ce que nos enfants soient dans un milieu sain, qui préserve leur santé de toute atteinte ?

Modifions donc ce qui paraît devoir leur être nuisible.

Nous devons préparer une forte génération, capable de supporter les charges sociales qui lui sont réservées.

Peut-être aura-t-elle des épreuves redoutables à subir !

Il y a donc lieu de nous empresser, et de donner aux poitrines délicates de nos enfants un air aussi salubre que possible.

Pour obtenir ce résultat, il faudrait, selon nous, que les murs intérieurs de chaque classe fussent lavés tous les mois (à l'eau simple pour ne pas détériorer la peinture.)

Ce lavage nous paraît indispensable et voici pourquoi :

La poussière produite par le balayage s'attache aux murs et s'y fixe, — l'haleine des enfants et l'humidité de l'atmosphère aidant.

Le sol devrait également être lavé au moins une fois par semaine.

Chaque enfant apporte avec ses chaussures et ses vêtements la poussière de la rue, la boue par le mauvais temps. Ses expectorations sont aussi, dans de certains cas, une cause d'insalubrité ; c'est pourquoi nous insistons sur la nécessité de laver le sol, car le balayage est certainement insuffisant. Au cas où le lavage fréquent serait impossible, nous conseillons d'épandre du sable ou de la sciure de bois préalablement mouillés, ce qui, en balayant, entraîne la poussière sans la soulever.

Nous pouvons ici faire remarquer la difficulté de cette opération dans l'état actuel, pour plusieurs raisons que nous allons indiquer :

La première consiste dans les nombreux points d'appui nécessités par le genre de construction des tables unies au banc ; la seconde, dans la barre transversale sur laquelle les enfants doivent poser leurs pieds. En outre, il existe sous le banc une autre barre qui vient aussi mettre obstacle au nettoyage. Enfin, l'espace que la table-banc à deux places occupe, est d'environ 1 m 20 de long sur 0 m. 80 de large, de sorte que la place réservée entre chaque table est très restreinte.

On conçoit aisément que la personne chargée du balayage ne peut faire convenablement son travail.

Les tables unipersonnelles, avec banc indépendant, sont assurément préférables sous plusieurs rapports.

L'éléve travaille mieux et il est moins distrait.

Cette disposition qui n'exige pas plus de place, (les preuves en sont plusieurs fois faites) est certainement meilleure, puisqu'en dehors de ses autres avantages, elle facilite l'assainissement.

Quant au sol des classes, dans les Ecoles des villes, il a paru à des hygiénistes que l'asphalte comprimé pouvait offrir de sérieux avantages pour l'hygiène. Le balayage serait, à leur avis, plus facile et mieux fait ; le lavage ne laisserait pas d'humidité, car l'évaporation serait rapide.

Le bitume, par suite du gravier qu'il contient, présente des aspérités nuisibles au balayage; d'un autre côté, le parquet reçoit entre chaque lame une quantité de poussière qu'il est très difficile d'enlever, même par le lavage. Ces molécules, en se dispersant dans l'air, sont funestes à la santé des élèves.

Il suffirait d'une légère dépense mensuelle affectée au nettoyage pour obtenir un résultat salutaire.

Chaque fois qu'il nous est donné de voir des jardins bien tenus, les plantes et les arbustes soignés, munis d'un tuteur s'ils ont un penchant à se courber, nous nous disons : « Heureuses plantes, vous avez un jardinier qui prend soin de vous, qui vous donne l'engrais nécessaire, vous arrose et vous redresse ! »

Hélas ! quand se formera la Société protectrice de l'enfance aux études ?

CHAPITRE II

DE L'UTILITÉ DE DONNER A L'ENFANT UNE TABLE A SA TAILLE

Parmi les personnes qui composent une réunion, la diversité de stature est frappante.

Il en est de même à l'école. Ne vous rappelez-vous pas que vos voisins d'étude étaient d'une taille différente?

D'un côté votre condisciple était plus grand, tandis que de l'autre, il était d'une taille inférieure ; et pourtant vous occupiez la même table.

Il est évident que si elle vous convenait, vos voisins ne devaient pas s'y trouver bien.

L'enfant plein d'insouciance subit les effets déplorables de cette lacune qui existe forcément dans les tables scolaires à l'état fixe; mais il n'a pas la réflexion nécessaire pour en juger la cause.

Il sent instinctivement le besoin d'un pupitre

à sa taille, tout en se rendant compte que ce désir ne peut être satisfait, puisque le modèle adopté est le même pour tous.

Cet enfant devenu homme se rappelle le malaise qu'il a éprouvé ; il s'en plaint, il en ressent encore la funeste influence, et, grave inconséquence, il envoie ses enfants dans les écoles où les mêmes tables existent encore.

Aucune protestation ne s'élève.

Chacun se résigne à voir souffrir les siens des mêmes maux dont il conserve un si mauvais souvenir... Cette inconséquence n'est cependant qu'apparente.

Cet homme, chef de famille, a des devoirs sociaux à remplir.

Il se doit tout entier à son labeur quotidien, duquel dépendent son présent et son avenir, et il s'en rapporte à l'édilité, à ceux qui, par leurs fonctions, sont chargés de veiller au bien-être général des enfants aux études.

N'avons-nous pas l'administration municipale, la direction des travaux de la ville, les commissions d'hygiène qui ont pour mission de rechercher les voies et moyens de protéger l'enfance, de la mettre à l'abri de tout ce qui peut être nuisible à la santé ?

L'administration et ces commissions sont, en effet, chargées d'appliquer les idées nouvelles qui leur paraissent pratiques, et elles s'acquittent de cette tâche avec un zèle que chacun se plaît à reconnaître ; mais encore faut-il que ces idées aient vu le jour et qu'elles aient été propagées.

La marche du progrès est lente, et le côté matériel y met souvent obstacle.

On en est à ce point avec la table scolaire.

Selon nous, le moyen pratique de combattre le système actuel dont chacun constate les effets pernicieux, doit se trouver dans l'emploi d'une table scolaire que l'élève, grâce à une disposition très simple, pourra mettre à sa taille.

Chacun sait que l'enfant grandit de 1 centimètre 1/2 à 2 par trimestre. Il est donc nécessaire que le pupitre soit élevé proportionnellement, suivant les instructions du maître d'étude.

Rien ne sera plus facile que d'obtenir ce résultat qui donnera à l'écolier une position grâce à laquelle sa poitrine préservée du contact immédiat du pupitre, se dilatera en toute liberté.

En outre, la vue sera conservée dans tout son éclat.

Nous parlons de l'enfant en général ; mais nos filles ne retireront-elles pas un avantage supérieur encore, de l'emploi du système que nous venons d'exposer ?

Elles éviteraient certainement cette rondeur du dos qui s'accuse chez beaucoup d'entre elles par suite de leur croissance rapide, et qu'elles sont impuissantes à faire cesser, malgré leurs efforts, dès qu'elle s'est accentuée.

Aussi, les parents sont ils douloureusement affectés lorsqu'ils remarquent, aux époques des vacances, cet affaissement dorsal que l'enfant conserve par l'habitude contractée, et qui va s'augmentant graduellement, malgré les plus vives recommandations.

CHAPITRE III

DES DANGERS DU SÉDENTARISME ET DES MOYENS DE L'ÉVITER.

On a beaucoup écrit contre le sédentarisme des enfants aux études.

Cette question a été très agitée dans la presse et à l'Académie de médecine; mais elle n'a pas reçu de solution.

Il est cependant reconnu que l'enfant a besoin de mouvement.

Ne pourrait-on pas lui donner satisfaction pendant ses travaux scolaires, sans nuire à ses études ?

C'est ce que nous verrons plus loin.

Il est réellement fatigant de conserver une position assise, toujours la même, sur un banc fixe. Nous dirons plus, cette attitude provoque un énervement qui amène le malaise d'abord et ensuite la somnolence. Le cerveau s'engourdit; les leçons du professeur n'ont plus d'action, parce que l'intelligence de l'enfant est tellement alourdie que les récréations qui scindent les heures d'étude, ne suffisent pas toujours pour lui rendre toutes ses facultés.

L'élève revient à sa place et, s'asseyant retombe bientôt dans le même état.

Il perd ainsi une partie de son temps et des leçons qui lui sont prodiguées.

L'élève ressent bien cet inconvénient; mais il lui est matériellement impossible de l'éviter.

Malgré leur ardeur à l'étude, les enfants les plus courageux trouvent les heures d'une lenteur désespérante, et aspirent au moment de la sortie qui viendra les délivrer de cette position qui leur paraît un supplice.

Tels sont les inconvénients et le danger du sédentarisme.

Adversaire de ce danger, nous avons voulu rechercher les moyens logiques et rationnels d'y soustraire nos enfants.

Voici, selon nous, comment on pourrait le combattre efficacement.

Donnons à l'enfant une table qui soit à lui, et dont la hauteur soit facultative, afin qu'il puisse la mettre à sa taille.

Organisons les travaux debout.

La discipline n'y perdra rien. Nous pouvons l'affirmer, car nous avons consulté nombre de Membres de l'Enseignement qui nous en ont donné l'assurance formelle.

Les travaux alternés, assis et debout, nous ont surtout paru de nature à obtenir le résultat recherché, en les pratiquant dans une sage mesure, afin d'en faire une variété attrayante.

Nous avons fait remarquer que, dans les travaux assis, l'élève ayant une table à sa taille, aura une tenue correcte ; il en sera de même dans les travaux debout, avec cette différence qu'il devra exécuter les mouvements de gauche et de droite que nous recommandons, et que nous développerons dans un chapitre suivant.

C'est par ces moyens que nous espérons parvenir à rendre le travail agréable, en évitant la monotonie et l'ennui provoqués par l'uniformité.

CHAPITRE IV

NÉCESSITÉ DE DÉVELOPPER L'ENFANT AUX ÉTUDES

Il est certain que l'absence de mouvement est une cause importante d'affaiblissement, et nous ne croyons même pas utile de faire remarquer qu'une personne alitée depuis quelque temps, par suite d'un accident quelconque, éprouve dans les jambes une faiblesse qui lui rend la marche pénible, dès que la convalescence lui permet de reprendre ses occupations.

Si nous considérons que l'enfant interné aux écoles conserve la même attitude pendant ses études, pour le moins cinq à six heures par jour, bien qu'elles soient interrompues par des récréations, il est évident que ce manque d'exercice lui est contraire et forme obstacle à la vigueur des muscles.

Si cette situation n'était que momentanée, et qu'une variation y fût apportée, afin d'en atténuer la fatigue, le mal serait facile à réparer ; mais il n'en est pas ainsi.

Nous montrerons plus loin, au Chapitre supplémentaire, que cette position assise, même chez l'homme, présente de graves inconvénients.

Remarquons que l'enfant, jusqu'à l'âge de six ans, a grandi en toute liberté. Il n'a subi aucune contrainte dans son développement ; mais après quelques mois de séjour en classe, il perd la fraîcheur de son teint et la rondeur de ses joues, — heureux s'il ne devient pas anémique.

Cet état est évidemment produit par l'air vicié qu'il respire, et par la privation de mouvement. En outre, l'appui continu de la poitrine sur le bord du pupitre, cause la perturbation des fonctions de l'estomac.

Il est à remarquer que sur cent enfants, il en naît un tiers d'une constitution supérieure, un tiers d'une constitution moyenne et un tiers d'une constitution chétive (1).

Il est donc logique d'éviter tout ce qui pourrait affaiblir la constitution du premier tiers, de travailler à améliorer celle du second, et de s'efforcer de sauver le troisième.

Nous allons démontrer au chapitre suivant l'efficacité des travaux alternatifs debout et

---

(1) Rapport de M. Brare, professeur aux Cours normaux à la Société pour l'Instruction élémentaire, inséré au *Journal d'Éducation populaire*, mars-avril 1886.

assis, et présenter l'avantage qui résulterait de leur adoption au point de vue de l'hygiène, étant donné que ces exercices sont tout à fait conformes aux principes de la gymnastique.

Bien certainement, l'élève, en restant toujours assis et trop longtemps courbé, a souffert dans sa santé, dans son organisme et dans sa constitution.

Nous croyons qu'il est réellement déplorable de laisser subsister un système aussi funeste, alors que les moyens existent de l'abolir.

Il est certain que le mal causé à la jeunesse de nos écoles est bien plus grave dans les études secondaires ; mais, s'il existe dans une proportion moindre aux études primaires, pourquoi ne pas employer, là aussi, les moyens que nous avons de le faire disparaître ?

Que devons-nous avant tout rechercher ? La vigueur corporelle chez nos enfants, tout en ornant leur esprit des bienfaits de l'instruction. « Mens sana in corpore sano. » disaient les anciens. « Bon pied, bon œil. » dit un proverbe populaire. Or, l'immobilité est un obstacle à la vigueur des tendons des jarrets, et « bon œil » est compromis par l'affaissement de l'élève sur des tables scolaires qui restent fixes pendant qu'il grandit.

Certes, nous remplissons un devoir social en faisant instruire nos enfants; mais sachons allier les qualités physiques aux qualités intellectuelles. Pensons qu'aussitôt que l'élève possède son certificat d'études, nous lui donnons une profession; c'est alors qu'on reconnaît l'insuffisance d'exercice qui aurait pu développer davantage cet enfant que nous aimons tant.

Le chef de l'établissement où nous le présentons, ne juge que sur l'apparence, et les conditions qu'il nous fait sont en rapport avec l'aspect que le jeune homme présente.

Dans les établissements secondaires que l'élève ne quitte qu'à l'âge de 16 à 18 ans, le manque d'exercice résultant de la position sans cesse assise a certainement bien restreint sa vigueur, et quand le moment d'être soldat est arrivé, il est certain que sa taille et sa force n'ont pas obtenu le développement qu'elles auraient pu avoir, de même que sa musculature n'a pas acquis la fermeté nécessaire, heureux encore si sa vue ne s'est pas affaiblie, et s'il ne vient pas augmenter le nombre déjà si considérable des myopes.

Nous devons pourtant prévoir que la génération qui nous suit, aura, comme le dit si bien Alexandre Dumas fils : « De longues courses à faire et de rudes charges à porter. »

Développons donc nos enfants par une éducation physique sagement entendue ; préparons-les pour les étapes qu'ils pourront avoir à fournir étant soldats ; car, malgré leur bonne volonté et leurs efforts, si nous n'y prenons garde, lorsque le temps des épreuves arrivera, ils seront victimes des circonstances.

Combien de non-valeurs existent dans l'armée au désespoir de nos généraux.

Quel danger pour la Patrie !

. . . .

N'avons-nous pas un intérêt tout aussi puissant à donner à nos filles une santé robuste ?

Leur nature fragile ne nécessite-t-elle pas notre prévoyance la plus entière pour les préserver de toute atteinte ?

L'harmonie corporelle de nos enfants n'est-elle pas pour nous une des plus douces joies de la vie ?

CHAPITRE V

BIENFAITS DES TRAVAUX ALTERNÉS, DEBOUT ET ASSIS, PENDANT LES ÉTUDES, AU POINT DE VUE PHYSIQUE

Il est reconnu que les études sont peu favorables au développement et à la croissance des enfants.

Nous allons nous efforcer d'en rechercher la cause.

Récapitulons le temps qu'ils passent à l'accomplissement de leurs devoirs dans les lycées, au collége ou dans les maisons d'éducation.

Les élèves moyens et les grands se lèvent à 6 heures du matin et se couchent à 8 heures du soir, — soit un ensemble de 14 heures.

Nous pouvons admettre environ 10 heures de travail assis.

Dans les écoles communales, il n'y a que 6 heures de présence; mais l'écolier emporte des devoirs qu'il fait dans sa famille.

Si nous considérons que l'enfant a l'habitude de se courber, de trop pencher la tête sur son cahier ou sur son livre, de ramener les pieds en arrière, nous constatons (de même que chez beaucoup d'hommes du reste) qu'il prend la forme d'un Z.

Il est évident que cette attitude n'est pas bonne, et qu'elle contrarie la nature.

Si nous ajoutons à cela que la position enseignée pour écrire comme étant la meilleure et la moins gênante pour ses voisins, est de ramener le bras gauche sur le devant de la poitrine, le coude droit près du corps, nous reconnaîtrons que cette disposition est contraire aux principes de la gymnastique.

Au gymnase, on nous enseigne que les haltères et l'escrime sont d'excellents exercices. — Le premier développe le thorax; le second donne une vigueur exceptionnelle aux muscles des jambes et des bras.

Nous croyons qu'il serait possible d'employer, pendant les études, ces principes de la gymnastique.

En alternant les travaux assis et debout, on atteindra, selon nous, le but recherché. Voici comment nous en comprenons l'application :

Dans la position assise, le pupitre serait élevé par l'écolier lui-même au niveau de la partie inférieure du sternum (à l'épigastre).

Etant debout, l'élève se tiendrait de trois quarts devant la table, le bras et la jambe du même côté étant avancés, et fixerait son pupitre au niveau que nous venons d'indiquer.

Se plaçant à gauche, il maintiendrait son cahier à la partie supérieure ; à droite, il écrirait le plus haut possible, la main gauche au bas du cahier.

On empêcherait ainsi le contact de la poitrine avec le pupitre.

L'aplomb corporel étant une conséquence des positions que nous venons de décrire, il serait difficile à l'enfant, pour ne pas dire impossible, de se courber.

L'écolier ainsi placé, obtient la distance normale des yeux au cahier ou au livre. Les oculistes fixent cette distance à 0.33 pour les tailles moyennes. La fatigue de la vue serait évitée.

Les jambes légèrement écartées produisent les effets salutaires de l'escrime; les bras successivement étendus représentent les haltères.

Les changements de position établissant l'équilibre entre l'épaule gauche et la droite, évitent ainsi toute déviation.

Ces exercices facilitent la circulation générale au plus haut degré, donnent le bien-être et permettent de travailler en toute liberté d'esprit.

La croissance est facilitée et l'esthétique satisfaite.

On pourra nous objecter que cette méthode viendra porter atteinte à la discipline. Nous ne le pensons pas, car nous avons été témoin de la docilité que les enfants montrent dans les mouvements corporels qu'on leur fait exécuter dans beaucoup d'Établissements scolaires, pendant les récréations qui séparent les heures d'études.

Nous avons été frappés de la précision des mouvements, de l'attention et du silence observés pendant leur exécution. Sur un signal donné par le maître d'étude, les changements de position s'opéraient avec un ensemble remarquable.

Il n'est pas douteux qu'on atteindrait le même résultat par la méthode que nous préconisons.

En admettant que les travaux debout n'obtiennent pas l'assentiment général, l'élévation de la table, bien fixée à la taille de l'élève pendant les travaux assis, présenterait des avantages très importants.

CHAPITRE VI

DES MOYENS A EMPLOYER POUR ÉVITER LA FATIGUE DU CERVEAU ET PAR SUITE LE SURMENAGE PENDANT LES ÉTUDES.

Une des plus graves questions qui ait ému nos penseurs et nos publicistes les plus autorisés, est, sans contredit, la question du surmenage dans les études.

Elle a soulevé d'ardentes polémiques et préoccupé au plus haut point l'esprit public.

L'Académie de médecine en 1887, dans plusieurs de ses séances, a discuté les causes qui semblaient en être la source.

La conclusion de ces discussions mémorables a été de donner à la jeunesse des écoles des récréations plus longues et plus variées.

De son côté, l'enseignement, sans être défavorable à ce projet, y voyait de graves inconvénients suscités par la perte de temps qui venait diminuer le nombre des heures consacrées aux études, et par suite, renverser son programme.

Cependant, le Conseil supérieur de l'Instruction publique, présidé par M. le Ministre, vient d'apporter de notables modifications destinées à améliorer l'éducation physique de nos jeunes gens.

La Ligue nationale de l'Éducation physique, par sa propagande active, a contribué à donner plus d'extension aux exercices corporels en faisant exécuter des marches au pas gymnastique, en établissant des courses, des concours de natation et en instituant le sport nautique; de son côté, l'Administration a autorisé les Établissements scolaires à profiter de ses parcs.

Il est incontestable que les longues marches que les élèves doivent faire, avant d'atteindre le lieu désigné, sont une compensation à l'immobilité qu'ils sont astreints à garder pendant les études et à l'inconvénient de l'internat, tout en étant favorables à leur santé et au développement de leurs muscles.

Il faut cependant admettre qu'au retour, nos jeunes gens fatigués n'ont plus le calme que les travaux de l'esprit exigent.

De leur côté, les hygiénistes émettaient l'avis que le surmenage pouvait dériver d'une cause non observée jusqu'ici.

Parmi eux, se trouvaient des délégués cantonaux, qui frappés de la tenue généralement incorrecte des écoliers courbés sur le pupitre, remarquaient que ce maintien alourdissant le cerveau, devait être cause de cette fatigue intellectuelle que l'on a désignée sous le nom de surmenage.

Il est à observer, et c'est un fait notoire, que si nous conservons une attitude courbée, nous éprouvons un malaise qui nous rend difficiles les travaux intellectuels.

Si, au contraire, nous nous levons, notre intelligence, après quelques instants, recouvre toute sa lucidité. N'avons-nous pas comme exemple nos grands penseùrs, qui bien souvent, pour trouver l'inspiration, abandonnent la position assise? D'où, l'opinion générale que s'il était possible d'obténir de nos enfants une tenue correcte, de leur faire maintenir le buste droit et par conséquent le cerveau dans la position normale, nous aurions apporté une grande amélioration.

On sentait donc le besoin de donner aux études une variation destinée à rendre le travail attrayant pour l'enfant et à combattre efficacement la somnolence de l'esprit.

On a été d'avis que les élèves étant de taille différente, devaient avoir chacun un pupitre à leur taille.

Mais, il y avait à ce projet une impossibilité matérielle, puisque l'enfant grandit sans cesse.

La table scolaire à élévation facultative vint donner une heureuse solution qui reçut l'approbation de nos hygiénistes, des médecins et des membres de l'enseignement.

Nous croyons utile de faire connaître ici que les résultats obtenus jusqu'à présent, ont été des plus satisfaisants.

La société Française d'Hygiène a accueilli avec intérêt la communication qui lui a été faite de cette Table et a trouvé qu'elle était appelée à rendre, dans les Ecoles, des services incontestables.

De son côté, la Société d'Hygiène de l'Enfance s'est vivement intéressée au système de l'élévation facultative et a déclaré que son emploi était nécessaire et serait des plus favorables au point de vue de l'hygiène scolaire.

Il nous est donc permis d'espérer que ces prévisions se réaliseront bientôt, et que le surmenage physique disparaîtra, pour le plus grand bien de la jeunesse de nos écoles.

CHAPITRE VII

LA VUE

INÉGALITÉ DU RAYON VISUEL — MYOPIE — DALTONISME — LEUR ORIGINE DANS LES TRAVAUX SCOLAIRES. — MÉTHODE QUI PERMETTRAIT DE LES ÉVITER.

Depuis nombre d'années, le Ministère de l'Instruction Publique a convoqué à plusieurs reprises, en congrès spéciaux, les hommes les plus distingués que leur science, leur expérience et leurs fonctions appelaient à en faire partie, afin d'étudier l'hygiène scolaire dans toute son étendue.

Parmi les questions à résoudre, celle de la vue a principalement attiré l'attention de ces sommités scientifiques.

Les atteintes portées à la vue de nos enfants ont été, en premier lieu, attribuées à l'orientation de la lumière.

On avait d'abord préconisé le jour obtenu verticalement, qui semblait excellent, puisqu'il éclaire sans ombre toutes les parties à la fois.

Nous croyons que ce système a dû être abandonné, parce qu'il paraissait trop dispendieux.

L'éclairage bi-latéral semblait, par sa simplicité, devoir être conservé. C'était, du reste, le mode usité quand les locaux s'y prêtaient.

La lumière latérale fut décidément adoptée, après que l'on eut constaté que le jour venant de gauche était préférable à l'autre. C'est donc sur cette donnée que les écoles sont maintenant construites.

Mais cela suffit-il pour résoudre la question d'une manière concluante ?

On peut à coup sûr répondre négativement, si l'on considère les rapports actuels de France et de l'Étranger, et notamment la Communication que M. le Dr Motais, (d'Angers), vient de faire à l'Académie de médecine, dans sa séance du 19 novembre 1889, sur l'Hygiène de la vue dans les Ecoles et les Collèges de France.

M. Motais déclare que dans les conditions actuelles, les Etudes scolaires ont une influence dangereuse sur la vue. Après avoir examiné, dans la région Ouest de la France, 5.000 élèves des Collèges et Ecoles, il est arrivé à constater que la moyenne générale de la myopie, qui est de 17 o/o pour la classe de 3e, atteint 35 o/o pour les classes de rhétorique et de philosophie ; les trois quarts de ces myopies présentent des complications plus ou moins graves, qui peuvent entraver les jeunes gens dans leur carrière.

La cause du mal doit donc exister ailleurs. Ne serait-elle pas dans l'attitude des enfants généralement enclins à se trop courber sur leur pupitre, à s'approcher à 0,15, 0,10 cent. et même moins de leur cahier ou de leur livre ?

Nous sommes d'autant plus fondé à le croire que nombre de parents se plaignent de cette disposition qu'ils trouvent fâcheuse, et que les instituteurs eux-mêmes déplorent et ne réussissent à empêcher qu'en partie et au prix d'efforts continus.

Ils remarquent que chez les enfants dont la tenue est correcte, la vue reste généralement bonne, tandis que chez les autres elle s'affaiblit.

Nombre de cas de myopie prôgressive n'ont pas d'autre origine.

On constate également que quelques élèves ont une inégalité du rayon visuel. Ne serait-elle pas déterminée par leur disposition à pencher la tête sur le bras gauche, ce qui les force à regarder en biais ?

Parmi les défectuosités si diverses de la vue, nous citerons aussi en passant « le Daltonisme » (ainsi nommé du physicien Dalton, qui en a fait la découverte), affection de la vue causant la perversion du sens des couleurs. Peut-être le Daltonisme a-t-il sa source dans les travaux scolaires. Les Compagnies de chemins de fer ont dû faire cesser leurs fonctions aux employés qui en étaient atteints, à cause du danger qu'ils pouvaient faire courir aux voyageurs dans l'interprétation des signaux.

Cette affection est également un obstacle à la télégraphie optique si nécessaire aux armées. Un signal mal compris pourrait causer un péril.

Des jeunes gens se destinant à la marine ont vu cette carrière se fermer devant eux pour le même motif.

Nous avons été admis à examiner plusieurs écoles de filles et de garçons et à causer avec des délégués cantonaux et les directeurs de ces écoles ; chacun de nous avait la conviction que la courbure trop prononcée de ces enfants était certainement la cause de ces troubles visuels.

En nous communiquant nos réflexions, nous avons été amenés à étudier les différents moyens employés jusqu'à ce jour pour l'éviter.

Des oculistes éminents, se basant sur le système allemand, ont proposé de placer devant chaque enfant une tige ayant une branche horizontale terminée par un demi-cercle destiné à maintenir la tête de l'enfant.

D'autres notoriétés préféraient une branche transversale tendant au même but.

Ces deux appareils s'élevaient et s'abaissaient à volonté.

Dans une école normale, nous avons vu le maître d'étude s'assure à l'aide d'une règle de 0,33, qu'aucun des élèves ne sort de la limite fixée pour la vue.

Après avoir comparé ces différents systèmes, nous avons émis la pensée qu'en accoutumant l'écolier, à mesure qu'il grandit, à élever sa table au niveau de la partie inférieure du sternum (épigastre), — le buste se trouvant soutenu par les avant-bras — le but que l'on se propose : obtenir une tenue correcte donnant la distance de la vue prescrite par les oculistes, se trouverait atteint. Ces Messieurs ont été d'avis qu'une table pouvant être élevée à la hauteur voulue, serait de première nécessité, tout en exprimant le regret qu'elle fût encore à créer.

Aussi ont-ils été heureux d'apprendre que cette table existait déjà et que, par ordre de M. le Ministre de l'Instruction publique, sur la proposition qui lui en a été faite par M. le Recteur de l'Académie de Paris, elle était expérimentée au lycée Louis-le-Grand et à l'école annexe de l'école normale des instituteurs de la Seine, (salle de 48 élèves) ainsi qu'à l'école militaire préparatoire de Rambouillet, où elle a été admise sur l'ordre de M. le Ministre de la guerre.

Nous avons ajouté que les résultats obtenus par l'emploi de ce système étaient des plus satisfaisants et venaient à l'appui de leurs prévisions.

M. le Ministre de l'Instruction Publique, d'après une Délibération de la Commission administrative des Lycées de la Seine, en date du 1er mai 1890, a décidé qu'une nouvelle expérience plus étendue et partant plus concluante encore, serait faite dans une étude entière (36 élèves).

M. le Recteur de l'Academie de Paris a désigné à cet effet le Lycée Buffon, dont M. Adam était alors le Proviseur. L'installation eu lieu le 11 juillet 1890.

De son côté, la Direction de l'Enseignement primaire de la Seine en a fait meubler une classe entière (division de 2me année), à l'école municipale Turgot, contenant 64 élèves.

Il y a donc tout lieu de croire que l'usage en étant généralisé dans nos écoles secondaires, aussi bien que dans nos écoles primaires, le nombre des myopes sera de beaucoup diminué.

En ce qui concerne les enfants myopes de naissance ou qui le sont devenus dans le cours de leurs études, une Table également à élévation facultative dont le pupitre s'incline de manière à pouvoir être rapproché de leur vue, est reconnue nécessaire.

Nous sommes autorisé à dire, d'après l'avis de médecins et d'oculistes éminents, que l'écolier pourrait, par un léger abaissement progressif du pupitre, recouvrer la qualité primitive de la vue, si toutefois il est devenu myope par une longue habitude de regarder de trop près.

Ce système d'inclinaison a donné d'excellents résultats à l'Ecole annexe d'Auteuil, où plusieurs tables de ce genre sont également expérimentées.

CONCLUSION

En terminant ces appréciations, en ce qui concerne l'Hygiène de l'Enfance, nous devons dire que nous avons surtout été guidé par cette pensée : Que l'homme ayant été créé pour la position verticale, il y aurait péril — pendant sa formation — à ne pas la lui faire observer le plus possible.

La Nature nous en fait une loi.

CHAPITRE SUPPLÉMENTAIRE

DE L'IMPORTANCE DE DONNER AUX HOMMES UN BUREAU PERSONNEL A LEUR TAILLE

Nos études n'auraient pas été complètes, si nous n'avions pas suivi l'enfant devenu homme pour élever la voix en sa faveur, auprès des administrations, banques, études, maisons de commerce et d'industrie.

Déjà, ces établissements donnent à leurs employés des bureaux spacieux où l'air et la lumière sont largement distribués. L'hiver, ils leur fournissent la chaleur qui leur est nécessaire. En un mot, tout le possible a été fait jusqu'à présent pour leur donner satisfaction.

Ne serait-ce pas compléter ces heureuses dispositions que de doter chacun de ces employés d'un bureau particulier à élévation facultative?

Il est reconnu que la variation d'attitude dans les travaux procure un bien-être important au point de vue de la circulation générale.

C'est un exercice recommandé, et en même temps très apprécié des personnes qui en font usage.

Ainsi, Victor Hugo reconnaissait si bien l'utilité des travaux debout, qu'il n'écrivait que dans cette position.

Pour beaucoup de personnes, ce serait fatigant.

Nous croyons qu'il vaut mieux alterner.

Des médecins font remarquer qu'il est mauvais d'être continuellement assis.

Bien des maux en résultent.

L'obésité en est une cause directe.

L'immobilité cause un froid aux genoux qui raidit les muscles, en les disposant aux douleurs articulaires.

Être courbé sur un bureau trop bas provoque la fatigue de l'estomac, qui donne naissance aux digestions imparfaites et à leurs suites funestes.

L'échauffement causé par la position assise amène de graves désordres dans l'organisme.

En résumé, n'est-il pas bon que l'homme évite tout ce qui peut occasionner chez lui des malaises qui, souvent, prennent une gravité dont on ne soupçonnait pas l'importance ?

Est-ce que, dans leur longue carrière, les employés, malgré leur taille différente, ne se succèdent pas à la même table de travail qui a nui à leurs prédécesseurs ?

Nous sommes persuadé que les chefs de ces administrations et maisons de commerce, dans leur sollicitude, n'hésiteront pas à donner à leur personnel la satisfaction que l'hygiène réclame. Leurs employés moins fatigués, travailleront mieux et davantage.

Ainsi se trouveront réalisées ces paroles, si belles et si justes que M. le docteur Rochard a prononcées au Congrès de La Haye :

« Toute dépense faite au nom de l'hygiène est une économie, une économie d'existences. »

TABLE DES MATIÈRES

TABLE FÉRET

COMPTABILITÉ, SERVICE DU GRAND LIVRE

TABLE FÉRET

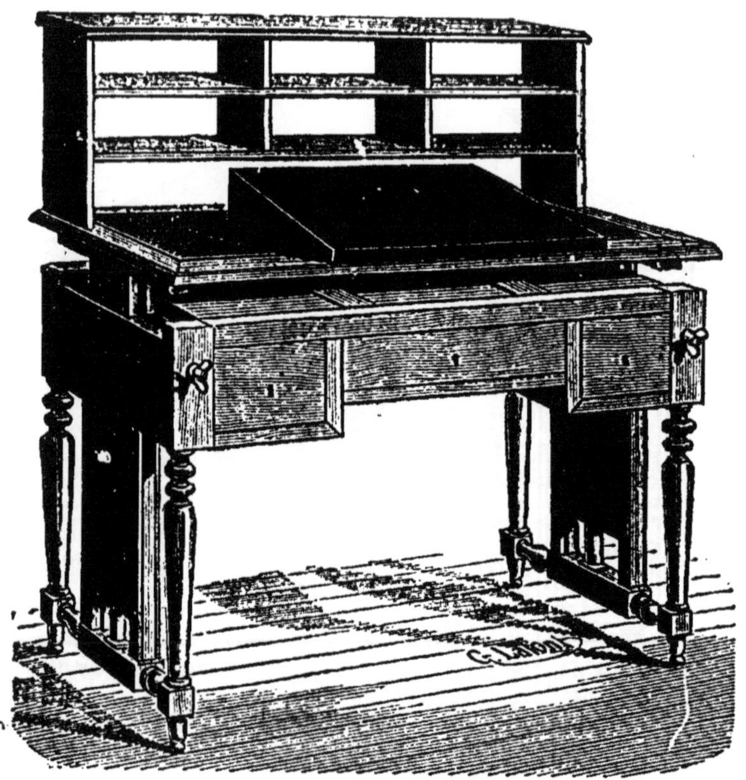

BUREAU A CAISSES
Élévation automatique.

TABLE FÉRET

ADMINISTRATIONS, BANQUES, ÉTUDES, COMMERCE

Dessus horizontal.

COMMUNICATIONS

A LA

SOCIÉTÉ FRANÇAISE D'HYGIÈNE

ET A LA

Société d'Hygiène de l'Enfance

A MES LECTEURS

Depuis 1889, date de la 1re partie de ce volume, de nouvelles Etudes m'ont permis d'acquérir des vues nouvelles sur l'Hygiène des Ecoles et des Ecoliers.

Les Sociétés d'hygiène dont j'ai l'honneur d'être membre, ont bien voulu les accueillir et les publier in-extenso dans le Bulletin de leurs séances. Mais il me reste à conquérir : le grand Public et les Municipalités.

Beaucoup de Membres de l'Enseignement et un grand nombre de Familles ont bien voulu me donner des témoignages de leur sympathie.

J'offre ici à tous, l'assurance de mon entier dévouement.

A. FÉRET

SOCIÉTÉ FRANÇAISE D'HYGIÈNE

M. MARIÉ-DAVY, Président

SÉANCE DU 13 MAI 1887

Présentation de deux Tables scolaires à élévation facultative, l'une pour les travaux courants, l'autre spéciale au dessin.

Conformément à l'ordre du jour de la séance, la parole est donnée à M. Féret pour présenter sa table hygiénique destinée aux élèves des écoles. Les tables et les bancs généralement employés aujourd'hui dans nos écoles et nos lycées offrent de nombreux inconvénients au point de vue de l'hygiène des élèves. Ces inconvénients, la Société française d'Hygiène les a déjà reconnus, puisqu'elle les a critiqués. Ils sont nuisibles à la santé de l'enfant, à son libre développement, à sa croissance, etc. Après avoir étudié longtemps la question, M. Féret a été amené à chercher un système, grâce auquel chaque élève peut avoir sa table et son banc libre; qui lui permette de travailler indifféremment assis ou debout, puis de se tourner à droite ou à gauche, le banc ne le gênant nullement, puisqu'on le place sous la table lorsqu'on se lève. L'enfant fait ainsi une gymnastique salutaire à l'esprit, en l'empêchant de s'assoupir, puis au corps, en lui permettant de développer ses organes.

A l'usage particulier des enfants ayant des dispositions à la myopie, M. Féret a construit sur le même

---

Journal d'Hygiène, du 9 juin 1887.

modèle, une table dont le pupitre mobile se levant de l'horizontale, — au repos, — à la verticale, permet à l'écolier d'incliner la tablette autant qu'il est besoin, afin d'empêcher la fatigue de la vue et la courbure du corps.

Quant à la mobilité du banc, elle a pour objet de ne pas gêner les mouvements de l'enfant pendant son travail debout, et en même temps de faciliter le nettoyage de la classe ou de l'étude qu'il est impossible de faire complètement avec les systèmes actuels.

Après avoir donné lecture de sa communication, notre collègue a fait la démonstration de ses modèles.

M. Joltrain reconnaît que le système de M. Féret est très ingénieux et présente de grands avantages sur tous ceux qui sont actuellement en usage. Il pense qu'il y aurait toutefois quelques modifications à apporter pour le perfectionner. Ainsi le banc n'a pas de dossier ; de sorte que l'enfant, après être resté ainsi pendant quelque temps, doit se fatiguer et prendre des positions vicieuses au point de vue de sa conformation. En outre, M. Féret dit que, dans la position debout, l'enfant pourra s'appuyer indifféremment sur le côté droit ou sur le côté gauche. Or, il ne faut pas oublier que, au point de vue de l'hygiène de la vue, il importe essentiellement que l'enfant reçoive le jour de gauche, afin que la main qui écrit ne fasse pas ombre.

Ces observations sont appuyées par plusieurs membres de la Société.

M. Féret répond que si son banc n'a pas été pourvu de dossier, c'est afin de le rentrer facilement sous le pupitre, lorsque l'élève sort de la classe, ou lorsqu'il travaille debout. Quant à la position de l'enfant, il sera toujours possible de la faire prendre de telle sorte que le jour arrive sur le papier sans être intercepté.

M. le Secrétaire général fait remarquer qu'il serait utile que des expériences fussent faites, avant que la Société fût appelée à prononcer un jugement sur le système présenté. Il propose à M. Féret de le mettre en rapport avec notre collègue M. Chaix, qui a, comme on le sait, dans l'imprimerie de la rue Bergère, une école parfaitement installée pour ses jeunes apprentis. M. Chaix ne refuserait pas d'essayer la nouvelle table hygiénique comme il l'a déjà fait pour la table de M. le Dr Fontaine-Atgier, et il ferait ensuite connaître à la Société les résultats obtenus.

M. Féret dit qu'il accepte avec reconnaissance cette proposition. M. le Président le remercie de son intéressante communication, qui sera insérée au *Bulletin* avec dessins des deux modèles.

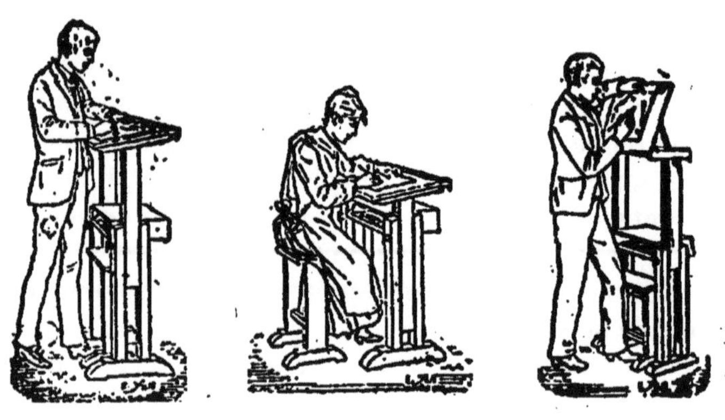

TABLE FÉRET — POUR LE DESSIN

D'APRÈS LES CONSEILS DE PROFESSEURS D'UNE ÉCOLE SUPÉRIEURE DE PARIS

L'arrêt sur le devant est fixe, une forte tirette en va et vient est assez profonde pour contenir : godets, compas, etc. Elle est munie d'un encrier. A côté est une case importante pour les autres accessoires. Une coulisse supporte un godet pour le lavage des pinceaux.

Le grand casier sur le devant reçoit le papier et les travaux de l'élève.

Deux patères sur les montants pour suspendre les cartons et poser la coiffure.

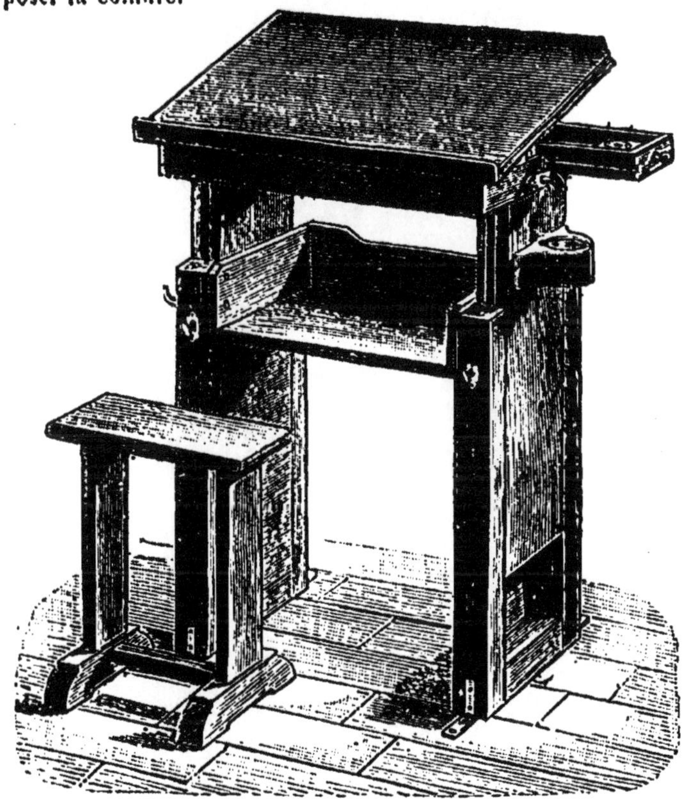

Vue de face.

LA MÊME TABLE

Vue à l'arrière.

SOCIÉTÉ FRANÇAISE D'HYGIÈNE

M. MARIÉ-DAVY, Président

SÉANCE DU 14 JUILLET 1887

Je vous prie, messieurs, de m'excuser si je viens appeler votre bienveillante attention sur un sujet que déjà vous connaissez, pour vous en être occupés à plusieurs reprises ; mais puisque vous m'y autorisez, permettez-moi de vous parler le plus brièvement possible du meuble scolaire que j'appelle *Table hygiénique*, et de réclamer votre aide et votre concours dans l'œuvre que je m'efforce d'accomplir.

Depuis plusieurs années, on s'occupe d'une manière toute spéciale des enfants de nos lycées, de nos collèges, de nos écoles.

On a bâti de vastes établissements, plus sains, plus aérés ; on a modifié les programmes des études, et l'on attaque partout, comme vous l'avez déjà fait vous-mêmes, le surmenage des enfants qui n'est avantageux ni pour l'esprit, ni pour le corps !

Dans votre honorable Société, vous avez accueilli déjà, avec empressement, tous ceux qui, comme moi, ont eu à cœur l'hygiène de l'enfance, la conservation de sa santé et le développement de ses facultés physiques et morales.

Déjà, votre Secrétaire général, M. le Dr de Pietra Santa, si dévoué à la cause de l'hygiène, a publié dans le *Bulletin* de la Société, plusieurs articles, en rendant compte des innovations et des perfectionnements présentés par les inventeurs eux-mêmes.

Journal d'Hygiène du 13 mai 1887.

En 1880, le Dr Mathias Roth vous présentait comme modèle pour les écoles, une table et un banc, de M. Glendening, de Londres. Convaincu de l'avantage qu'il y avait à ce que l'enfant fût isolé pendant les heures d'études, M. Glendening, sur les conseils et avis de M. Roth, avait déjà modifié l'ancien système en donnant à chaque élève sa table-pupitre et son banc, mais je ne vois pas là l'idée du travail fait alternativement debout ou assis quelle que soit la taille de l'enfant, même de l'adulte ; je n'y vois pas davantage celle de donner une table ascensionnelle prêtant un concours continu à la croissance de l'enfant.

L'année suivante, M. le Dr Pierd'houy, de Milan, vous présentait un nouveau modèle de table à deux places, avec banc pour deux élèves.

La tablette-pupitre de cette table se divisait en deux et, se repliant sur elle-même, permettait à l'enfant de pouvoir passer aisément entre la table et le banc, ce qui constituait aussi une grande amélioration. Ce banc à dossier fixe avait son siège mobile, il permettait de mettre l'enfant à la hauteur de la table, mais là encore, nulle préoccupation d'un travail fait debout ou assis, formant une gymnastique salutaire.

Dernièrement, M. le Dr Fontaine-Atgier, de Fontainebleau, présentait à l'approbation de la Société une table et son siège. Cette table, dont le pupitre pouvait se lever de l'horizontale à la verticale au moyen d'une crémaillère, et sur l'un des côtés de laquelle se trouvaient des casiers, présentait aussi de grands avantages au double point de vue de la table elle-même et du siège. Mais pas plus que les précédentes, elle ne permettait à l'écolier de travailler debout !

Si j'ai persisté, Messieurs, à vouloir rechercher le moyen de faire travailler l'enfant, parfois debout, parfois assis, selon les règles que prescriront les maîtres des études ou des classes, — c'est que, fils d'instituteur et père de deux grands jeunes gens, j'ai pu voir de bonne heure, et constater plus tard, les inconvénients de nos meubles scolaires.

Ces inconvénients, Messieurs, vous les connaissez comme moi, car vous les avez attaqués avec raison comme nuisibles à la santé de l'enfant, nuisibles à son libre développement, nuisibles à sa croissance, etc.

J'ai donc été amené à chercher un système qui, donnant à chaque élève sa table et son banc libre — 1er *avantage* — pouvant lui permettre de se tenir debout en écrivant ou en lisant, tout en se servant de la même table qu'il avait, assis, un instant avant, 2e *avantage*, selon moi ; puis de se tourner à droite, à gauche, le banc ne le gênant en aucune manière puis qu'on le place sous la table au moment où l'on se lève ; de faire ainsi une gymnastique salutaire à l'esprit en l'empêchant de s'assoupir, et permettant au corps de développer ses organes, 3e *avantage*, je crois pouvoir le dire.

Complétant enfin mes recherches et désirant être utile aux enfants prédisposés à la myopie, j'ai construit sur le même modèle, mais plus complexe, une table dont le pupitre mobile se levant de l'horizontale — au repos — à la verticale, permet à l'écolier d'incliner le pupitre autant qu'il lui est nécessaire, afin d'empêcher la fatigue de la vue et la courbure du corps.

(M. Féret donne ici des explications verbales sur les divers modèles de bancs qui sont représentés sur le supplément ci-contre).

Il démontre comment l'hygiène corporelle des enfants pendant les études est obtenue par six dispositions protectrices :

1° *Exercice assis :* Table élevée par l'enfant lui-même à la hauteur nécessaire.

Exercice debout : Même disposition ; mais augmentée des avantages suivants :

2° Circulation générale mieux assurée par l'exercice debout.

3° Protection de la poitrine qui n'appuie pas contre la table.

4° Dilatation de la poitrine dans les deux sens par le fait des changements alternatifs de position sur un signal donné par le professeur.

5° Protection de la vue. L'enfant évite de se courber en présentant le flanc à la table sur laquelle sont posés alternativement les deux bras : dans ces conditions la distance normale des yeux aux livres ou aux cahiers se trouve être de 30 à 35 centimètres suivant la hauteur du buste de l'enfant.

6° Jeu régulier des muscles des épaules par changement de la position à droite et à gauche du pupitre.

La durée des positions alternatives debout et levé varie de 10 à 25 minutes selon l'âge (6 à 14 ans).

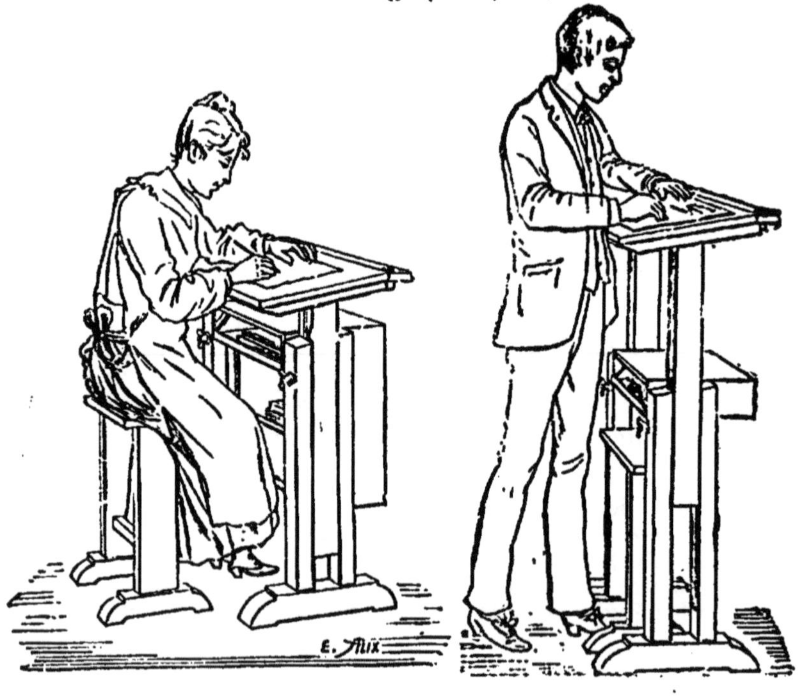

Comme dernière observation, je dirai que j'ai tenu à la mobilité du banc afin de ne pas gêner les mouvements de l'enfant pendant son travail debout, — puis, pour faciliter le nettoyage de la classe ou de l'étude, — chose essentielle et pourtant complètement impossible avec les systèmes actuels.

Voilà, messieurs, ce que je désirais soumettre à votre appréciation si compétente. Voilà la tâche que je me suis tracée à moi-même. Je sais parfaitement qu'elle est ardue et qu'elle sera de lente exécution, mais j'espère que votre bienveillant concours redoublera mon courage et mes efforts pour atteindre enfin un heureux résultat.

A. FÉRET.

TABLE FÉRET

POUR LES ENFANTS A VUE COURTE OU ATTEINTS DE MYOPIE

Le dessus de la Table spéciale est mobile, pour être incliné suivant leurs besoins ou d'après les prescriptions médicales.

L'arrêt mobile à gauche sert à placer un livre ou un cahier.

L'arrêt sur le devant retient le cahier sur lequel on écrit.

L'encrier est inversable.

SOCIÉTÉ FRANÇAISE D'HYGIÈNE

M. MARIÉ-DAVY, Président

SÉANCE DU 8 FÉVRIER 1889

M. A. Féret présente : 1° La table scolaire hygiénique, à élévation facultative, à laquelle il vient d'apporter quelques modifications utiles.

2° Une table-bureau également à élévation facultative et automatique, qu'il destine aux gens du monde, chefs de bureau et officiers ministériels.

En raison de l'intérêt de ces présentations, M. le Président prie M. Féret de rédiger une notice concise (avec figures à l'appui) qui sera insérée au Bulletin.

SOCIÉTÉ FRANÇAISE D'HYGIÈNE

M. MARIÉ-DAVY, Président

SÉANCE DU 8 FÉVRIER 1839

L'invention primitive de M. A. Féret consistait en une table pouvant être élevée par l'enfant lui-même, et arrêtée dans son parcours, à quelque hauteur que ce fût, par des boulons de serrage de façon à se trouver sans cesse à la taille de l'occupant.

Les patins étaient en bois.

M. Féret a jugé nécessaire de supprimer ces patins, et de les remplacer par des équerres en fer qui présentent moins d'obstacles au passage et permettent plus aisément de fixer la table au sol, tout en donnant plus de facilité pour le balayage et le lavage des classes.

Un marchepied mobile, construit à bascule, joint à la table, offre à l'enfant un point d'appui pour le maintenir dans une position correcte. (1)

Enfin un garde-tête, consistant en deux montants en fer disposés en col de cygne et maintenant une barre horizontale mobile pouvant varier de 0.25 à 0.35. Elle est destinée à faire garder à l'enfant la distance normale des yeux au cahier. (2)

M. Féret nous a également présenté une table-

Journal d'Hygiène du 28 mars 1889.

(1-2) Ces dispositions n'ont pas été continuées, étant considérées inutiles.

bureau, à élévation facultative et automatique qu'il destine aux gens du monde, chefs de bureau, officiers ministériels, etc.

La disposition complémentaire de ce dernier modèle consiste dans l'inclinaison du pupitre, variant de l'horizontale à la verticale.

En outre, par l'application des barres parallèles, on obtient qu'une partie du pupitre reste toujours horizontale, pour y placer lampe, encrier, etc.

Une large allonge à l'arrière donne une place supplémentaire permettant d'admettre un collaborateur.

Noue devons rappeler que l'élévation de cette table a lieu automatiquement, au moyen de ressorts à boudin, contenus dans des tubes en métal.

Ces diverses dispositions ont été vivement appréciées par les membres présents.

Le Secrétariat.

TABLE FÉRET — POUR LES ÉCOLES

Vue sur le devant.

Vue à l'arrière.

TABLE FÉRET

BUREAU

Fermé.

TABLE FÉRET

BUREAU

Ouvert.

SOCIÉTÉ FRANÇAISE D'HYGIÈNE

M. MARIÉ-DAVY, Président

Rapport sur la Table Féret par M. le Dr Moreau (de Tours)

SÉANCE DU 14 FÉVRIER 1890

Hygiène scolaire

Le nom de M. Féret est bien connu de tous ceux qui s'occupent du bien-être et de l'hygiène de l'enfant.

Frappé des graves inconvénients que présentent dans les écoles les tables fixes, uniformes, dont la hauteur est invariable, quelle que soit la taille de l'enfant, notre honorable collègue, après de longues études et de minutieuses observations, est arrivé à construire pour les élèves des écoles une table spéciale qui, grâce à une disposition très simple, peut se mettre à la taille de chacun, permettant ainsi de donner à l'enfant un maintien correct. De plus, la poitrine préservée du contact immédiat du pupitre peut se dilater en toute liberté, et la vue conserver son acuité. Cette table, dont l'utilité est incontestable, est employée dans différents établissements (lycée Louis-le-Grand, École annexe de l'École normale des instituteurs de la Seine, École militaire préparatoire de Rambouillet, etc.) et a rendu tous les services qu'on était en droit d'en attendre ; elle a aujourd'hui la sanction du temps. Son éloge

---

Journal d'Hygiène du 13 mars 1890.

n'est donc plus à faire. Parmi les faits personnels que nous avons observés, tous identiques dans leurs résultats et leurs bienfaits, nous appelons l'attention sur le suivant qui résume tous les autres.

X... âgé de 12 ans, est un enfant grand pour son âge, d'une santé délicate. Il présente une inégalité dans la vision des deux yeux (l'un en effet est normal, l'autre myope). Cet état force l'enfant à prendre des positions particulières lorsqu'il écrit. Aimant à travailler, X... passait un temps assez long à sa table de travail. Il en sortait toujours fatigué, oppressé, ayant mal aux reins, mal à la tête, etc., toutes causes tenant en grande partie à l'état de sa vue qui l'obligeait à se coucher, à se contourner en quelque sorte sur son pupitre. Ayant eu connaissance de la table Féret, son emploi fut immédiatement adopté. Depuis deux ans qu'il en fait usage, tous les accidents précités ont disparu : respiration large, facile, développement normal de la poitrine, plus de maux de reins ni de migraine, en un mot, l'attitude de l'enfant s'est très sensiblement améliorée. Nous avons pu observer un résultat non moins satisfaisant chez le fils d'un de nos confrères.

Nous ne disons là rien que M. Féret ne sache aussi bien et mieux que nous, mais on ne saurait trop faire connaître et répandre une invention bonne et utile entre toutes, surtout lorsqu'elle s'adresse à la santé de nos enfants.

Dr Moreau de Tours.

TABLE FÉRET

POUR LES ENFANTS DANS LEUR FAMILLE

TABLE FÉRET

POUR LES ENFANTS DANS LEUR FAMILLE

TABLE FÉRET

POUR LES ENFANTS DANS LEUR FAMILLE

LE DESSIN — LA PEINTURE — LA MUSIQUE

SOCIÉTÉ FRANÇAISE D'HYGIÈNE

M. MARIÉ-DAVY, Président

SÉANCE DU 18 JUIN 1890

M. de Piétra Santa appelle, d'une manière toute spéciale, l'attention de ses collègues, sur un travail présenté à l'Académie dei Lincei de Rome par M. le commandeur L. Bodio, à l'occasion de l'ouvrage de M. E. Levasseur sur la *Population française*. L'éminent directeur de la statistique générale du Royaume d'Italie s'est livré à une étude comparative des deux populations française et italienne depuis Jules César jusqu'à nos jours, qu'il résume dans ces deux faits importants :

Pendant que de nos jours, le coefficient de densité de population est plus élevé en Italie qu'en France dans la proportion de 108: 72, la durée de la vie moyenne est plus grande en France qu'en Italie dans la proportion de 45. 1 ans : 40. 1.

Il resterait à déterminer le rapport de cause à effet qui peut exister entre ces deux faits.

M. Cacheux fait remarquer, à ce sujet, qu'il y aurait grand intérêt à établir, dans les deux pays, une comparaison du taux de mortalité aux divers âges de la vie. Il est évident que la mortalité est beaucoup plus

Journal d'Hygiène du 24 Juillet 1890.

considérable dans les premières années, ce qui expliquerait pourquoi en Italie le nombre des naissances étant relativement plus élevé, la mortalité chez ces mêmes enfants doit également suivre une marche ascendante.

M. Féret rappelle que depuis longtemps déjà on s'occupe en France de cette grave question de la population. Mais, il ne suffit pas de connaître le mal ; il faudrait aussi trouver le remède. Le meilleur moyen serait, à son avis, de venir en aide aux familles nombreuses. Il serait indispensable que l'État distribuât des primes ou des encouragements aux pères de famille ayant un certain nombre d'enfants, et qu'il leur assurât en outre une modeste pension mensuelle pour assurer le pain du jour, sauf à prendre plus tard à sa charge l'entretien et l'éducation des enfants que les parents ne peuvent élever faute de ressources nécessaires.

M. Joltrain fait remarquer que ce desideratum est en partie accompli, puisque la loi exonère aujourd'hui de toute contribution personnelle et mobilière, les parents ayant huit enfants .

M. Féret trouve que ce résultat est insuffisant puisque les familles se composant de huit enfants sont, et resteront toujours dans l'exception.

M. le Sécrétaire général ajoute qn'il sera tenu compte dans le procès-verbal des observations de M. Féret.

SOCIÉTÉ D'HYGIÈNE DE L'ENFANCE

M. le Docteur CHASSAING, Président

SÉANCE DU 13 MARS 1891

Hygiène des Salles d'Ecoles

Messieurs et chers Collègues,

Je viens vous soumettre quelques vues générales sur l'Hygiène des salles de classe dans les Ecoles.

On est frappé de l'odeur presque nauséabonde que l'on y respire, bien qu'elles soient pour la plupart largement aérées, et que rien n'ait été négligé par nos architectes pour donner à nos enfants un air abondant.

La cause de cette exhalaison malsaine paraît provenir de l'insuffisance du balayage qui ne peut être fait dans de bonnes conditions, pour plusieurs raisons que je vais m'efforcer d'indiquer.

La première consiste dans la quantité des points d'appui que les tables unies aux bancs nécessitent ; la seconde, dans la barre transversale sur laquelle les enfants doivent poser leurs pieds. En outre, il existe également une autre barre sous le banc.

Ce sont autant d'obstacles au nettoyage.

Enfin, l'espace que la table-blanc à deux places occupe, est d'environ 1 m. 20 de long sur 0 m. 80 de large, de sorte que la place réservée entre chaque table est très restreinte.

On conçoit aisément que la personne chargée du nettoyage se trouve gênée dans son travail.

D'un autre côté, Messieurs, ne pensez-vous pas que le balayage, — même bien fait — est insuffisant au point de vue hygiénique ?

Journal d'Hygiène du 14 mai 1891.

Le lavage fréquent me paraît nécessaire, car les pores du bois du parquet contiennent une poussière qu'il est très difficile d'enlever, et, entre chaque lame, il s'en amasse une quantité plus considérable encore.

Nous pouvons dire ici que cette poussière n'a rien de commun avec celle des appartements, et qu'elle est de beaucoup plus nuisible.

Ne serait-il pas préférable de supprimer la barre transversale de la table, et d'adopter un banc indépendant que l'on pourrait déplacer, et même poser sur la table pendant le nettoyage ?

Afin que l'assainissement soit complet, je crois nécessaire de laver le sol deux fois par semaine, en réservant les deux jours où l'Ecole se trouve libre par l'absence des enfants, c'est-à-dire le jeudi et le dimanche.

En outre, comme la poussière produite par le balayage s'attache aux murs, je propose de les laver une fois par mois ou de les brosser s'ils sont badigeonnés.

Si le lavage du sol est redouté, à cause de la disposition des locaux, de l'insuffisance d'aérage, ou de l'humidité de la température, on y suppléera en épandant du sable ou de la sciure de bois préalablement mouillée, qui faciliteront le balayage et enlèveront plus facilement la poussière, sans la soulever.

Ces soins me paraissent des éléments d'hygiène qu'il est indispensable d'employer pour assurer la santé de nos enfants aux écoles.

Notre Société d'Hygiène de l'Enfance dont l'autorité est si reconnue dans la mission élevée dont elle s'est chargée, sera écoutée et obtiendra certainement, par son intervention, les meilleurs résultats.

A. Féret.

SOCIÉTÉ FRANÇAISE D'HYGIÈNE

M. le Docteur CHEVANDIER (de la Drôme), Président

SÉANCE DU 8 MAI 1891

Les attitudes des Enfants dans les Ecoles

Je viens, Messieurs et chers collègues, vous rappeler le sentiment d'inquiétude que vous avez éprouvé la première fois que vous avez dû confier à une École ou à une maison d'Éducation, vos enfants venant d'atteindre leur sixième année.

C'est que l'enfant, à cet âge, est bien frêle.

Il a été environné de tant de soins, depuis sa naissance.

Cette sollicitude lui sera-t-elle continuée ?

Les parents se sont plu à le voir se développer, à ouvrir son intelligence, à lui donner des leçons de choses.

Ils ont tenu, afin de faciliter ses débuts, à lui inculquer les premières notions.

. . . .

L'affabilité du directeur nous rassure un peu ; mais nous faisons cependant des réflexions.

La classe est-elle saine, proprement tenue ?

Je vous ai dit ce que j'en connais, dans ma précédente communication.

Vous avez bien voulu nommer une commission, et bientôt vous serez fixés par son rapport.

Journal d'Hygiène du 30 juillet 1891.

Ne serait-il pas bon d'examiner si l'anémie n'est pas une conséquence de l'état de choses actuel ?

J'ai souvent entendu des mères de famille se plaindre que leurs enfants avaient fréquemment des nausées qui leur causaient de sérieuses indispositions.

Quelques jours de repos et d'air plus salubre que celui de l'école les rendaient à la santé ; mais les mêmes symptômes se renouvelaient peu de temps après leur rentrée en classe.

Ce fait est très commun et des parents m'ont déclaré que leurs enfants avaient eu à en souffrir pendant très longtemps.

. . . .

Puisque nous avons entrepris d'examiner la question scolaire, permettez-moi, chers collègues, de vous entretenir des tables des écoles, de leur disposition, et de leur hauteur uniforme dans les classes où se trouvent des enfants d'âges différents et de tailles inégales.

Tout d'abord, il est à remarquer que nous avons habitué nos enfants à être communicatifs, et que nous les autorisons, par nos bienveillantes réponses, à s'exprimer librement.

A l'école, il faut, au contraire, observer le silence.

J'ajoute que c'est une nécessité ; les élèves doivent s'accoutumer à obéir au règlement. Mais, comme ils sont deux ou davantage à la même table, il est bien tentant de causer ; on commence très doucement ; puis, la voix s'élève ; on s'anime et alors a lieu la mimique des bras et de la tête ; tout le corps est en mouvement.

Le maître attentif marque un mauvais point. L'enfant recevra des observations de ses parents, et s'il est d'un caractère impatient, son enfance ne sera pas heureuse.

Voyons, Messieurs, excellents pères, ne devons-nous pas demander que nos enfants possèdent chacun leur table et leur banc, afin que, internés pour ainsi dire dans leur petit bureau, et séparés par une distance d'environ 0 m. 10, ils ne puissent se toucher ni les coudes ni les pieds, et que la tentation de causer leur soit ainsi évitée ?

Les études y gagneront, et si nous obtenons cette réforme, les maîtres nous en seront reconnaissants.

Maintenant, autre question.

La table de hauteur uniforme est-elle bien à la taille de chaque élève ?

Si elle est trop haute, il y a une ressource ; car l'enfant grandit vite. Mais, si elle est trop basse et que notre enfant possède une nature généreuse, que sa croissance soit rapide, il en supportera les conséquences redoutables.

Il lui faudra se pencher un peu trop, puis se courber, et bientôt il s'affaissera, parce que le poids de son corps ne sera pas soutenu par les avant-bras, au point voulu.

Alors, il froissera ses organes en s'appuyant la poitrine sur le bord de la table ; il penchera la tête sur le bras gauche pour essayer de se soutenir ; il regardera forcément en biais, et trop près de son cahier ou de son livre.

Sa vue sera donc altérée, et son dos va s'arrondir. Même au point de vue de l'esthétique, c'est déplorable.

Pourtant, le directeur est un homme sensé et bienveillant ; mais malgré lui, il vous rendra votre enfant dans de mauvaises conditions.

Ne serait-il pas nécessaire, Messieurs, d'enseigner

dans les écoles normales le système hygiénique de l'élévation du pupitre au degré voulu, et de le mentionner dans un des chapitres de la science pédagogique ?

Vous avez, Messieurs, fait le meilleur accueil à l'invention de la table scolaire à élévation facultative. Ne vous semble-t-il pas que cette table soit appelée à rendre service à la jeunesse de nos écoles, autant pour les raisons que je viens d'invoquer que pour les motifs énumérés dans ma précédente communication ?

Ne croyez-vous pas également utile, afin de délasser nos jeunes sédentaires dans leurs travaux, de les faire travailler alternativement assis et debout.

L'enfant accoutumé à jouer, à courir, à ne jamais être assis, est obligé d'y rester trois heures le matin et autant l'après-midi.

Alors, il s'ennuie ; il a, comme on le dit vulgairement, des inquiétudes dans les jambes.

Lui, l'aimable gambadeur, six heures par jour assis !

Il nous appartient, Messieurs, à nous qui nous rappelons notre stage aux études, notre fatigue quotidienne, notre attitude courbée, qui en avons souffert autant que des pensums infligés pour une causerie imprudente, mais par trop tentante, il appartient à la Société française d'Hygiène, dont l'autorité est si grande et si reconnue, d'étudier la question de près, de se rendre compte par l'examen des faits, et de proposer cette réforme généreuse.

Je ne crains pas de dire que c'est une question nationale, car elle touche à l'essence même de la patrie : l'enfant aux études, qui, dans peu d'années, sera la nation dans toute sa force !

A. Féret.

7me CONGRÈS INTERNATIONAL D'HYGIÈNE ET DE DÉMOGRAPHIE, A LONDRES

DU 10 AU 17 AOUT 1891

Sous la Présidence de S. A. R. le PRINCE DE GALLES

4me Section

HYGIÈNE DE L'ENFANCE ET DE L'ADOLESCENCE

Sir M. J. R. DIGGLE, Président

SÉANCE DU 11 AOUT 1891

L'Enfant à l'Ecole

Je suis très heureux, Mesdames et Messieurs, de prendre part au 7e Congrès d'Hygiène et de Démographie à Londres, et, puisque chacun de nous vient communiquer ici le résultat de ses recherches, je sollicite de votre bienveillance quelques instants d'attention, pour vous entretenir d'une question dont l'importance est, selon moi, capitale, et qui doit être l'objet de nos préoccupations.

L'hygiène a pour but de préserver l'homme de tout ce qui peut lui être nuisible au point de vue sanitaire, et de détruire le nombre si grand des agents de toutes sortes qui lui sont préjudiciables dans son existence.

L'homme qui s'adonne à cette science doit donc rechercher les moyens les plus ingénieux pour les combattre, et soumettre ses réflexions aux assemblées savantes.

L'hygiéniste doit s'imposer la mission de veiller à

tout ce qui concerne l'assainissement des villes et d'examiner de près — même dans les villages — malgré l'air plus vivifiant que l'on y respire, ce qui est nuisible aux habitants.

Mais, c'est surtout l'enfant qui doit attirer toute son attention, parce qu'il est frêle et qu'il faut éloigner de lui tout ce qui pourrait porter atteinte à sa santé, en imaginant des moyens nouveaux et bien pratiques, afin de les mettre à la portée de tous :

« L'enfant, a dit le poète anglais, est le père de l'homme. »

Je me suis surtout attaché, Mesdames et Messieurs, à la question de l'enfant à l'école.

Mes efforts ont tendu, non seulement à lui donner un local sain, en facilitant le lavage et le balayage du parquet, pour que l'air fût plus salubre ; mais aussi à lui fournir une table unipersonnelle, afin d'éviter le contact immédiat des autres élèves et de donner en même temps satisfaction à l'hygiène et à la discipline.

On empêchera ainsi les causeries et les distractions qui constituent une source de punitions qui privent l'enfant de sa liberté et lui aigrissent le caractère, en l'abaissant auprès de ses condisciples.

N'est-il pas, en effet, digne d'un hygiéniste, bien que cela semble sortir de sa mission, d'éloigner chez l'enfant les occasions qui peuvent le porter à la dissipation et augmenter ainsi son application à l'étude, tout en facilitant la surveillance ?

Ne devons-nous pas viser dans nos réformes le côté physique, afin de réaliser ainsi cette maxime de Juvénal :

« *Mens sana in corpore sano* »

Ce problème m'a paru, Mesdames et Messieurs, pouvoir être résolu, en donnant à l'enfant une table qui, par l'élévation facultative, sera toujours à sa taille, car nous savons que l'enfant grandit de 1 centimètre et demi à 2, par trimestre.

Enfin, le besoin de mouvement qui caractérise l'enfance, m'a paru devoir également être respecté. Ce n'est pas sans intention que Dieu a ainsi formé la jeunesse.

J'ai donc combiné l'élévation facultative de la table, pour permettre les travaux alternés assis et debout.

Afin que la poitrine fût exempte de toute pression, l'enfant serait placé, étant debout, non pas de face, mais de trois quarts, en allongeant la jambe et le bras du même sens, tantôt d'un côté du même pupitre, tantôt de l'autre.

L'interversion qui en serait la conséquence éviterait toute déviation.

Dans les travaux debout, de même que dans les travaux assis, le pupitre devra être fixé à la partie inférieure du sternum, c'est-à-dire à l'épigastre.

Le bras allongé sur le pupitre, sert de support au buste.

La multiplicité de ces mouvements qui évitent la monotonie, charmera l'enfant, en tenant son esprit en éveil, à la satisfaction du professeur dont les leçons seront écoutées avec plus de profit.

Dans les leçons orales, le pupitre placé un peu au-dessus de l'épigastre donne aux avant-bras un point d'appui assez élevé pour maintenir le buste en parfait équilibre, même si l'élève est assis.

L'homme est créé pour la position verticale. C'est ainsi, a dit un de nos grands écrivains, qu'il contemple les merveilles de la création.

Nous devons faire en sorte que les organes de sa poitrine ne soient pas lésés.

Si je passe aux organes visuels, les médecins et les hygiénistes de tous les pays n'ont-ils pas constaté avec un vif regret les dommages causés à la vue des écoliers ?

Quel nombre considérable de myopes dans les colléges et dans les écoles !

N'est-il pas déplorable que la culture de l'intelligence amène de tels désordres dans la vue, aussi bien que dans la conformation générale ?

De l'avis de tous, il est nécessaire de faire cesser ces funestes effets.

La table unipersonnelle à élévation facultative m'a paru un moyen puissant pour les combattre.

J'ajoute que, pour les enfants myopes ou de vue courte, il a été fait une table spéciale dont le pupitre mobile peut être incliné, pour approcher leur livre ou leur cahier de leur vue, à la distance qui sera indiquée par les médecins oculistes.

J'espère, Mesdames et Messieurs, que vous apprécierez les avantages hygiéniques de ces systèmes et que le Congrès international d'Hygiène et de Démographie voudra bien s'y intéresser.

. . . .

La Société d'Hygiène de l'enfance à Paris, dont j'ai l'honneur d'être membre, m'a délégué auprès de vous, Mesdames et Messieurs, afin de vous assurer de ses sentiments bien sympathiques envers le Congrès, et elle en suivra très attentivement les travaux.

A. Féret.

BANQUET
DE LA
SOCIÉTÉ D'HYGIÈNE DE L'ENFANCE

Présidé par M. le Docteur CHASSAING, Député de la Seine

LE 22 JANVIER 1892

Nous sommes heureux, toutes les fois qu'il nous est donné d'applaudir aux efforts de nos confrères et à leurs progrès dans la voie de l'hygiène, et nous nous faisons un véritable plaisir d'insérer dans nos colonnes le compte-rendu du banquet qui réunissait, le 22 janvier dernier, dans les salons de l'hôtel Continental, les membres de la Société d'Hygiène de l'enfance de Paris.

La Société de l'Hygiène de l'enfance, depuis sa fondation, sous la présidence de M. le Dr Chassaing, député de la Seine, hygiéniste éminent et convaincu, a tenu à maintenir haut et ferme le drapeau de l'hygiène, et comme elle est composée de membres intelligents et zélés, elle ne néglige rien pour atteindre le but qu'elle s'est proposé : propager par tous les moyens en son pouvoir, et dans toutes les classes de la société, les principes qui la guident.

Parmi les moyens pratiques à employer, les Expositions, qui sont, pour ainsi dire une publicité vivante,

---

Journal l'*Hygiène de la Famille* du 28 février 1892. M. le docteur Gyoux, directeur. Bordeaux.

ont paru excellentes, et la Société, s'emparant de cette idée, a appelé à elle les inventeurs et les industries se rattachant à l'hygiène par quelque côté.

Les exposants ont répondu en foule à cet appel ; la Société d'Hygiène de l'enfance a obtenu un plein succès justement mérité, et c'est afin de la couronner par la distribution des récompenses décernées par le jury que ce banquet a été organisé sous la présidence de M. le Dr Chassaing et honoré par la présence des délégués de MM. les ministres de l'Instruction publique et de l'Agriculture, qui avaient voulu ainsi manifester hautement leurs sentiments de sympathie envers la Société d'Hygiène de l'enfance.

Après un brillant discours de M. le président Chassaing, vivement applaudi, et diverses allocutions, M. Féret, officier d'Académie, notre collaborateur, rapporteur du jury des récompenses, a exprimé dans un discours bref et éloquent le but de la Société en organisant ces expositions et les excellents résultats obtenus.

Nous croyons être agréable à nos lecteurs en publiant ce discours :

« Mesdames et Messieurs,

« Après les éloquents discours que nous venons d'entendre prononcer par des orateurs éminents, et auxquels nous avons applaudi de tout cœur, permettez-moi de vous demander votre bienveillante attention pour faire ressortir que les Expositions de la Société d'Hygiène de l'enfance ont surtout pour but de mettre en relief une quantité de produits modestes, mais d'un mérite réel que le jury est heureux de récompenser.

« Dans les Expositions annuelles et décennales, ces produits sont, pour ainsi dire, effacés par les productions des grandes industries, qui frappent davantage l'attention du public.

« L'intervention de notre Société est donc utile sous ce rapport et d'un autre côté, elle contribue à l'application de l'hygiène générale en faveur de l'enfant.

« Il faut le dire aussi, la Société d'Hygiène de l'enfance a provoqué cette Exposition pour bien affirmer ce qu'elle recherche : la diffusion des connaissances de l'hygiène.

« Ne se bornant pas à ce programme, elle excite, en outre, chez les penseurs, une noble émulation qui les porte à étudier et à traiter les questions proposées annuellement d'après un programme que nous pourrions définir ainsi : L'enfant au berceau, à l'école, à l'atelier.

« La Société d'Hygiène de l'enfance est donc heureuse de récompenser les auteurs qui ont le mieux saisi ces hautes questions, et elle espère, par ces moyens atteindre le but élevé qu'elle poursuit avec ardeur depuis sa fondation. »

SOCIÉTÉ FRANÇAISE D'HYGIÈNE

M. le Docteur PÉAN, Président

SÉANCE DU 8 AVRIL 1892

Expérimentation de la Table scolaire à élévation facultative à l'Ecole Turgot

La ville de Paris a fondé, en 1861, l'Ecole municipale Turgot, afin d'y recevoir des enfants déjà formés à l'instruction primaire.

Le mobilier des classes date de cette époque.

Il consiste en tables à 8 places avec bancs adhérents.

M. Porcher, l'éminent directeur de cette Ecole renommée, même à l'étranger, a bien voulu proposer à la Direction de l'Enseignement de la Seine, de faire meubler une partie de la 2e division, de tables à élévation facultative, à titre expérimentatif.

L'autorisation ayant été accordée, les écoliers de cette partie de division, au nombre de 64, en sont pourvus depuis juillet 1891.

Je ne vous dirai qu'un mot sur l'exécution matérielle de ces meubles.

Ils sont, ainsi que les bancs, en chêne naturel verni, sauf le dessus des tables qui est noir et également vernis.

Toutes les ferrures sont en fer poli, nickelé.

Il en est de même des patères placées sur un côté de la table, pour le service particulier de l'élève.

Bulletin mensuel de la Société d'Hygiène de l'Enfance du 20 mai 1892.

Ce ne sont plus des tables, mais de jolis bureaux que possèdent ces heureux élèves.

La classe a ainsi un aspect agréable qui leur plaît, et comme chacun d'eux est complètement séparé de son voisin, et que l'attention n'est plus détournée, les punitions ayant pour cause la distraction, n'existent plus.

Voilà, Messieurs, les avantages d'une étude ainsi meublée.

Chaque élève ayant son banc à lui, et sa table personnelle dont il fixe à sa taille le dessus formant pupitre ; le professeur, M. Desplanques, attaché depuis 25 ans à l'Ecole, a la satisfaction de voir ses élèves se tenir correctement ; aucun n'est courbé ; chacun d'eux conserve le buste droit, et observe ainsi la distance nécessaire des yeux au cahier, fixée par les médecins oculistes : soit 0^m33 à 0^m35.

Ce résultat est obtenu, tout simplement, en fixant le pupitre à la hauteur de l'épigastre.

Je vous assure, messieurs, que cette belle tenue de 64 élèves de 14 à 17 ans, dans la même salle, fait plaisir à observer.

Cela repose l'esprit : car on sent que le bien-être de ces écoliers en est la conséquence ; en outre, leur poitrine est à l'aise, et la déviation des épaules évitée ; la fatigue de la vue n'a pas lieu, et ces jeunes gens sortiront de leurs années classiques, dans les conditions les plus satisfaisantes.

Quel est celui de nous, mes chers collègues, qui n'a point remarqué que l'emploi des tables ordinaires qui restent fixes, pendant que l'enfant grandit, l'oblige à des poses contournées. L'écolier penche la tête ; il est entraîné à regarder plus loin par l'œil droit que par celui de gauche, fatigant ainsi les nerfs optiques par une vision inégale.

Aussi une quantité de nos jeunes gens des Ecoles accusent-ils cette fatigue de la vue par le port de binocles, ce qui, disons-le, est très regrettable. N'oublions pas que ce sont de futurs soldats.

De plus, l'attitude toujours courbée fait avancer la tête et tendre le dos, de sorte que la belle prestance que doit présenter un jeune homme se trouve compromise.

Et pourtant, mes chers collègues, nos soins doivent tendre à maintenir et à augmenter même la beauté de notre race.

Ne le fait-on pas pour les animaux et les produits de la terre ?

Nos expositions annuelles n'indiquent-elles pas cette tendance générale ?

L'Etat lui-même encourage par les plus hautes récompenses, les exposants qui se distinguent par leurs produits agricoles.

Une rose est belle ; mais combien un visage frais, vermeil, n'est-il pas plus agréable ?

On a organisé des expositions de bébés.

N'a-t-on pas fait en Autriche, en Belgique et ailleurs des concours de beauté.

Je suis avec vous, Messieurs, pour l'esthétique, et j'en demande la haute protection chez nos enfants aux études.

Vous parlerai-je, maintenant, de la nécessité des travaux debout, alternés, je me hâte de le dire.

Oui, certes, je les crois indispensables, et même attrayants.

Il me reste à vous persuader de leur haute utilité.

Ah ! Messieurs, quand notre vieillesse est venue, que nos jambes nous refusent peu à peu le service actif qu'elles nous ont rendu, il nous faut bien nous asseoir longtemps ; mais pourquoi astreindre la jeunesse turbulante, vigoureuse, à imiter l'homme dans son déclin ?

Pourquoi obliger nos enfants à passer toutes les journées de leurs études dans cet état assis, si monotone, si absorbant, où les idées mêmes s'émoussent.

Ne vaut-il pas mieux, mes chers collègues, aider au développement de la croissance par des travaux alternés, et ne s'asseoir que pour se reposer.

On sent alors le bonheur du repos.

Je propose donc que, par un entraînement successif (et on arrivera en peu de temps à l'obtenir), 20 minutes debout et 20 minutes assis.

Pour rester debout, sans se fatiguer, il suffit d'obtenir l'aplomb, en tenant les jambes légèrement arquées, et en avançant un des bras du même sens sur le pupitre de la table. On se place obliquement et *vice-versa*. On a ainsi deux points d'appui avec lesquels on résiste très bien.

Après ces explications, vous serez, je crois, Messieurs et chers collègues, convaincus que la croissance de nos enfants sera favorisée et que nous obtiendrons, en même temps, la fermeté des tendons et la vigueur des muscles.

La constitution des écoliers étant plus forte, leurs études en seront favorisées.

Il me reste à remercier publiquement la Ville de Paris, d'avoir bien voulu donner l'essor au système des tables scolaires à élévation facultative, et je prie la Société Française d'Hygiène de vouloir bien lui transmettre le témoignage de ma sincère reconnaissance.

A. Féret.

SOCIÉTÉ D'HYGIÈNE DE L'ENFANCE

M. le Docteur CHASSAING, Député de la Seine, Président

SÉANCE DU 13 JUIN 1892

Développement de l'amplitude thoracique des Ecoliers

Mes chers collègues,

La Ligue nationale de l'Éducation physique, dont j'ai l'honneur de faire partie, s'est réunie en Congrès annuel dans le courant d'avril dernier.

Elle a nommé une commission chargée d'étudier la division du temps scolaire ; après délibération, elle a adopté à l'unanimité les conclusions suivantes :

« 1° Qu'il est possible de répartir à la matinée, une partie des classes de l'après-midi, pour donner aux exercices du corps le temps nécessaire.

« 2° Elle demande pour les écoles primaires la suppression d'une classe du soir au profit des exercices corporels.

« 3° Elle fait la proposition : que les élèves soient tenus d'aller périodiquement se livrer à des jeux libres, et à des exercices méthodiques, en formant le vœu qu'un terrain mi-partie en pelouse, mi-partie esplanade, soit mis à la disposition des écoles ».

Elle a émis encore d'autres vœux concernant le tir, la boxe française, la lutte, la natation et l'escrime, comme exercices réglementaires.

Le Congrès demande aussi, et j'appelle toute votre attention sur ce vœu, mes chers collègues ; qu'une cote d'état physique soit réservée dans tous les examens et concours de fin d'études ; à la vigueur du candidat, à son adresse, à son amplitude thoracique, en ce qui est chez l'individu, d'ordre perfectible par la culture du corps.

Notre Société se préoccupe ardemment de l'étude de l'Hygiène scolaire et vous avez bien voulu, Messieurs, écouter avec intérêt les communications que j'ai eu l'honneur de vous faire sur l'hygiène scolaire particulière de l'écolier.

Ne vous semble-t-il pas, mes chers collègues, qu'il serait bon de réaliser cette culture corporelle chez l'écolier travaillant dans les études et les classes où il est interné ?

Ne serait-il pas nécessaire de lui continuer, pendant ses travaux, les bienfaits qu'il aurait reçus des jeux et des exercices en plein air ?

La nature de l'enfant est exubérante, sa croissance s'accuse souvent avec vigueur, il s'agit tout simplement de ne pas la contrarier. Nous remarquons ce fait dans les plantes et les arbres ; s'ils sont gênés par un manque d'air ou d'espace, il est aisé de s'apercevoir qu'ils en souffrent.

Ne vous paraît-il pas que l'enfant devenant plus grand, son point d'appui se trouve plus bas ; il se courbe en s'appuyant fortement sur le pupitre et successivement de plus en plus. Il est de toute évidence que quelques années passées ainsi sont un empêchement à son développement. En outre, sa santé est compromise en même temps que sa vue.

Il est bon de vous rappeler en ce moment, mes

chers collègues, la position réglementaire de l'écolier écrivant : le bras gauche est ramené sur le devant de la poitrine, et le bras droit appuyé sur le côté droit du thorax.

Cette position, formellement recommandée, est nécessairement suivie, mais ne vient-elle pas compromettre les bons effets des ébats en commun ?

Je trouve judicieux de s'assurer de l'amplitude thoracique, mais je regrette que l'écolier, pendant ses travaux, ne puisse contribuer largement et sans contrainte à l'extension de sa poitrine.

Il ne faut donc pas nous lasser de le dire, car la Société de l'hygiène de l'enfance est une excellente tribune où ce que vous approuverez aura quelque poids dans les idées et les décisions de la Direction, toujours bienveillantes de l'Enseignement.

Vous tiendrez à exprimer que les exercices du corps pourraient être aidés puissamment, par les travaux alternés assis et debout.

Il me paraît également indispensable que le pupitre de la table scolaire soit, dans ces deux exercices, élevé à la hauteur de l'épigastre ; les avant-bras se trouvant naturellement ouverts, maintiennent le buste légèrement incliné ; de sorte que, la courbure étant exclue par ce maintien, la poitrine se trouve libre dans son extension.

Les travaux debout, en pratiquant la pose oblique des deux sens, en avançant le bras et la jambe du même côté, aident puissamment à obtenir « l'amplitude thoracique » recherchée.

Le corps bien campé par l'écartement des jambes, qui ne doit pas être trop accusé, évite la fatigue que donnerait la position de face.

Du reste, les travaux assis viendront à leur tour délasser de l'exercice précédent, tout en procurant une agréable diversion à l'écolier.

En faisant ainsi alterner les travaux au début de son entrée en classe, on peut admettre sûrement que, vers l'âge de dix ans, l'écolier, par une pratique de quatre années, présenterait un résultat très appréciable.

Nos enfants obtiendront certainement, par cette méthode, le développement corporel que nous recherchons tous, en même temps qu'une tenue correctement droite.

Applaudissons, Messieurs et chers collègues, aux efforts énergiques de la Ligue Nationale de l'Education Physique, et félicitons-là de ses succès, mais soyons son avant-garde et demandons plus qu'elle.

Demandons pour chaque écolier, une table unipersonnelle, pouvant être élevée instantanément par lui-même, et affirmons l'utilité hygiénique des travaux assis et debout.

Si la Société d'Hygiène de l'Enfance contribue par ses efforts, à obtenir cette grande réforme, elle aura la satisfaction d'avoir coopéré à une œuvre bien digne de son titre, et d'avoir bien mérité de la génération qui en aura reçu les bienfaits par l'application.

A. Féret.

SOCIÉTÉ D'HYGIÈNE DE L'ENFANCE

Pésidence de M. le Docteur CHASSAING, Député de la Seine,

Du développement musculeux de nos écoliers par la marche et autres exercices physiques

SÉANCE DU 4 JUILLET 1892

Mesdames et Messieurs,

A notre séance du 13 juin dernier, j'ai eu l'honneur de vous faire une communication relative à l'amplitude thoracique indiquant, selon moi, le moyen de l'obtenir de nos écoliers pendant leurs travaux, tout en les aidant par l'attrait dans leurs études, en supprimant la monotonie de la position sans cesse assise.

Ce résultat peut être obtenu, selon moi, par les travaux alternés assis et debout, en leur donnant une table scolaire à élévation facultative, qui leur permette d'avoir le buste droit, ce qui, remarquons-le, est en rapport avec la structure de l'homme que la nature a voulue verticale.

L'attitude courbée de l'enfant sur son pupitre est donc un non-sens, puisqu'elle amène la congestion du cerveau, en nuisant à la vue.

Qu'attendons-nous pour donner à nos écoliers cette allure droite, martiale, pour leur faire obtenir une poitrine avancée, des yeux vifs, des jambes et des bras musculeux ?

Que faut-il pour cela, Messieurs et chers collègues, pères de famille pour la plupart ?

Mais, tout simplement, par une pratique journalière et continue du jeu des muscles. Je voudrais donc un sport classique, pédagogique, disposant nos écoliers aux courses en plein air, que mes collègues de la Ligue de l'enseignement physique ont voté au Congrès d'avril dernier.

Il est reconnu que le sport est nécessaire, mais il le faut fréquent, à l'exemple du pianiste qui s'exerce plusieurs heures par jour.

Il est de toute nécessité que nos écoliers puissent, pendant leurs études, poser les avant-bras sur un pupitre toujours à leur taille par le système de l'élévation facultative, afin d'avoir le buste soutenu, soit assis, soit debout.

Nous venons d'avoir un concours de marcheurs de Paris à Belfort, organisé par un puissant et bien sympathique organe de la presse : le *Petit Journal.*

Mais le vaillant auteur de cette heureuse conception, M. Pierre Giffart (Jean sans Terre), n'écrivait-il pas que la plupart des marcheurs ne connaissaient pas l'hygiène de la marche, parce qu'elle n'est, pas plus que le développement thoracique, enseignée jusqu'à présent ?

Remarquons, Messieurs, que les engagés de la course de Paris à Belfort sont, sauf quelques exceptions, des employés, des travailleurs.

Tout en applaudissant au triomphe de Ramogé, le premier arrivant, je constate le succès de M. Duval, professeur de mathématiques au collège Rollin, arrivé le 49e à Belfort, ayant fait 500 kilomètres en six jours et cinq heures, soit 80 kilomètres par jour.

La classe dite dirigeante était donc peu représentée, faute de s'y sentir préparée par des exercices entraînants.

Cette anomalie doit cesser, et nous devons arriver au but recherché : la culture des muscles.

Vous voudrez, Messieurs et chers collègues, aider la Ligue de l'Enseignement physique, et former le vœu que cet enseignement devienne pratique dès l'entrée des enfants à l'école.

Le développement des muscles serait ainsi l'apanage de tous, par l'effet d'un enseignement national.

La nouvelle génération serait donc forte, solide ; son développement général serait puissamment aidé, et nous obtiendrions bien certainement, des résultats vraiment remarquables.

Il est peut-être surabondant de considérer que chacun de nous, après avoir travaillé longtemps assis, se sent les jambes engourdies, les yeux fatigués ; il en serait tout autrement si nous avions pu alterner.

Ce que nous éprouvons (bien que nous ayons le sentiment du devoir plus développé) nos écoliers l'éprouvent aussi.

La Société d'Hygiène de l'enfance formera le vœu : que l'enfant confié par sa mère à l'école, et qui est déjà l'objet des meilleurs soins pour son éducation et son instruction, soit aussi développé physiquement, et qu'il lui soit rendu dans des conditions qu'elle n'aurait pu obtenir elle-même.

Nous aurons ainsi, comme citoyens probes et libres, et comme Membres de la Société d'Hygiène de l'Enfance, rempli un haut devoir civique.

A. Féret.

SOCIÉTÉ D'HYGIÈNE DE L'ENFANCE

M. le Docteur CHASSAING, Président

SÉANCE DU 7 NOVEMBRE 1892

La beauté physique de l'Enfant, son hygiène à l'Ecole. à l'Atelier et dans l'Habitation.

Je viens, mes chers collègues, causer avec vous de la beauté physique de nos enfants, de leur conformation, de leur prestance et des moyens d'hygiène générale dont nous disposons pour leur assurer ces avantages.

Nous ne connaissons pas de joie plus pure que celle de la famille, mais nous, pères, nous n'avons pas dans les premiers mois de la naissance de nos enfants la vivacité des tendres caresses maternelles. Aussitôt que leur sourire se dessine, que la mère leur apprend à nous aimer et à balbutier leurs premiers mots, nous sommes fiers de les posséder, heureux de les embrasser, d'aider à leurs joies et de constater chaque jour leur développement corporel et celui de leur intelligence.

Un peu plus tard, nous partageons leurs jeux et nous veillons avec un soin particulier à leur donner les notions les plus justes des choses, à leur expliquer les « pourquoi » dont leur esprit est si prodigue, tant ils sentent le besoin de savoir et de connaître.

Nous tenons, et c'est la loi de nature, à ce que leur éducation soit conforme à la nôtre, supérieure si possible, et nous cherchons, dans les ressources de notre intellect, le raisonnement approprié à leur esprit naissant pour leur permettre de comprendre ce que nous voulons leur expliquer.

Et, dans nos promenades, nos enfants nous précédant, nous aimons à considérer la beauté de leurs proportions que rien n'a pu encore altérer.

Mais bientôt, leur sixième année arrive, l'enfant sentant ses forces s'accroître, aime à les employer, il est turbulent et nous remarquons qu'il est nécessaire de le confier aux maîtres, pour développer l'instruction dont nous avons tenu à lui donner les premières notions.

Nous espérons que l'école publique ou l'établissement particulier dont nous avons fait choix, est sain, que la propreté y règne et que l'hygiène y est en honneur dans tous ses détails.

Nous comptons que la Direction aura prévu, non seulement le nécessaire, mais aussi le confortable ; l'enfant est la Nation de demain, et nous devons en assurer la conservation et le développement.

Il serait contraire à ces vues naturelles, de parler d'économies étroites, et que le mot « argent » vint les contrarier.

Rien ne doit nous retenir quand il s'agit de donner à nos établissements d'éducation : l'espace, la lumière et un air sain ! Quel meilleur emploi pourrions-nous faire de nos ressources ?

Est-ce que les fils de nos législateurs, de nos édiles, les enfants de nos ouvriers ne doivent pas, sans distinction et au même titre, devenir forts et vigoureux ?

Ne devons-nous pas à tous, les mêmes mesures d'hygiène pour leur procurer une belle santé et la vigueur physique, et ce, aux enfants du peuple plus peut-être qu'aux autres, puisque pour eux, la lutte pour la vie sera plus opiniâtre.

Dans nos usines, les ingénieurs et les architectes. ne doivent-ils pas, dans leurs plans, diriger leurs études et leurs vues, pour donner aux ateliers la clarté et surtout l'aération, afin d'assurer le renouvellement de l'air pendant les travaux, si possible, mais toujours pendant les heures et les jours où ils sont libres du personnel ?

Et, dans tous les travaux, la Direction veillera avec instance à ne faire exécuter aux enfants rien au-dessus des forces de leur âge, et avec des outils proportionnés à leur taille.

Ah ! mes chers collègues, si nous pouvions nous rendre compte de l'appréhension maternelle quand nous confions nos enfants soit à l'école, soit à l'atelier.

Si, à l'École, les tables sont à places multiples, que seront ses voisins ? La mère préférerait certainement des tables unipersonnelles pour éviter un contact qu'elle redoute.

La salle sera-t-elle claire, ventilée, chauffée ? A l'atelier, l'enfant sera-t-il traité avec bienveillance ?

Nous n'avons pas le cœur assez fin pour apprécier ces pensées intimes des mères !

La femme n'ayant aucune part aux vues des constructeurs, aux dispositions protectrices qu'ils peuvent prendre, s'en rapporte à nous pour les apprécier ; elle suppose que, partageant sa tendresse, nous aurons été vigilants pour elle.

Hélas ! simples unités que nous sommes, il nous faut accepter ce qui existe, en regrettant que ce ne soit pas mieux établi.

Ne serait-il pas désirable que les plans des usines et des ateliers fussent soumis à l'autorité préfectorale, ayant un Conseil d'hygiène chargé de prescrire les mesures nécessaires ?

Pour les usines bâties, de même que pour les ateliers, ne serait-il pas nécessaire de les faire visiter par des hygiénistes autorisés, et que les rapports de ceux-ci eussent une force de considération qui se traduisît par des faits, je veux dire par la nécessité de se conformer à leurs prescriptions soutenues par une sanction administrative ; souvent on obtiendrait d'excellentes modifications avec une dépense restreinte.

J'invoque alors la tutelle de l'État pour qu'il en soit ainsi.

L'État, c'est nous, électeurs. Posons ces questions aux candidats à la députation, aux conseillers municipaux, et nous éveillerons ainsi leur attention. Au besoin, nous leur en demanderons compte dans le cours du mandat que nous leur aurons confié.

Entretenons-nous maintenant de nos habitations.

Bien que nos architectes soient plus habiles et les constructions mieux disposées qu'autrefois, des études nouvelles s'imposent sans cesse, et nous partons des connaissances actuelles pour faire encore mieux.

Bornons-nous à dire que plus souvent la pierre devrait céder la place au verre pour donner lumière et aération, et que l'assainissement parfois négligé des cabinets d'aisances communs, pourrait être plus assuré par des tuyaux d'aspiration d'une dimension plus importante que ceux actuellement existants. En leur donnant une base évasée dans le plafond, le bas de la porte d'entrée ayant une distance de 6 centimètres à partir du seuil, il se forme un courant d'air qui enlève la plus grande partie de l'odeur.

L'aération au-dessus de la porte d'entrée donne peu de résultats.

Les cabinets établis à l'étage supérieur de la maison

seraient mieux éclairés et aérés par un comble vitré fixé sur tiges suffisamment élevées.

Les passages obscurs dans les étages pourraient être éclairés par des verres-dalles superposés à chacun de ces étages, et prenant jour sur la toiture.

Je m'en tiéns à ces dires restreints pour ces dispositions élémentaires.

En un mot, demandons plus d'efficacité pour les rapports des commissions de salubrité.

Nos enfants sont encore plus susceptibles que nous, et notre Société d'Hygiène de l'Enfance peut et doit élever la voix en leur faveur.

C'est par l'hygiène générale étudiée et appliquée que nous assurerons l'assainissement, et que nous en développerons le goût dans le public.

Et si nous obtenons que notre Société, déjà si considérée, soit déclarée d'utilité publique, ne pourrions-nous pas être autorisés, à titre d'hygiénistes compétents, à visiter des écoles, des ateliers, des maisons d'habitation, et à donner des avis motivés aux directeurs et aux propriétaires, à titre bienveillant, je m'empresse de le déclarer, et à décerner en séance publique, des *satisfecit* à ceux qui auraient suivi nos instructions.

Ils en seraient fiers, croyez-le bien, mes chers collègues.

Nous pourrions ainsi faciliter la tâche des commissions administratives, et en leur communiquant nos études, elles apprécieraient notre obligeante intervention.

C'est par l'hygiène, telle que notre Société d'Hygiène de l'Enfance la comprend, que nous assurerons la vitalité de l'enfant et la santé générale.

A. Féret.

SOCIÉTÉ FRANÇAISE D'HYGIÈNE

M. le Docteur PÉAN, Président

SÉANCE DU 9 FÉVRIER 1893

L'Hygiène du sommeil de l'Ecolier.

Messieurs et chers Collègues,

Notre Société, composée d'hommes d'action et dévoués pour la recherche de l'hygiène dans toutes ses branches, s'est plue à rechercher l'amélioration des écoles et tout ce qui peut favoriser l'écolier.

Aujourd'hui, c'est de son repos, de l'hygiène de son sommeil, dont je viens vous entretenir.

Il est des causes qui peuvent le troubler, d'autres lui donner le calme nécessaire.

Parmi les faits que je vais citer, il en est qui, peut-être, paraissent s'éloigner du titre, mais en réalité, ils forment un ensemble, un tout, pour lequel je vous prie de m'accorder votre bienveillante attention.

Après 1830, il se fit un vif mouvement dans les lettres et les beaux-arts. Il n'est besoin que de citer deux hommes qui le personnifient au plus haut degré : Victor Hugo dans les lettres, et Delacroix pour la peinture.

La science hygiénique se fit dès cette époque une part plus importante.

Un esprit novateur se forma, tout différent de ce qu'il était sous l'Empire et la Restauration ; des publications surgirent, et je me rappelle avoir vu l'une

---

Journal d'Hygiène, du 15 mars 1894.

d'elles chez mon père (car elle comptait parmi ses abonnés beaucoup d'instituteurs), je veux citer le *Journal des Connaissances utiles.*

Les hommes remarquables qui le fondèrent ont formé un mouvement considérable en faveur des écoles qui n'a pas cessé d'être sympathique.

Saluons ces précurseurs en citant leurs noms : Ernest de Girardin, J.-B. Duvergier, comte de Las Cazes, le baron de Gérando, Émile de Girardin, comte de Lasteyrie, Ét. Boutmy, M. Koreff.

Des écoles mutuelles autorisées par l'Université se fondaient dans les villages.

Pour l'enseignement oral des plus jeunes, des demi-cercles en fer rond, disposés sur le sol, marquaient leur emplacement; au milieu, le moniteur, par une baguette, attirait leur attention sur des tableaux étagés.

Un de ces tableaux portait des notions d'hygiène. Il y était inscrit que 7 heures de sommeil sont suffisantes pour un adulte, mais sans faire, je crois, mention de celui des enfants. Complètons-le en disant : 10 heures de sommeil de 6 à 12 ans, et 9 heures jusqu'à 16 ans. Il y a donc lieu de les faire coucher tôt et à heure fixe.

M. le Dr Golay, dans une étude très remarquable sur le moyen d'obtenir l'obéissance (que publie le *Petit Médecin des Familles* dans son numéro du 15 janvier) indique les moyens pratiques de se faire obéir des enfants : par l'observation de soi-même.

Quelle source de bonheur de s'étudier à élever ses enfants dans l'obéissance et le respect ; et, si nous portons leurs vues dans la croyance aux choses supérieures, divines, combien elles élèvent leur âme et la nôtre en même temps !

La prière du soir, un bon baiser des parents et le calme de l'esprit, procurent à l'enfant un sommeil sans rêves fâcheux, sans visions désagréables, sans cauchemars !

Ne permettons donc pas que l'on raconte devant eux des histoires de voleurs, de crimes, de vilains contes.

Ne les laissons pas jouer avec des camarades plus forts qui les malmènent, et, en les contraignant par la force, les rendent méchants et vindicatifs.

Afin que nos enfants ne reviennent pas de l'école avec un certain chagrin, un remords d'avoir été punis pour cause de dissipation, je demandais, dans ma communication du 15 décembre dernier, que chaque enfant possède une table personnelle pour éviter la tentation continue de causer, de sorte que, au retour, sur notre demande : « As-tu été sage », il n'use pas de subterfuges et de faux-fuyants pour ne pas avouer sa faute.

Il faut absolument que la fréquentation de l'école nous aide dans l'éducation, puisque l'État compte surtout sur l'esprit de famille.

L'écolier, avant de dormir, se rappelle les évènements de la journée : il est ou non satisfait de lui, son sommeil sera agité si son esprit l'a été et si sa conscience lui fait quelques reproches.

Je passe maintenant, messieurs, à un autre sujet.

Il est d'usage que la direction des écoles donne à ses élèves quelques devoirs à faire dans leur famille. Procurons-leur une table qui suive leur croissance et, pour tenir leur attention en éveil, faisons-les alterner, assis et debout; surveillons leurs travaux et tenons surtout à ce que leur écriture et leurs chiffres soient bien faits; aidons-les patiemment, car il s'agit d'éveiller l'intelligence et elle ne s'ouvre pas violemment; la nature est lente dans ses œuvres.

Louons ce que nous trouvons de bien, afin qu'ils désirent eux-mêmes compléter une série de qualités.

Ne vous semble-t-il pas, mes chers collègues, qu'en agissant ainsi, notre temps aura été bien employé et que le sommeil de nos chers enfants sera calme et réparateur ?

Ouvrons sans bruit la porte de leur chambre, considérons-les un instant : une douce émotion nous gagne, notre joie est intime, car nos espérances sont là, près de nous !

Mais si ce tableau est agréable, n'oublions pas que les enfants ont la santé fragile, assurons-nous souvent par des questions, et *de visu*, que les fonctions vitales sont bonnes ; la constipation est, vous le savez, une chose grave. Je pose en principe que l'évacuation des matières usées doit se faire le matin en se levant, et aussitôt le déjeuner — soit deux fois par jour. — Ainsi réglés, les enfants évitent de se déranger pendant les heures consacrées au travail.

Je vais maintenant, messieurs, vous expliquer comment je comprends la composition du coucher : lit en fer, sommier élastique, un matelas ; l'oreiller en crin ou en varech ne donnera pas, par la pression de la tête, plus de 4 à 5 centimètres d'épaisseur. Il n'est pas nécessaire d'avoir la tête plus relevée ; donc, suppression du traversin.

J'engage beaucoup à dormir sur la poitrine, la tête posée sur le côté de l'oreiller, côté gauche et côté droit. On éprouvera, au début, un léger torticolis, qui se dissipera bientôt par l'habitude prise.

Le grand avantage que je trouve dans cette position est un repos paisible, plus profond, une respiration plus libre, même en cas d'oppression de poitrine, et en même temps le redressement corporel, toujours compromis par les travaux du jour.

En hiver, la sensation du froid est moindre que couché sur le dos.

Il est important d'exiger que le cou et les poignets soient libres d'attaches, afin de faciliter la dilatation et la circulation. Il faut, pour le même motif, l'allongement formel des jambes.

La tête ne sera pas couverte, sauf dans les grands froids.

Permettez-moi, mes chers collègues, de recommander une qualité maîtresse à inculquer à nos enfants : c'est l'ordre! Exigeons qu'ils remettent en place ce qu'ils ont dérangé. Le rangement méthodique de leurs livres et de leurs cahiers, ainsi que leur conservation parfaite; ne souffrons pas de déchirure, si petite qu'elle soit, ni l'enroulement des feuillets, ni de taches quelconques.

L'absence d'ordre les rend nerveux, impatients ; il est donc important d'insister, pour leur éviter ce grave défaut qui a une influence si considérable sur notre repos et sur leur avenir.

Une excellente distraction pour développer l'adresse naturelle des enfants et le côté industrieux de leur esprit, est celle de Tom-Tit, l'ingénieur bien connu, qui obtient tant de succès dans les familles.

Si nous les faisons alterner avec la lecture très souvent renouvelée du *Robinson Crusoé*, du *Télémaque*, de la *Jérusalem délivrée*, de *Paul et Virginie*, de *l'Astronomie populaire*, de Flammarion, et de quelques autres chefs-d'œuvre, nos enfants de mœurs douces, agréables, ayant acquis par nos soins et notre affection des qualités aussi persistantes qu'énergiques, sauront se tirer d'affaire dans la vie, par le développement normal de leurs idées.

Du reste, les avantages à retirer des leçons de choses sont bien connus : au Musée du Louvre, où tout ce qui représente le génie humain : antique, moyen âge, moderne, se trouve réuni; au Musée de Cluny, où tant d'objets aussi rares que curieux s'offrent à nos regards étonnés; le Musée Carnavalet, les Archives de France, le Musée d'artillerie et tant d'autres, sont inépuisables comme remarques à faire.

A la campagne, où tant de choses sont nouvelles pour le citadin, on peut encore satisfaire l'esprit chercheur de nos jeunes gens.

Il est évident que les jeux auront une large part dans l'éducation, l'esprit doit être souvent détendu; ils développent la force, l'agilité, la bonne humeur et l'élégance dans le maintien.

La gymnastique et l'escrime en seront un heureux complément.

Veillons surtout à ce que nos enfants soient polis et prévenants, par des conseils à mi-voix, entendus d'eux seulement, afin qu'il semble que cela vient d'eux-mêmes, ne leur faisons sentir leurs torts qu'en aparté; par la suite, un regard suffira pour approuver ou désapprouver.

Soyons, mes chers collègues, les amis de nos enfants, partageons leurs jeux, aidons leur adresse naissante et, nous aimant tendrement, ils se plairont avec nous jusqu'à ce que les nécessités de la vie les obligent à s'éloigner pour exercer la profession qu'ils auront choisie, aidés de nos conseils; aussi notre foyer leur sera toujours cher, leur chambre les attendra telle qu'ils l'auront laissée, avec les mêmes objets; et, trouvant en nous l'appui nécessité par les circonstances, ils tiendront à conserver la haute estime que nous avons pour eux.

Partout, leur dignité s'imposera.

Ils conserveront les vertus de famille et, en élevant sans cesse leur esprit vers les belles actions, le vrai mérite, ils deviendront : de braves soldats, d'excellents citoyens, de bons Français.

A. Féret.

P.-S. — Nous rappellerons à nos collègues que la collection du *Journal d'Hygiène* contient sur ce sujet un nombre assez considérable d'articles.

En voici les titres principaux :

Dr Ad. Nicolas : *La durée du sommeil*, vol. VII, p. 241 et 255 ; Dr Blayac : *Les désordres du sommeil*, vol. VII, p. 121 ; M. Rouxel : *L'art de dormir*, vol. XII, p. 437 et 450 ; Drs Hilty et Winslow Anderson : *Nouvelle Manière de dormir*, vol. XIII, p. 256 et 355 ; Dr Macario : *Le sommeil au point de vue physiologique*, vol. XVII, p. 565 et 585.

SOCIÉTÉ FRANÇAISE D'HYGIÈNE

M. le Docteur PÉAN, Président

SÉANCE DU 10 FÉVRIER 1893

Communication sur l'éclairage diurne et l'aération des écoles

Mes chers Collègues,

Le meilleur mode d'éclairage des écoles a toujours préoccupé les architectes afin d'obtenir le maximum d'intensité, soit par l'importance des baies ou par leur multiplication ; mais la configuration et les constructions du voisinage ne permettaient pas toujours d'obtenir ce que l'on se proposait.

Il faut dire aussi, que parfois des dispositions paraissant bien étudiées se sont trouvées annihilées par des élévations inattendues de bâtiments, tant il est vrai que si l'on peut, par habileté, sortir des difficultés, on ne peut pas toujours prévoir celles que prépare l'avenir.

Il arrive aussi, dans les grandes villes, qu'un terrain exigu mis à la disposition d'un architecte, il lui est enjoint de coordonner une quantité de services divers et que le rapprochement, par la multiplicité, vient encore fatalement assombrir l'éclairage recherché.

Quoi qu'il en soit, la vue des enfants en souffre. D'après les plaintes et les réclamations des familles, les Ministres de l'Instruction publique ont formé des Congrès de savants, de médecins et d'oculistes les plus distingués par leur savoir et leur compétence, pour rechercher le meilleur mode d'éclairage et d'aération.

Nous n'avons pas encore une méthode assez sûre pour empêcher, de temps à autre, des critiques fondées, d'après ce que l'implacable statistique indique.

L'éclairage bi-latéral a été proscrit parce que, trop vif d'un côté et trop sombre de l'autre, il venait contrarier la vue des écoliers et provoquer des ophtalmies.

Les études faites jusqu'ici se trouvant concordantes pour admettre le jour de gauche, attendu que celui à obtenir verticalement (bien supérieur sans doute) nécessiterait trop d'espace, je n'ai d'autre observation à faire que de plaindre bien vivement les élèves placés après les 45 degrés, car ils se penchent plus ou moins pour y voir.

C'est pour ceux-ci, mes chers collègues, que je viens réclamer le droit à une part plus importante de lumière, car il est profondément regrettable que le séjour des enfants dans les écoles leur soit préjudiciable ; c'est un malaise social à supprimer, tel sacrifice pécuniaire qu'il soit nécessaire d'apporter.

Je viens donc soumettre à vos réflexions le vœu que je forme d'un essai à tenter dans tout ou partie d'un établissement scolaire de l'État ou de la Ville de Paris, ou même par l'initiative d'une école libre.

1° La toiture serait en verre clair ;

2° Les planchers de tous les étages, formés de solives en fer à T, comme d'usage et garnis de cornières supportant des dalles en verre, d'un diamètre de $0^{m}20$ environ.

3° Que la façade des bâtiments soit formée de baies reliées par des colonnes en fonte, où les planchers seraient assemblés à chaque étage, afin de donner tout le jour possible aux élèves.

Il n'est pas bon qu'aucun d'eux ait la vue assombrie par des massifs en pierre.

Les écoles seraient donc des édifices où le verre aurait la plus large place.

Façade et toiture vitrées, tous les planchers en dalles de verre.

D'après renseignements, le prix de la construction n'en serait que peu, ou pas, augmenté.

Le jour d'en haut éclairera verticalement chacune des salles des étages successifs, la transparence des verres-dalles est bonne, la lumière pénétrera par les interstices des tables, mêmes occupées par les élèves, et surtout par les parties réservées aux passages.

Une preuve évidente de ce fait existe dans des magasins où les sous-sols se trouvent éclairés ainsi, bien que certaines parties soient obstruées (1).

Ceci exposé, vous serez d'avis que les élèves recevraient du plafond transparent une partie importante de lumière qui leur manque actuellement.

J'appelle aussi votre attention toute particulière, mes chers collègues, sur la conséquence hygiénique de cette réforme pour l'assainissement des salles de classes et d'études.

Vous savez combien les lames du parquet laissent entr'elles une poussière qui leur reste acquise ; les pores du bois en conservent également une grande partie, et nous savons comme elle s'élève, s'étend et se fixe aux murs par le balayage ; tandis que le poli du verre s'y refuse et se nettoie facilement.

En ce qui concerne l'aération, nous savons aussi que

---

(1) Comme établissements publics, je citerai par ordre de date : Le Crédit Lyonnais et la Banque de France à sa succursale, rue Méhul.

l'ordre est donné d'ouvrir les fenêtres des salles de classes et d'études en l'absence des élèves, quand la température le permet ; il est évident que s'il fait un grand vent, s'il pleut ou neige, il y a abstention.

Nous ferons remarquer en outre que l'air nauséabond causé par le grand nombre d'élèves,— 48 dans une salle de sept mètres sur huit, — imprègne l'agencement et les murs, de sorte qu'aussitôt après la fermeture, la senteur est la même et que, pour une personne étrangère, elle est suffocante. On fait cette réflexion : « Qu'il est fâcheux que ce soit ainsi ! » ; on regrette que les enfants, les Maîtres et les surveillants soient obligés d'en subir les effets.

Il est donc nécessaire de rechercher les moyens de l'éviter, et, comme ils existent, il ne s'agit que d'en provoquer l'application.

Je suis allé, mes chers collègues, au Musée d'Hygiène de l'Académie de Médecine pour y apprendre quelque chose sur mon sujet, et voici ce que j'ai vu : des verres à vitres perforés.

Ce perforage est disposé en losange ; il est uni d'un côté et fraisé de l'autre. Les trous ont 0m003 de diamètre et sont distancés à 0m010.

L'air frappant en plein sur la vitre ne s'introduit que très divisé, tout en laissant échapper celui qui se trouve vicié par l'agglomération des élèves.

En plaçant des châssis ouvrant, à verres pleins, au devant, on arrête le service à volonté (1).

Il est évident que l'ouverture des fenêtres pourra avoir lieu comme d'usage.

Bien que ces moyens me paraissent bons, je pro-

(1) Consulter la page 125 où se trouve indiqué un autre mode d'aération très remarquable.

pose, néanmoins, le lavage mensuel des peintures à l'eau pure, pour ne pas les détériorer.

Les Belges et les Hollandais font un grand usage d'eau pour la propreté de leurs maisons; nous n'apportons pas chez nous ce luxe de nettoyage, mais, pour nos écoles, faisons un effort sur nous-mêmes, et portons assez d'intérêt à nos enfants dans leurs études, à cette jeunesse qui, dans vingt ans, sera la France dans sa force, en faisant au plus tôt ce que l'hygiène nous impose.

Je ne connais rien de plus important que la conservation de la vue et le bon fonctionnement des voies respiratoires, — assurons-les !

Suivons nos fils à quelques années plus loin; comprend-on un soldat myope ? peut-il rendre un bon service à l'armée et à lui-même ?

Puisque notre pays produit peu d'enfants, sachons les conserver, les rendre robustes, et pourvus des qualités physiques nécessaires à un peuple qui veut s'affirmer et tenir une place importante parmi les autres.

A. FÉRET.

SOCIÉTÉ FRANÇAISE D'HYGIÈNE

M. le Docteur PÉAN, Président

SÉANCE DU 12 MAI 1893

Hygiène pratique de la vue dans les Etablissements Scolaires.

Mes Chers Collègues,

Je viens vous entretenir de la vue chez nos écoliers qui, suivant le rapport de M. le docteur Motais (d'Angers), à l'Académie de médecine, dans sa séance du 10 novembre 1889, court de grands dangers.

Il indique que, après avoir examiné 5,000 élèves des collèges et écoles, la moyenne générale de la myopie, qui est de 17 0/0 pour la classe de troisième, atteint 35 0/0 pour les classes de rhétorique et de philosophie ; d'autres communications précédentes étaient aussi concluantes.

Messieurs,

Parmi les merveilles de la nature, en est-il une plus admirable que les yeux, n'est-elle pas la première d'entre elles, puisqu'elle nous permet de connaître et de contempler les autres ? La structure de l'œil, sa composition n'ont rien de commun avec les autres parties du corps, et je m'imagine que le Créateur de toutes choses a mis une science infinie dans sa construction.

La vue est la beauté de l'existence, son charme principal, et nous ne saurions en être trop reconnaissants envers Celui de qui nous tenons la vie.

Je ne me lasse jamais de considérer les yeux d'un enfant ; quelle pureté ! Que les lignes en sont belles ! quelle limpidité ! quelle douceur pénétrante ! les cils qui les ombragent, les sourcils qui les protègent forment un ensemble magnifique. Dans le sourire, ils doublent leur expression ! Dans le chagrin, quelle tristesse ils expriment ! Quel empressement une mère met à consoler son enfant et à sécher ses larmes !

Le regard n'a-t-il pas quelque chose de divin ? et un de nos grands poètes a pu exprimer ceci : « Que dans l'œil de l'insecte, Dieu a peint l'univers. »

Les yeux sont en naissant presque ce qu'ils doivent être, je veux dire qu'ils ne participent pas sensiblement au développement corporel. L'enfant a la vue perçante, il voit de loin ; c'est de ses sens le plus agréable, le plus fin, le plus utile, celui qui rend le plus de services.

Alors, mes chers Collègues, si la vue est si précieuse, nous devons la préserver de toute atteinte ; n'aurions-nous pas, jusqu'ici, suivant le docteur Motais, rempli tout notre devoir ? Aurions-nous à nous reprocher de l'avoir compromise pour plus d'un quart des enfants que les parents ont confiés à l'enseignement ? Alors la Société française d'hygiène qui s'occupe avec tant de zèle du bien-être général, doit intervenir dans la mesure de ses forces et de ses moyens d'action, pour examiner d'où vient ce danger oculicide, afin de le combattre par les moyens d'influence dont elle dispose, et indiquer en même temps ce qu'elle croit utile pour le prévenir.

Recherchons-en donc ensemble les causes déterminantes : Est-ce le local insuffisamment éclairé, ou son orientation mal dirigée ? Se trouve-t-il en face de bâtiments trop près, ne laissant pas arriver la lumière directe ? Y aurait-il par la peinture de ces bâtiments ou par la nuance de la pierre un ton blafard qui nuirait à la vue ? La peinture intérieure des classes serait-elle dans le même cas ?

Je me suis expliqué dans la communication que je vous ai faite le 10 février dernier sur ce sujet, en demandant que toute la façade des salles d'études et des classes soit vitrée, et les plafonds formés de verres-dalles, afin que la lumière verticale vienne aider puissamment celle du côté gauche adopté.

Est-ce le surveillant de classe qui laisse ses élèves regarder de trop près ? Ne l'accusons pas, il n'y peut rien, ou presque rien.

J'ai fait beaucoup d'expériences, et je me suis rendu compte que pour observer la distance de 0 m. 33 à 0 m. 35, prescrite par les oculistes pour former le cône de la vue, il faudrait ou accepter l'usage de la barre horizontale terminée par un demi-cercle en cuivre pour tenir le front, afin d'empêcher de se baisser, suivant les appareils en usage chez les photographes pour l'immobilité de la personne posant ; ou que le surveillant eût une mesure de la longueur voulue, qu'il passerait de temps à autre entre le front et le pupitre, et adopter un moyen coërcitif pour les élèves qui seraient en défaut.

J'ai vu employer ces deux moyens, mais l'usage ne s'en est pas répandu. Peut-être le premier a-t-il paru trop fatigant pour les élèves ; on peut supposer que le second occuperait par trop le surveillant de l'étude.

J'ai longuement réfléchi aux meilleures dispositions, et, après avoir recouru aux conseils de médecins éminents, notamment à ceux d'entre eux qui en ont fait 'application pour leurs enfants, et la recommandation, 'avis général a été que la plus simple et la plus pratique, consistait dans l'appui naturel des avant-bras, sur un pupitre à élévation facultative à fixer au niveau de l'épigastre, ce pupitre pouvant et devant être élevé par l'écolier lui-même, à mesure de sa croissance.

Une autre table avec pupitre à inclinaison mobile, destinée aux enfants myopes ou à vue courte, pour l'incliner vers leur vue, au degré prescrit, leur a paru indispensable.

Vous-mêmes, Messieurs et chers collègues, vous avez bien voulu donner votre appui à ces théories qui, depuis, ont été expérimentées successivement dans des Lycées et des Ecoles de la Ville de Paris, ainsi que dans un grand nombre de familles, mais la sanction officielle ne leur a pas encore été donnée.

Appelons de tous nos vœux d'autres moyens plus pratiques, s'il en existe ; mais hâtons-nous, car, chaque année, d'autres enfants entrent aux études, et viennent augmenter le nombre des victimes de l'état de choses actuel.

Gardons-nous de demander une réforme générale, laissons-la au temps, mais proposons des applications successives.

Vous parlerai-je maintenant, Messieurs, de la perversion du sens des couleurs, connue sous le nom de « daltonisme » qui, peut-être, prend sa formation pendant les études scolaires, nombre d'élèves faisant dévier doublement leur rayon visuel en se penchant fortement du côté gauche, en même temps qu'ils s'approchent trop en écrivant ou en lisant ? — Des jeunes gens se destinant à la marine n'ont pu être admis au concours ; les Compagnies de chemins de fer ont dû procéder de même ; car les postulants indiquaient des couleurs autres que celles des disques.

Je voudrais aussi, mes chers collègues, dire quelques mots sur l'éclairage nocturne.

Il me paraît nécessaire d'éviter la lumière du gaz, à cause de sa flamme vacillante et de la chaleur intense qu'elle produit.

Le pétrole chauffe encore davantage. — L'huile n'éclaire pas assez et donne une odeur désagréable.

La substitution de l'éclairage électrique par des lampes à incandescence, petit modèle, fixées au plafond, en quinconces, à 0,80 de distance environ, me semble appelé à donner toute satisfaction. — Les élèves n'auraient ni chaleur, ni la vue directe du foyer; tout l'espace serait éclairé d'une manière douce et uniforme.

Si ces idées vous paraissent pratiques, je vous prie, mes chers collègues, de leur donner votre appui; aidées aussi puissamment, elles seront certainement appliquées, timidement d'abord, mais nous pouvons tout espérer de l'avenir.

Notre époque veut le progrès.

A. Féret.

Nota. — Un progrès considérable vient d'être appliqué à l'éclairage au gaz par l'emploi du bec Auer, le vacillement se trouve supprimé, l'éclairage ayant lieu par l'ignition continue du manchon qui en forme le système, la clarté est plus blanche et plus intense. Cet appareil consommant moins de gaz, la chaleur est d'autant diminuée.

NOS ÉCOLIERS ET NOS ÉCOLES

Dinard (Ille-et-Vilaine), villa « La Ruche »,
10 août 1893.

A Monsieur le Docteur de Pietra Santa,
Secrétaire perpétuel de la *Société Française d'Hygiène*,

Vous m'avez chargé, mon cher Directeur, de vous donner quelques aperçus sur : nos Écoliers, nos Écoles et sur la prestance générale de nos jeunes gens.

Bien volontiers, et voici comme je les comprends :

Dans mes déplacements à certaine distance et surtout à l'étranger, je porte un vif intérêt à observer chez les personnes, les jeunes gens et les enfants, la tenue contractée pendant leurs études.

Leur stature, leur maintien et leur démarche me préoccupent. A l'intérieur, je considère l'arrangement de la maison, le mobilier et les coutumes — bien que cela ne rentre pas dans mon objet.

Si je remarque la droiture de la taille et la belle tenue des adolescents, j'éprouve une satisfaction mêlée de dépit en me rappelant qu'il se trouve chez nous de nombreuses exceptions.

La fable d'une jeune vigne déclarant à sa mère qu'elle veut vivre indépendante, et sans aucune attache m'intéresse vivement. Désarmée, devant tant d'au-

---

Journal d'Hygiène du 5 octobre 1893.

dace, elle voit avec regret que sa fille étend ses pampres sur le sol et que ses grappes sont atteintes par l'humidité.

Il lui fallait donc une treille, de même qu'un tuteur est nécessaire aux jeunes arbres pour les maintenir droits jusqu'à ce que leurs racines ayant poussé profondément, les maintiennent et s'égalisent de force et de nourriture pour éviter que quelques-unes plus vigoureuses ne les fassent pencher d'un côté.

Un tuteur peut aussi leur éviter un défaut de conformation.

L'enfance de l'homme civilisé exige les mêmes soins.

La vue des Dahoméens au Palais des Beaux-Arts a son enseignement.

Tous sont bien droits, vigoureux. Une partie prend part aux courses à pied avec des jeunes gens de Paris. Les nôtres bientôt las, paraissent affaissés par la fatigue. Quelle différence avec les autres! La cause probable consiste en ce que ces hommes ont vécu librement, et qu'ils n'ont pas été, dans leur jeunesse, internés nombre d'années, et soumis au labeur fatigant des études.

Si l'exigence de notre civilisation exige que l'enfant soit retenu, il serait bon, tout au moins, qu'il n'en souffre pas.

Notre action hygiénique a peu d'influence sur l'homme, mais il n'en est pas de même sur l'écolier que l'Etat et les Communes ont, de 6 à 13 ans et plus, sous leur direction immédiate pour le travail intellectuel.

L'enseignement doit donc toute son attention aux élèves pour leur santé, leur développement et leur bien-être pendant l'époque de leurs études.

Je sais que l'on a beaucoup fait, j'y applaudis, mais

il reste un complément sur lequel j'appelle l'attention générale.

Entrons dans une école communale ou libre, l'air est généralement nauséabond, car l'aération est insuffisante. Cela me paraît causé par l'embarras du sol sur lequel des tables fixées aux bancs tiennent une place considérable, difficile à nettoyer. Alors la poussière reste là, confinée, sans que l'on puisse l'extraire. Elle est aussi dans les pores du bois et entre les lames du parquet.

Pour y obvier, je propose le choix : de l'asphalte, des carreaux d'ardoise, du ciment Portland ou du bitume, dont la surface se nettoie facilement. Si l'on me fait remarquer que c'est froid, la réponse est facile : chauffons suffisamment.

L'aération devrait être permanente, elle est possible en plaçant à la partie supérieure des fenêtres, et impostes, deux verres à 0m,10 de distance, dont l'un laisse un vide de 0m,10 à l'orifice haut et à l'autre, un pareil vide à l'orifice bas, ou un unique verre perforé de trous d'un diamètre de 0m,002 et à 0m,020 d'intervalle, en quinconce, à toutes les fenêtres.

L'air serait sans cesse renouvelé de l'intérieur à l'extérieur par la différence de la température.

La clarté laisse aussi à désirer. On pourrait l'augmenter de beaucoup par une baie générale, sans autre solution de continuité que des colonnes en fonte pour la construction de l'édifice ; et que cette baie approche le plus possible du plafond, afin que le jour puisse pénétrer sans obstacle, et éclairer les élèves placés à l'opposé.

Il me paraît également nécessaire que la toiture soit en verre clair et les plafonds en verres-dalles afin d'obtenir tout le jour possible.

Considérons maintenant la tenue des élèves. Remarquons que la plupart se penchent sur leur pupitre et tellement, que le bord entre fortement dans la poitrine, suivant que leur taille plus ou moins élevée les porte à se courber.

Je n'ai qu'à le rappeler au souvenir de tous, combien parmi nous avons souffert de cette situation pénible? Comment éviter cet inconvénient? Mais par des tables scolaires à élévation facultative que les écoliers élèvent à leur taille à mesure de leur croissance.

Il est reconnu que le pupitre doit être fixé au niveau de l'épigastre. Placé ainsi, les avant-bras soutiennent le buste, de sorte que chaque élève se trouve maintenu correctement droit. Il en résulte que la vue se trouve ainsi à la distance normale de $0^m,30$ à $0^m,35$ indiquée par les médecins oculistes.

L'expérimentation l'a bien démontrée à l'Ecole normale (annexe) des instituteurs de la Seine, au lycée Buffon, au lycée Louis-le-Grand, à l'Ecole municipale Turgot, à l'École militaire préparatoire de Rambouillet, au Chemin de fer du Nord à ses Écoles de Lens, dans beaucoup d'Institutions où des études entières en ont été meublées depuis plusieurs années. Je suis également persuadé que les tables doivent être personnelles à chaque élève. Je les voudrais sans barres d'appui pour les pieds et fixées au parquet par des équerres. Les bancs seront libres, un pour chaque élève. En les posant sur les tables, le nettoyage est rendu facile.

Autrefois les tables recevaient de huit à dix élèves. Elles sont actuellement réduites à deux; à mon avis, c'est encore un de trop.

Il n'est pas bon de donner une excitation de causerie, de dissipation ou même de copie par le voisinage immédiat d'un autre élève. En évitant cela, nous améliorons le travail et nous supprimons les punitions les plus fréquentes.

Cette mesure est morale autant que logique. Si l'Ecole est le temple du travail, il est bon d'y éviter la distraction mutuelle.

Je ferai remarquer qu'il n'est pas nécessaire que les élèves soient toujours assis pour l'exécution de leurs devoirs, c'est monotone, fatigant et rend l'esprit lourd, le corps s'affaisse; l'ennui s'empare de l'élève. Il paraît préférable que le pupitre de la table puisse être élevé et fixé instantanément et que les travaux quels qu'ils soient, fussent continués debout. Alterner est une satisfaction corporelle nécessaire.

Dans ce cas, le banc, pour ne pas gêner l'avancement des jambes, doit être mobile pour le placer sous la table. On peut objecter que les élèves seraient fatigués par un long séjour debout, mais ce temps peut ne pas dépasser vingt minutes. On peut supposer que les élèves seront souvent occupés à changer de position. Non, une minute à peine suffit pour ce changement.

Déjà, il est recommandé de scinder de dix minutes les heures d'étude. Cela délasse de la tension d'esprit. Ces petites pertes de temps ne sont pas à regretter.

Le déplacement des élèves et le rangement du banc pourront causer un bruit matériel, mais le silence étant observé, il ne peut être considéré comme un fait d'indiscipline.

Je respecte les objections ; elles ont leur utilité en ce qu'elles obligent les novateurs à réfléchir en les provoquant à tourner les difficultés.

Le but élevé qui me fait agir est l'amélioration de notre race par les moyens les plus simples, applicables partout, dans les familles, dans les lycées, dans les pensionnats, aussi bien que dans les écoles les plus modestes.

Je fais appel à la sympathie de tous ceux qui s'en préoccupent.

Jusqu'à six ans, l'enfant a grandi en liberté. Sa mère le confie à l'école. Avec l'instruction et l'éducation, un objectif s'impose : aider au développement de la poitrine et à l'élévation de la taille ; protéger la vue et obtenir une prestance bien droite. En faire comprendre la dignité, telle est notre tâche.

J'espère en avoir démontré les moyens pratiques.

Veuillez bien agréer, Monsieur et cher Directeur, l'expression de mes sentiments distingués et dévoués.

A. Féret.

EXTRAIT DU *JOURNAL OFFICIEL*

DU 10 AOUT 1893

L'HYGIÈNE DES ÉCOLES

PRESCRIPTIONS OFFICIELLES

I

MESURES GÉNÉRALES A PRENDRE POUR ÉVITER L'ÉCLOSION DES MALADIES CONTAGIEUSES

Article premier. — Les écoles doivent être pourvues d'eau pure (eau de source, eau filtrée ou bouillie). L'eau pure seule sera mise à la disposition des élèves.

Art. 2. — Les cabinets d'aisances ne doivent pas communiquer directement avec les classes.

Les fosses doivent être étanches et le plus possible éloignées des puits.

Art. 3. — Pendant la durée des récréations et le soir après le départ des élèves, les classes doivent être aérées par l'ouverture de toutes les fenêtres.

Art. 4. — Le nettoyage du sol ne doit pas être fait à sec par le balayage, mais au moyen d'un linge ou d'une éponge mouillée sur le sol.

Art. 5. — Hebdomadairement, il est fait un lavage du sol à grande eau et avec un liquide antiseptique. — Un lavage analogue des parois doit être fait au moins deux fois par an, notamment aux vacances de Pâques et aux grandes vacances.

Art. 6. — La propreté de l'enfant est surveillée à

son arrivée. Chaque enfant doit se laver les mains au lavabo, avant la rentrée en classe après chaque récréation.

II

MESURES GÉNÉRALES A PRENDRE EN PRÉSENCE D'UNE MALADIE CONTAGIEUSE

Art. 7. — Le licenciement de l'école ne doit être prononcé que dans les cas spécifiés à l'article 14. Auparavant l'on doit recourir aux évictions successives et employer les mesures de désinfection prescrites ci-après.

Art. 8. — Tout enfant atteint de fièvre doit être immédiatement éloigné de l'école ou envoyé à l'infirmerie dans le cas d'un internat.

Art. 9. — Tout enfant atteint d'une maladie contagieuse confirmée doit être éloigné de l'école et, sur l'avis du médecin chargé de l'inspection, cette éviction peut s'étendre aux frères et sœurs dudit enfant, ou même à tous les enfants habitant la même maison.

Art. 10. — La désinfection de la classe est faite, soit dans l'entre-classe, soit le soir, après le départ des élèves.

Elle comprend :

Le lavage de la classe (sol et parois) avec une solution antiseptique.

La désinfection par pulvérisation des cartes et objets scolaires appendus au mur.

La désinfection par lavages de tables, bancs, meubles, etc.

La désinfection complète du pupitre de l'élève malade. La destruction par le feu des livres, cahiers etc., de l'élève malade, et des jouets ou objets qui auraient pu être contaminés dans les écoles maternelles.

Art. 11. — Il est adressé à la famille de chaque enfant atteint d'une affection contagieuse une instruction sur les précautions à prendre contre les contagions possibles, et sur la nécessité de ne renvoyer l'enfant qu'après qu'il aura été baigné ou lavé plusieurs fois au savon et que tous ses habits auront subi, soit la désinfection, soit un lavage complet à l'eau bouillante.

Art. 12. — Les enfants qui ont été malades ne rentreront à l'école qu'avec un certificat médical, et après qu'il se sera écoulé, depuis le début de la maladie, une période de temps égale à celle prescrite par les instructions de l'Académie de médecine.

Art. 13. — Dans le cas où le licenciement est reconnu nécessaire, il est envoyé à chaque famille, au moment du licenciement, un exemplaire de l'instruction relative à la maladie épidémique qui l'aura nécessité.

III

MESURES PARTICULIÈRES A PRENDRE POUR CHAQUE MALADIE CONTAGIEUSE.

Art. 14. — Sur l'avis du médecin inspecteur, les mesures suivantes doivent être prises, conformément aux indications contenues dans le rapport adopté par le comité consultatif d'hygiène annexé, lorsque les maladies ci-dessous désignées sévissent dans une école :

Variole. — Eviction des enfants malades (durée : 40 jours). — Destruction de leurs livres et cahiers.

— Désinfection générale. — Revaccination de tous les maîtres et élèves.

Scarlatine. — Eviction des enfants malades (durée : 40 jours). — Destruction de leurs livres et cahiers. — Désinfection générale. — Licenciement si plusieurs cas se produisent en quelques jours malgré toutes les précautions.

Rougeole. — Eviction des enfants malades (durée : 16 jours). — Destruction de leurs livres et cahiers. — Au besoin, licenciement des enfants au-dessous de 6 ans.

Varicelle. — Evictions successives des malades.

Oreillons. — Evictions successives de chacun des malade[illegible] durée : 10 jours).

Diph[illegible]ie. — Eviction des malades (durée : 40 jours). — Destruction des livres, des cahiers, des jouets et objets qui ont pu être contaminés. — Désinfections successives.

Coqueluche. — Evictions successives (durée : 3 semaines).

Teignes et pelades. — Evictions successives. — Retour après traitement et avec pansement méthodique.

BANQUET

DE LA

SOCIÉTÉ FRANÇAISE D'HYGIÈNE

DU 30 NOVEMBRE 1893

Présidence de M. JANSSEN, Directeur de l'observatoire de Meudon (Seine-et-Oise).

Messieurs et chers collègues,

Je voudrais vous dire quelques mots sur un des côtés brillants d'une personnalité inportante de notre société, de son secrétaire perpétuel, Rédacteur en chef du « Journal d'Hygiène » M. le Dr de Pietra Santa, si sympathique à tous.

Je suis persuadé que notre Société est surtout appréciée en France et à l'Étranger par la clarté de la rédaction du journal, à la fidélité du compte-rendu des séances, ainsi qu'à l'étude approfondie des ouvrages offerts à la Société.

Je n'oublie pas ses dévoués et savants collaborateurs dont nous aimons l'esprit d'aimable humour, aussi le « Journal d'Hygiène » est-il attendu comme un ami.

Messieurs, je porte un toast à M. le Dr de Pietra Santa et à ses collaborateurs.

A. FÉRET.

SOCIÉTÉ FRANÇAISE D'HYGIÈNE

M. le Docteur PÉAN, Président

SÉANCE DU 15 DÉCEMBRE 1893

Communication sur l'Hygiène, sur le maintien et sur l'Esthétique scolaires

Mes chers Collègues,

Si je me reporte aux souvenirs de mon enfance, au village, je remarque avec satisfaction, que le bien être général des enfants s'est beaucoup amélioré.

Ils sont mieux vêtus, et étant tous tenus de fréquenter l'école, leur instruction est plus élevée; le langage français mieux employé, les expressions sont plus grammaticales.

Cependant la propreté, la bonne tenue, n'ont pas encore atteint ce que nous pourrions obtenir par la continuité de nos efforts.

Je sais bien que les maîtres, toujours dévoués, font ce qu'ils peuvent pour obtenir ces qualités élémentaires; mais faute d'une solide organisation, la sanction qu'ils espèrent ne leur est pas encore acquise.

La Société Française d'Hygiène, animée d'affectueux sentiments envers la jeunesse, tiendra à étudier les moyens qui pourraient améliorer l'état de choses actuel.

Même communication à la Société d'Hygiène de l'Enfance, séance du 4 décembre 1893, insérée au *Bulletin* de janvier 1894.

Si les progrès d'Hygiène sont lents, si l'on peut difficilement modifier les habitudes des hommes, on peut tout attendre de l'enfant dans le cours de ses études, — d une durée minimum de six années.

Voici comment je comprends la possibilité d'y contribuer.

Nous pourrions, par des démarches respectueuses, en délégation, auprès de M. le Ministre de l'Instruction publique, de M. le Recteur de l'Académie, de MM. les Directeurs de l'Enseignement primaire et secondaire, dont la bienveillance est si en éveil pour l'amélioration des établissements scolaires et surtout pour leurs élèves, présenter les observations suivantes :

Qu'il soit institué, dans chacune des classes ou études, une compagnie hygiénique formée des élèves ayant le plus de soin de leur personne, de leurs vêtements, et de leur prestance.

Elle serait organisée, chaque année, dès la rentrée scolaire. La Direction, sur la proposition du surveillant, ferait choix de deux élèves, les plus remarqués par leur bonne tenue, et les nommeraient : sergent et caporal d'hygiène.

Ils seraient postés à l'entrée des classes ou études. L'un d'eux aurait la mission d'examiner la propreté des mains, de la figure et du cou.

L'autre : l'état des vêtements et la tenue générale. Cette inspection rapide aurait lieu quotidiennement aux deux entrées du matin et de l'après-midi.

Elle aurait pour but de soutenir l'attention générale, afin d'obtenir de nouvelles admissions au Tableau d'honneur d'Hygiène et de maintenir ceux déjà inscrits.

C'est surtout aux Écoles primaires, chez les enfants du peuple, que cette fondation serait utile; elle leur donnerait des notions de propreté qu'ils conserveraient dans la vie, dans leur milieu social où il serait si urgent de la faire pénétrer profondément.

La compagnie aurait ses statuts en peu d'articles. Il y serait inscrit : que les membres s'engagent à faire régulièrement leur toilette, à prendre des bains aussi souvent que possible, à laver leurs mains plusieurs fois par jour, à se brosser eux-mêmes; d'avoir soin de leurs vêtements, de leur personne, et d'observer la dignité de leur maintien.

Relativement aux bains, je vous propose, mes chers collègues, de faire une démarche en délégation, auprès de M. le Président du Conseil municipal pour demander au nom de notre Société : que les établissements balnéaires de Paris soient autorisés à émettre des bons de bain à 25 centimes, sur lesquels la ville accorderait une subvention.

Ils ne pourraient être utilisables que pour les enfants de treize ans et au-dessous.

Les bureaux de bienfaisance achèteraient ces bons, et en feraient la remise aux personnes nécessiteuses.

Les personnes charitables seraient heureuses de ce nouveau moyen de faire le bien, en les donnant au même titre que les bons alimentaires.

Nous proposerons également à M. le Président que la Ville de Paris veuille bien s'entendre avec les Établissements des grandes piscines, pour que les enfants des écoles puissent y être conduits par leurs professeurs, aux jours de congé et qu'il y soit donné des leçons de natation ; ces bains et ces leçons seraient gratuits.

Nous demanderons que l'application de ces exercices ait également lieu en été, dans les grands établissements de bains établis sur la Seine.

Il y a un intérêt social à ce que l'art de la natation soit pratiqué par la jeunesse des écoles, et rendu obligatoire.

Il y a un instant, mes chers collègues, j'ai cité le maintien.

Dans notre beau pays de France, où les Beaux-arts sont si en honneur, où nous prétendons continuer les traditions de la Grèce et de Rome, combien les regards sont attristés à la vue du grand nombre de personnes ayant le dos voûté; dernièrement je me suis mis en observation dans l'avenue des Champs-Élysées, et j'ai pu m'assurer combien il se trouve, dans cette foule élégante, de jeunes gens, et surtout de jeunes filles, affligés de cette déviation, qui vient détruire l'harmonie corporelle dont la nature les a doués en naissant.

Remarquons que, jusqu'à l'entrée aux écoles, l'enfant est resté tel; c'est donc à l'école où il la compromet.

Cela est si connu, si déploré même, que la gymnastique a été instituée pour détruire l'effet de la position funeste des élèves faisant usage de tables-bancs fixés ensemble, uniformes, sans tenir compte ni de leur croissance, ni des différences de tailles.

Et on oblige ces enfants à faire tous leurs travaux assis! 6 heures aux écoles primaires, 8 heures dans les internats secondaires!

Si vous saviez combien j'ai entendu de maîtres regretter cette monotonie absorbante qu'ils ne peuvent modifier! Ce sont eux qui voient de près cet étiolement; leur dignité s'en révolte et s'avoue dans une conversation intime, car ils remarquent que leurs élèves les plus estimés, ceux dont ils se font honneur, ne peuvent échapper à cet affaissement prolongé; or, plus l'enfant est studieux, attentif, plus il y est sujet.

On peut donc dire que la partie la plus intelligente des écoles en est atteinte.

L'étude du dessin étant générale, les modèles les plus beaux sont seuls admis, l'esthétique est en honneur par le crayon, mais la plupart des élèves qui le tiennent ne pourraient être admis comme sujets d'études.

Singulier contraste ! Cultiver le beau et ne pas le pratiquer !

Cornélie, la mère des Gracques, montrait avec fierté la beauté de ses enfants; ce n'était assurément pas rare dans l'antiquité ; mais, aujourd'hui, les mères doivent les présenter tels que les Etablissements scolaires les leur rendent.

M. le docteur Napias a écrit : « Telle attitude qui fait pencher le corps dans un sens et le courbe, a pour conséquence des courbures de compensation que l'habitude peut rendre permanentes. »

M. Charles Blanc a écrit dans la *Grammaire des Beaux-Arts* dont il est l'auteur : « Là où l'on dédaigne le culte de la beauté, on ne saurait aimer la philosophie, car l'image de la beauté plastique est nécessaire à la dignité de la vie universelle. »

Mais, ce n'est pas seulement à l'extérieur que la position courbée nuit aux enfants ; les organes de la poitrine sur lesquels ils s'appuient en souffrent.

Le thorax n'est pas développé.

J'ai pu, me trouvant à l'étranger, obtenir de visiter quelques établissements scolaires : à Tunis, à Alger, en Angleterre, en Espagne, en Italie, j'ai constaté que les tables-bancs des écoliers étaient à places multiples sans tenir compte que, dans chaque classe ou étude, la taille des élèves se trouve différente. De même que chez nous, aucune exception n'est faite. Tant pis pour les petits, tant pis pour ceux dont la croissance est rapide.

Une déplorable uniformité est égale dans toutes les écoles de l'Europe.

Il appartient à la Société française d'Hygiène de réclamer au nom de l'humanité.

Nous nous efforcerons de démontrer aux Sociétés hors de France, sœurs scientifiques de la nôtre, que l'on peut améliorer sensiblement les tables scolaires.

Il est donc utile qu'elles sachent que chez nous, l'État, la ville de Paris, la Compagnie du chemin de fer du Nord à ses écoles de Lens, et nombre d'établissements, font l'essai d'un système à la satisfaction des maîtres et surtout de celle des écoliers.

Il est aussi un fait grave à remarquer, mes chers collègues, c'est que l'enfant aux études n'a pas la protection physique qui lui est due. Vous savez combien les petites causes ont d'influence, et qu'il est nécessaire de les bien étudier pour assurer celles qui les suivent. Nous affirmerons, une fois de plus, que les tables scolaires doivent, au nom de l'hygiène et de la santé publiques, être à élévation facultative, sans pupitre ouvrant, et personnelles à chaque élève.

Nous affirmerons, en outre, qu'au point de vue du caractère de l'enfant, cette unité de table a une influence morale en ce qu'elle évite les trois punitions les plus fréquentes que les maîtres sont si occupés à réprimer, tout en abaissant le moral de l'enfant trop souvent mis en cause.

Je citerai :

1° La causerie (et la dissipation qui en est la conséquence), qui produisent des travaux insuffisants ou mal faits;

2° La substitution d'une lecture à une autre qui a lieu en soulevant légèrement le pupitre pour lire dans un livre placé en dessous.

3° La confiscation d'objets étrangers aux études que l'écolier possède dans son pupitre à l'insu du maître.

Nous dirons que les livres doivent être placés dans un casier découvert, sous la table, où le contenu est en vue, et que l'écolier n'ait à sa disposition que les livres devant servir aux exercices en cours. Des cases autour de l'étude serviraient à placer les autres.

La Société française d'Hygiène doit s'intéresser au moral et au physique, de sorte que les punitions causées par la disposition du mobilier actuel doivent être l'objet de nos préoccupations ; ces punitions fréquentes émeuvent le cœur de l'enfant de caractère sensible, ou endurcissent celui qui a moins d'amour-propre.

Il est nécessaire que l'écolier n'ait pas de tentations par les causes que je viens d'énumérer, afin que l'éducation par l'école soit meilleure.

Si de l'école, je passe aux ateliers, aux usines où je trouve les aînés de nos chers écoliers, je remarque que rien n'est fait pour les tailles diverses, tous les établis sont de même hauteur. On pourrait, j'en suis persuadé, diminuer la fatigue physique dans une proportion importante, la main-d'œuvre serait plus aisée et facilitée.

Appelons l'attention des industriels sur ce sujet.

Il en est de même dans les ateliers de femmes ; les repasseuses, les couturières, si nombreuses, ont des tables de travail égales pour toutes.

Vous savez, Messieurs, combien cette profession est fatigante ; un médecin me disait : « C'est le dernier état que je conseillerais à une jeune fille. »

Je présume que si nous obtenons l'élévation facultative des tables scolaires, elle se propagera également dans l'industrie.

Parlons aussi des employés aux écritures des maisons de commerce, des banques et des administrations; souffrent-ils, eux aussi, des bureaux uniformes !

Dans de certaines maisons, ils sont sans cesse assis, dans d'autres, ils travaillent toujours debout.

Or, la hauteur unique adoptée partout en France, est de : $0^m,75$ pour écrire assis et de $1^m,05$ pour écrire debout.

Pour beaucoup d'entre eux, il faudrait $0^m,78$, $0^m,80$ $0^m,85$ étant assis ; et $1^m,10$ à $1^m,25$ pour écrire debout.

Et je ne parle pas des exceptions !

Ces anomalies provoquent une fatigue physique sans compensation pour l'établissement.

Ne serait-il pas préférable qu'ils puissent travailler alternativement assis et debout, suivant leurs besoins et leurs qualités physiques ?

Malgré tout ce qui a été fait, nous ne sommes encore qu'au début de nos études, en ce qui concerne le bien-être et la conservation de l'enfant et de l'homme.

La Société française d'Hygiène a beaucoup d'efforts à faire, les abus sont nombreux et tenaces ; que tous ceux qui ont en vue l'amélioration corporelle et la culture de l'esthétique, viennent nous aider et grossir nos rangs ; nous ne serons jamais trop.

Hommes dévoués au bien public, venez à nous !

A. Féret.

SOCIÉTÉ FRANÇAISE D'HYGIÈNE

M. le Docteur PÉAN, Président

SÉANCE DU 13 AVRIL 1894

Attitude Scolaire Habituelle

INCONVÉNIENTS ET DANGERS

Messieurs et chers Collègues,

Je viens appeler votre attention sur le mémoire que vient de communiquer M. le Dr Motais (d'Angers) à l'Académie de Médecine, le 27 février dernier.

Sa portée sera, je le crois, considérable, car il intéresse toutes les familles, dont les enfants sont actuellement aux études ou sur le point d'y entrer.

Le sujet porte : *Les troubles du cœur et de l'estomac produits par l'attitude scolaire habituelle.*

Veuillez, je vous prie, Messieurs, m'en permettre la lecture en la faisant suivre de quelques considérations :

« L'étrange attitude scolaire, tolérée, prescrite même dans la plupart de nos collèges, dit M. le Dr Motais (d'Angers), est un des facteurs les plus importants de la myopie scolaire. Elle est aussi la cause directe d'un grand nombre de déviations de la colonne vertébrale.

« A ce tableau déjà chargé, mais exact, on peut ajouter les dyspepsies et les troubles fonctionnels du cœur. En effet, dans l'attitude scolaire habituelle, l'élève, assis sur l'ischion (1) gauche, s'appuie exclusivement sur le coude gauche, se courbe en avant et à gauche et se couche sur son cahier.

(1) Os revêtu par les muscles fessiers et formant la charpente de cette région.

Journal d'hygiène du 17 mai 1894.

« Pour l'inclinaison latérale, les fausses côtes gauches sont abaissées jusqu'à la crête illiaque ; l'estomac est donc refoulé en bas sur la rate et le colon descendant. Par la courbure en avant, les parois abdominales prennent un pli transversal ; la face antérieure de l'estomac subit la même inflexion. De là, un obstacle mécanique aux mouvements de cet organe.

« D'autre part, la courbure du thorax en avant rapproche les côtes en diminuant les espaces intercostaux et, par suite, la capacité de la cage thoracique. La flexion et la torsion exagérées du cou compriment les gros vaisseaux de cette région. Toutes ces conditions produisent la gêne cardio-pulmo-pulmonaire avec palpitation, dyspnée, etc.

« L'attitude scolaire est donc une des causes les plus importantes des dyspepsies et des palpitations fréquentes chez nos collégiens. La même observation s'applique aux adultes adonnés aux travaux intellectuels, aux employés de bureau, aux ouvriers dont le travail se fait à courte distance, etc. L'obstacle au fonctionnement régulier du cœur et de l'estomac est même d'autant plus grave que l'âge est plus avancé.

« Dans tous ces cas, j'ai constaté une amélioration notable des dyspeptiques et des cardiaques par la prescription de l'attitude droite pendant le travail. C'est une raison de plus d'appliquer les réformes scolaires et particulièrement la réforme du mobilier. »

Ce mémoire a été renvoyé à l'examen de MM. les Drs Panas et Javal, qui l'ont approuvé et qui, de plus, ont proposé à l'Assemblée d'adresser à l'auteur des remerciements pour sa nouvelle contribution à l'hygiène scolaire. (Adopté. Séance du 6 mars.)

Vous avez remarqué, Messieurs, que les faits constatés, avec tant de précision, par M. le Dr Motais sont en rapport avec les communications que j'ai eu l'honneur de vous faire et que vous avez bien voulu approuver, traitant de l'effet si fâcheux des tables scolaires en usage actuel ; ces dires sont aussi et invariablement ceux des médecins que j'ai consultés ; mais c'est la première fois que l'Académie les a entendu formuler aussi clairement, attendu, ajoute M. le Dr Motais, que cette attitude a une influence morbide « à peine soupçonnée jusqu'ici ».

L'éminent docteur, si compétent en hygiène scolaire, explique les bienfaits de la position droite ou debout pendant le travail.

Il est évident que cette attitude est celle nécessaire, puisqu'elle répond à l'anatomie de l'homme.

Elle doit donc être observée par les écoliers aussi bien que par les employés de bureau, à la condition, toutefois, de leur en donner le moyen pratique.

Et, si les positions droites, assises ou debout, sont recommandées aux personnes atteintes des affections indiquées, combien serait-il nécessaire de les pratiquer généralement, dans l'intérêt préventif de la santé publique.

Ce que vous avez sanctionné si souvent, mes chers collègues, n'a pas eu lieu sans frapper l'attention des penseurs, et nous saurons gré au savant Dr Motais d'avoir courageusement élevé la voix à l'Académie pour protester contre l'attitude scolaire actuelle, si pernicieuse à tous égards, et surtout, Messieurs, d'avoir fait connaître celle qu'il conviendrait d'adopter.

Que la Société française d'Hygiène affirme donc une fois de plus, l'utilité d'une table scolaire personnelle à chaque écolier, qu'il puisse élever lui-même à sa taille à mesure de sa croissance, et développons sans cesse la théorie pratique des travaux alternés, assis et debout, en faisant apprécier que le développement des muscles et une santé robuste, en seront les avantages certains.

Ah! messieurs et chers collègues, si nous pouvons voir s'accomplir cette réforme rationnelle dans les écoles, la mise en pratique des principes émis par M. le Dr Motais, aurait des conséquences incalculables pour la santé et la beauté physique de nos enfants, ainsi que le délassement des personnes qui s'occupent des travaux d'écriture; or, leur nombre est, vous le savez, innombrable.

Déjà, M. le Dr Rochard avait supérieurement précisé la question en disant : « Toute dépense faite au nom de l'hygiène est une économie » *une économie d'existences.*

De l'avis de tous, notre chère Patrie a, plus qu'aucune autre contrée, besoin d'en faire.

A. Féret.

SOCIÉTÉ FRANÇAISE D'HYGIÈNE

M. le Docteur PÉAN, Président

SÉANCE DU 12 OCTOBRE 1891

Hygiène morale de l'éducation et de l'instruction dans les établissements scolaires (1)

Messieurs et chers collègues,

La Nation française possédant par ses origines franque et gauloise des qualités natives, instinctives de franchise et de gaieté, unies à un fond d'insouciance qui la font aimer de l'étranger, combien pourrions-nous, en les cultivant, les orner, les diriger, afin de les rendre meilleures et plus durables !

On accuse le Peuple français de manquer d'initiative, ou tout au moins de persévérance ; je ne sais si cette assertion est fondée, si notre tendance légère y contribue ; en tout cas, il faudrait en excepter les Sociétés vigilantes qui s'occupent de l'avancement des sciences, car cette qualité initiale des grands peuples est là chez elle ; mais si, en général, l'initiative et la ténacité nous manquent en partie, peut-être l'instruction qui nous est donnée se trouve-t-elle trop théorique et par cela même difficile, pour les écoliers, à se l'assimiler.

Les peuples qui ont un caractère plus pondéré que le nôtre possèdent probablement plus d'initiative et de vouloir ardent, patient, parce qu'ils pensent plus froi-

---

(1) *Journal d'Hygiène*, du 10 janvier 1894.

Même communication a été faite à la Société d'Hygiène de l'Enfance, dans sa séance du 2 juillet 1891.

dement ; ils sont ainsi portés à l'exécution formelle de leurs projets, discutés méthodiquement et approfondis avec attention.

Il me paraît démontré par des exemples nombreux que nous pourrions, par une éducation plus explicative des choses, plus nourrie de faits, plus élémentaire pour la faire mieux comprendre, obtenir les qualités que je considère comme essentielles, j'ai nommé : « l'initiative et la persévérance. »

Je crois aussi que la Société française d'Hygiène peut et doit diriger ses vues de ce côté, se préoccuper des voies et moyens et les indiquer dans la mesure de l'autorité morale qu'elle possède.

Je considère, Messieurs et chers Collègues, que l'instruction théorique dans les écoles doit être complétée par un enseignement pratique et professionnel.

Il serait utile, j'en ai la conviction, d'appeler des hommes de métier, de profession, afin de donner plus d'attrait et de sens à ces leçons.

Elles auraient une durée d'une demi-heure.

Le maître en ferait ensuite le résumé.

Cours d'Éducation. — Il serait donc fait en dehors des heures de classes, mais immédiatement après, soit de quatre à cinq heures, sur place d'abord, pour préparer les écoliers aux projets en vue, ensuite quand la température le permettrait, aux ateliers, aux chantiers, aux champs.

Je disais, Messieurs, que l'instruction théorique est généralement ingrate pour l'écolier, car il ne se rend pas compte du but des études ; mais si le soir, dans sa famille, il est tenu de faire un résumé du cours, avec dessins ou croquis explicatifs, il se rendra compte, par les difficultés graphiques et de rédaction, de la nécessité des études. Il sera provoqué par l'imagination à déployer, car son besoin de connaître est vif et son esprit s'en ouvrira sans se fatiguer.

L'écolier n'aurait donc chez lui aucun autre devoir à faire. Toutes les familles connaissent la difficulté d'aider leurs enfants dans leurs problèmes, ou dans leurs devoirs de français.

Choix d'une profession. — J'entrevois comme résultat que chaque écolier pourrait, dans le cours de ses années d'études, faire choix d'une profession qui lui serait sympathique, parce qu'il en connaîtrait les notions dès sa première année de classe et qu'il les aurait suivies jusqu'à douze à treize ans, terme des études primaires.

En général, un écolier ayant atteint l'âge de pourvoir à ses besoins, ne sait quelle profession choisir, de sorte que les leçons de choses et de métiers s'imposent.

La ville de Paris a fondé un certain nombre d'écoles municipales, exceptionnellement professionnelles, je citerai : Didot, Bernard-Palissy, Germain-Pilon, Estienne, Dorian; l'école Boulle (Industrie du Meuble); l'Ecole de physique et de chimie industrielles.

Quelques Écoles communales ont aussi des salles spéciales pour le modelage et l'industrie du bois et du fer.

Celles du IIe arrondissement, rue Etienne-Marcel, 16, et du XIIe arrondissement, rue d'Aligre, 5, ont des travaux industriels toujours renouvelés.

Il y a aussi des Écoles spéciales de dessin, dans cinq arrondissements : IIe, IIIe, IVe, XIe et XIVe.

Parmi les écoles pour les jeunes filles, citons : Elisa-Lemonnier, du nom de sa fondatrice, et celles situées : rue Bouret, 2 ; rue Fondary, 20; rue Bossuet, 14; rue de la Tombe-Issoire, 77. Il en est d'autres, professionnelles et ménagères très fréquentées dans les III°, X°, XIV°, XV°, XVIII°, XIX° arrondissements.

C'est un bienfait. Les écoliers ayant déjà exercé une méthode scientifique obtiennent des conditions avantageuses pour se placer, et souvent ils sont retenus à la Direction de l'Etablissement avant la fin de leurs études scolaires, car on sait qu'ils forment d'excellents apprentis.

Il en est de même des Écoles municipales supérieures de la Ville de Paris : Turgot, J.-B. Say, Lavoisier, Arago. Citons aussi un établissement dû à l'initiative privée, répondant bien aux besoins actuels : l'Institut Commercial de Paris, fondé par des exportateurs et de grandes maisons de commerce, pour des études spéciales. Les langues étrangères et la géographie commerciale y sont l'objet d'un grand développement.

J'entre maintenant, Messieurs, dans le vif de mon étude.

Aux écoles communales, le premier enseignement du matin et de l'après-midi aurait pour sujet les vertus sociales : l'honneur, la loyauté, la probité, le dévouement, le courage et le respect absolu des lois ; ils seraient commentés par un court récit emprunté aux faits récents, de préférence.

Ces vertus seraient honorées hautement, il serait dit qu'elles forment la base de la Société. De l'avis de tous, nous devons faire une large part à l'Education ; le temps qui lui sera consacré assouplira les caractères et les rendra meilleurs.

Le maître aurait recours au compte-rendu des prix que l'Académie française décerne, chaque année ; à celui de la Société d'encouragement au bien ; des Sociétés de sauvetage ; à la liste des médailles d'honneur que M. le Ministre du Commerce accorde annuellement aux employés ayant trente ans de service dans la même maison, etc.

Nos hommes remarquables. — On citerait les noms des bienfaiteurs de l'humanité, des auteurs des grandes découvertes, des grands inventeurs, des artistes dont le dévouement et le talent ont mérité les honneurs publics, — sans omettre l'histoire des enfants célèbres.

La valeur militaire. — On citerait également les noms des soldats modestes, d'un mérite naissant, apprécié, que la mort a surpris dans leur élévation aux grades supérieurs.

On s'arrêterait au moment de leur fin glorieuse, pour laisser les écoliers à leur émotion, en ajoutant simplement : Mes Amis, la Patrie compte sur vous pour égaler ces héros.

Nous avons de braves capitaines en retraite, qui, à l'heure supplémentaire du soir, — dont je crois démontrer l'utilité, — ne demanderaient pas mieux que de venir faire un cours militaire ; ils se sentiraient aussi fiers qu'honorés d'être choisis.

Jeanne d'Arc, la grande héroïne, serait citée. Le chevalier Bayard, le chevalier d'Assas et bien d'autres grands hommes de guerre le seraient aussi.

Le célèbre La Tour d'Auvergne, le trompette Escoffier, pour son sublime dévouement ; le capitaine Lelièvre, si connu pour la défense de Mazagran, le sergent Blandan dont la ville de Lyon a donné le nom à une rue ; le sergent Bobillot, honoré d'une statue à Paris, seraient connus de tous les écoliers.

La marine ne serait pas omise dans ces entretiens. De grands noms surgissent : Jean Bart, Duquesne, sont de hauts caractères à faire connaître. Plus près de nous : le brave amiral Courbet. Et il suffit de citer « Cronstadt » pour rappeler l'amiral Gervais.

Les malheurs de la Patrie, en 1870, leur seraient expliqués ; ils doivent en connaître les causes et les fatales conséquences.

Les élèves des lycées font en langue grecque et latine l'étude des grands faits de l'antiquité.

La vie des hommes de Plutarque leur est famillière.

Les Grands Hommes de la France. — Je voudrais, mes chers collègues, que les élèves des écoles primaires fissent, eux aussi, leurs humanités par le récit des actions de nos grands hommes et de celles de nos contemporains, qui méritent d'être connus à titre égal.

Les savants ne seraient pas oubliés ; il faut que nos enfants sachent leurs noms et par quels travaux ils se sont fait connaître et rendus illustres.

Le Commerce et l'Exportation. — L'industrie et le commerce doivent aussi être honorés, car ils développent la richesse de la nation ; nos produits estimés, exportés de tous côtés, étendent le bon renom de la France.

Les hommes d'initiative. — Des hommes, connus pour leur honorabilité, seraient appelés pour faire l'éloge de la vie active, apprendre aux enfants la valeur du temps et que faire bien et vite, forme le succès dans tout ce que l'on entreprend.

Les Français aux colonies et à l'Étranger. — On élèverait bien haut le dévouement de nos explorateurs ardents qui ne connaissent pas d'obstacles pour rechercher des contrées nouvelles, dans le but de les ouvrir à notre activité commerciale, en nous faisant connaître toutes leurs ressources : la démographie, le caractère économique et social des naturels.

Bien plus, ces hommes dévoués à la patrie ont parfois conclu des traités de protectorat avec des rois et des chefs de régions qui arborent le drapeau tricolore en nous jurant fidélité.

Chefs militaires et Résidents. — On n'omettrait pas de citer les noms des chefs militaires et des résidents qui représentent le Gouvernement pour administrer ces contrées.

Nous en avons au Tonkin, au Dahomey, au Sénégal, au Soudan, à Tombouctou, et à Madagascar, que les enfants doivent connaître avec leur lieu de naissance.

L'Esprit d'imitation des enfants. — De cœur aimant et enthousiaste, les écoliers seraient heureux de connaître ces faits du temps présent ; ils seraient portés à imiter les belles et grandes actions et, en les entendant raconter, chacun de nous y ajouterait ses souvenirs personnels ; du reste, ils en feraient le thème, afin de le conserver dans leur mémoire.

Peut-être y a-t-il là une source féconde de futurs colons ?

Faisons connaître nos colonies. — L'occupation si récente encore de la Tunisie et notre protectorat, doivent aussi leur être longuement expliqués.

Rendons la Tunisie populaire.

L'amour de la Nature et de la Patrie. — J'oubliais de dire que, avant la séparation, quelques études de chant à une ou plusieurs voix auraient lieu pour célébrer les bienfaits de la nature et l'amour de la Patrie, afin de donner aux âmes une envolée vers leur source et faire aimer notre beau pays de France.

Résidence séculaire des Familles au village. — Au village, on citerait les familles les plus honorées et des recherches seraient faites sur les actes de l'état civil, pour indiquer en quelle année chaque chef de famille est venu s'établir dans le pays.

Des carnets généalogiques seraient établis et leur seraient remis.

On attacherait ainsi les enfants au lieu de leur naissance, ils s'honoreraient de ce que leur famille s'y trouve depuis cinquante, cent, deux cents ans et plus, et ils tiendraient à continuer d'y vivre.

Dénomination des voies publiques. — Et pourquoi ne donnerait-on pas aux places, aux rues, le nom de ceux qui ont illustré la commune ?

Étude des vocations. — Voici, Messieurs, comment je comprends une rémunération plus ample que celle actuelle. L'enfant quitte l'école de douze à treize ans, il est heureux s'il est muni de son certificat d'études ; mais, pour prendre un état, il n'a pas, je l'ai dit, de vocation déterminée. Pour y obvier, il serait utile de recourir aux professionnels du village ; l'industrie du bois et du fer et la construction y sont représentés, et d'autres métiers, suivant la contrée.

Leçons de choses par des professionnels. — Que ces professionnels, ou leurs prédécesseurs, ou même d'anciens chefs de service, soient successivement appelés pour la fin des classes et priés de donner des notions de leur métier et le nom de leurs outils, en invitant l'instituteur à venir chez lui tel jour avec ses élèves, pour une leçon de fait qu'il saurait rendre intéressante. Les enfants, rentrant chez eux, discuteraient ensemble ce qu'ils viennent de voir en s'instruisant réciproquement, d'après les remarques qu'ils auraient faites.

Et s'il y a aux environs une usine importante, le Directeur ne se refuserait pas à venir donner des notions industrielles, son intérêt le portant à y trouver de futurs ouvriers. Ceux qui viendraient à lui auraient l'intime conviction de réussir dans l'industrie,

En ce qui concerne le cultivateur, ce grand nourricier du pays, qui, rappelons-le, supporte le poids du jour, de la chaleur et des intempéries, il aurait également l'honneur de venir à l'école développer lui-même sa théorie pratique. Lui aussi inviterait l'instituteur et ses élèves à venir aux champs. L'un d'eux serait muni d'une bêche pour creuser la terre afin de connaître la nature et la profondeur de la couche végétale.

Le cultivateur ferait remarquer que celle qui en a peu convient aux légères plantes fourragères annuelles et, comme céréales : aux avoines, aux orges, au sarrazin, etc., dont les racines sont toutes de surface.

Les terres à grandes couches sont donc réservées aux racines profondes : le blé, le seigle, la luzerne, la betterave, etc... Et chaque point du territoire serait successivement exploré (1). La valeur à l'hectare de ces terres, par les ventes les plus récentes, serait indiquée aux élèves.

Expérimentation culturale par les écoliers. — L'intérêt de ces études pratiques, si instructives, amènerait certainement une émulation générale qui entraînerait la commune à se procurer un champ d'expériences d'un demi-hectare environ, en une ou plusieurs fractions, soit par achat, soit par une longue concession peu onéreuse ou à titre gratuit ; ou par le don d'une personne bienfaisante.

Cette terre serait divisée en lots, pour des semailles différentes ; une partie serait plantée d'arbres à fruits, pour la démonstration de la greffe, de l'écussonnage et de la taille des arbres, une autre de vignes et de pépinières. Il y aurait également un jardin horticole et un

---

(1) Il se trouve là les éléments d'une carte agronomique.

potager. On enseignerait l'art si intéressant des boutures et celui de leur conservation pendant l'hiver.

Les cultivateurs prêteraient leur attelage à tour de rôle pour labourer, d'autres donneraient la semence que les grands élèves confieraient à la terre, sous la direction d'une personne compétente, en présence de l'instituteur entouré de ses autres élèves.

Produits de la récolte. — La récolte serait faite par cet instituteur et ses élèves ; après la rémunération de l'instituteur, le produit serait affecté à des achats d'engrais chimiques et d'instruments agricoles.

Il serait établi une réserve placée à la Caisse d'épargne au nom de l'école.

Effets de l'Expérimentation. — Les cultivateurs du pays, attentifs à ces expérimentations, en recueilleraient un enseignement dont ils tireraient profit. Les élèves arrivés à l'âge de s'établir, ayant une certaine science acquise par leurs remarques et ces expériences, obtiendraient des profits inconnus jusqu'ici ; ils donneraient lieu à un bien-être général.

Les parents bienveillants aimant à causer avec leurs enfants de ce qu'ils ont appris, rectifient leur jugement, dirigent leur pénétration sur les choses, en exaltant leur sentiment du bon et du bien.

Hygiène du bétail. — Disons aussi qu'un vétérinaire devrait être appelé quatre fois par an pour le prier de donner aux écoliers des notions d'hygiène sur les animaux. N'oublions pas que le cheval partage les fatigues de l'homme dans ses travaux et qu'il mérite d'être soigné tout particulièrement. Quand à la race bovine, rappelons ici que le produit qu'elle procure dépasse de 25 o/o la valeur des vignobles de toute la France. C'est assez dire que ces animaux doivent être tenus dans les meilleures conditions pour la propreté de leurs robes et l'assainissement des locaux qui leur sont affectés.

Entrons maintenant dans quelques considérations différentes.

Protection des oiseaux. — Je causais dernièrement avec le directeur d'une école de canton, à Bruyères (Vosges), chacun sait que les Vosgiens sont de friands consommateurs d'oiseaux migrateurs et même de ceux du pays. — Or, comme il est reconnu qu'ils sont d'un grand secours pour l'agriculture, un arrêté du Préfet, en 1893, en a interdit la destruction. M. Mougel, directeur de l'école, dans le but de le faire observer par ses élèves, a fondé une association par laquelle ils s'engagent formellement à respecter les nids et même à les protéger. (1)

Cette bienveillante protection sera, disons-le, un état d'âme produit par l'éducation, mais il faudrait demander plus aux écoliers.

Destruction des insectes nuisibles. — Je voudrais que chaque année, la destruction des hannetons leur fût confiée et encouragée par un paiement au kilo, comme cela a déjà lieu dans certaines localités.

Je voudrais encore obtenir et avec rémunération que l'échenillage fût fait par leurs soins. Le tout sous la direction de l'instituteur ; les écoliers sauraient ainsi que l'oiselet est précieux, mais en nombre insuffisant, et que les insectes précités étant nuisibles, on a recours à eux pour aider à leur destruction. Il faut que l'enfant sache qu'il défend le pain qu'il aime à cette agglomération de parasites affamés, toujours insatiables. Deux

---

(1) En 1895, un Congrès qui a réuni, à Paris, la plupart des Etats de l'Europe, a proposé un règlement international sur ce sujet.

vacances de quinze jours seraient indispensables pour ces travaux. Les grandes vacances en seraient diminuées d'autant.

A cette époque, l'instituteur recevrait la juste rémunération de ces travaux agricoles.

Je reviens, Messieurs, au sujet un instant délaissé.

Préparation à la lutte pour la vie. — Les écoles dans lesquelles se font les cours professionnels sont trop peu nombreuses ; vous penserez avec moi que ces cours devraient exister dans tous les établissements scolaires. Notre époque l'exige ; tous les enfants — sans exception — ont besoin d'être préparés à la lutte pour la vie, le *struggle for life* est là, menaçant ; il ne s'agit, pour obtenir cette sanction si nécessaire, que de diriger nos vues de ce côté et d'y penser toujours ! C'est là un besoin national.

Nos chefs-lieux d'arrondissement et de canton auraient bientôt un mouvement d'émulation générale qui, ne cessant de s'accroître, donnerait un résultat immense sur tous les points du pays.

Ateliers industriels. — Dans beaucoup de localités, il ne serait pas difficile d'aménager un hangar bien éclairé, ou les combles des écoles pour fonder un atelier industriel.

Quel attrait présenteraient ces cours, quelle attention de la part des écoliers, quelle envie de s'instruire !

Utilisons, Messieurs et chers collègues, la robustesse de nos enfants, dirigeons leurs aptitudes, leurs vues d'avenir.

Distractions littéraires. — Pour varier les occupations et obtenir en même temps quelques connaissances littéraires, l'heure supplémentaire, après les classes, serait parfois réservée aux lectures des chefs-d'œuvre de la littérature que les écoliers primaires n'ont généralement pas l'occasion de connaître ; il ne serait consacré que quinze à vingt minutes à chaque ouvrage pour ne pas fatiguer leur attention. Il existe des éditions à 0 fr. 25 de ces chefs-d'œuvre. Les tragédies de Corneille, de Racine, de Voltaire, et d'autres plus modernes déjà fort estimées, éveilleraient en eux des sentiments profonds de grandeur d'âme.

Les comédies de Molière donneraient à leur esprit une gaiété de bon aloi, bien française.

Quel bonheur pour eux de ces auditions, avec quelle ardeur ils en attendraient la suivante!

Le talent de la lecture. — Les écoliers se disposeraient ainsi tour à tour à une bonne et claire diction et apprendraient à varier l'intonation de leur voix.

Hygiène. — L'heure du lendemain aurait pour sujet une causerie intime sur « la propreté et l'hygiène corporelle » ; l'instituteur ou le médecin consentant à faire ce cours, démontrerait l'anatomie de l'homme et l'hygiène générale, en insistant sur les bienfaits de la propreté et des soins particuliers.

Dans un cours d'hygiène familier, l'instituteur entrerait dans des détails minutieux, il insisterait sur les soins corporels : de se laver les pieds chaque semaine, les mains avant les repas et, chaque jour en se levant, le visage, le cou, les bras à grande eau ; sans oublier les dents pour en éviter la carie, cause de la fétidité de l'haleine, et de plus, la perte des dents malades. Il insisterait en disant : l'absence de dents détruit l'harmonie du visage et de plus, la mastication des aliments devenant insuffisante, fatigue l'estomac et nuit à la santé.

Il leur ferait aussi remarquer la nécessité de couper les ongles des pieds et des mains afin d'éviter les parties noires qui s'y accumulent. Leur faire promettre individuellement de ne pas manquer à ces obligations et à lui en donner la preuve au moment de l'inspection.

Hygiène des vêtements. — Il obtiendrait aussi d'eux par la persuasion, que leurs vêtements de laine fussent propres, battus, brossés, et de laver leurs vêtements légers. Il leur donnerait le conseil d'avoir ces soins personnellement et même de recoudre leurs boutons, comme aussi de se raccommoder, cirer leurs chaussures, faire leur lit et de balayer leur chambre. Insister souvent et en connaître le résultat.

Rendons l'enfant industrieux et utile à lui-même.

Bains et natation. — S'il y a une rivière près du village, les écoliers s'y rendraient pour le bain sous la direction de leur instituteur qui s'adjoindrait, si possible, un homme connaissant la natation, pour en donner les notions élémentaires; il en serait de même pour les villages avoisinant la mer. L'après-midi du dimanche pourrait être consacrée à cette étude récréative. Les anciens élèves seraient aussi convoqués et ceux d'entre eux s'entendant le mieux à seconder le bienveillant professeur, donneraient leurs soins pour éviter tous accidents.

Dans les pays sans rivière, l'eau de pluie ou de puits chauffée au soleil, dans une cuve, ferait le service du bain.

Effets de l'éducation. — Ne sommes-nous pas, Messieurs et chers Collègues, souvent affligés de voir des hommes de mauvaise tenue, inspirant par cela même la défiance, faute peut-être d'éducation dans leur enfance?

Par l'enseignement bi-quotidien des vertus sociales, d'une âme cultivée, du sentiment intime de l'hygiène, de la propreté et de la dignité du maintien, naîtrait une distinction individuelle et une élévation d'esprit chez chaque génération nouvelle.

L'omission d'enseigner ces qualités primaires et d'en négliger l'observance provoque bien certainement des apathiques, des désœuvrés, qui, trop souvent, attendent les occasions mauvaises pour se procurer leur subsistance.

Récompenses annuelles. — Pour donner un témoignage éclatant aux élèves qui se seraient le mieux distingués dans ces leçons de choses et récompenser leur zèle, il serait bon de les convoquer annuellement à un grand concours au chef-lieu de canton, sous la présidence de M. le Recteur de l'Académie, ou de son délégué, et que des prix fussent la juste récompense des plus méritants.

Quelques palmes académiques décernées aux instituteurs, entretiendraient entre eux la plus noble émulation et, pour ceux qui auraient pu enseigner une langue étrangère, une récompense spéciale leur serait décernée. La sollicitude attentive de M. le Ministre de l'Instruction publique, émue de ces bienfaits sociaux, leur serait sûrement acquise.

Conclusion.

Mes chers collègues et amis, si la Société française d'Hygiène veut bien contribuer : par ses préoccupations, par son haut patronage, à une œuvre aussi féconde d'initiative générale et de mœurs fortes ; ce serait, dans un avenir prochain, un progrès moral qui développerait singulièrement le niveau actuel. Bien certainement nous rendrions — même quand nous ne serons plus — un service important à ceux qui nous survivront.

EXPOSITION D'HYGIÈNE INTERNATIONALE

DE

Boulogne-sur-Mer (Pas-de-Calais)

BANQUET

du 14 Octobre 1894

Sous la Présidence de M. PROUST

La ville de Boulogne, si sympathique à tous, vient de faire un bel emploi de ses ressources en formant une Exposition d'Hygiène Internationale.

Nous avons répondu à son appel avec empressement.

La présence de M. Proust, de l'Institut, Inspecteur Général des services sanitaires, Délégué de M. le Ministre de l'Intérieur, exprime le vif intérêt que le Gouvernement prend à cette exposition de haute science, la première de toutes, puisqu'elle aide l'homme à mieux vivre en lui donnant une existence agréable et plus prolongée.

En effet, sans elle, que de maux affligent l'humanité!

Le culte que les anciens rendaient à la Déesse Hygiea avait cessé avec les Grecs et les Romains. Et il ne faut pas remonter bien haut dans ce siècle pour lui voir reprendre l'éclat qu'elle avait perdu pendant si longtemps.

Depuis la 1re Exposition d'Hygiène à Paris, en 1886, les villes de Dijon et du Havre, en 1892, les ont renouvelées et après chacune d'elles, nous remarquons un progrès nouveau.

Félicitons, Messieurs, M. le Docteur Aigre, Maire, la municipalité tout entière et le Comité de l'Exposition d'avoir réussi dans leur mission, et remercions le Gouvernement en la personne de M. Proust, son digne et si sympathique représentant, d'être venu consacrer, par sa présence, cette fête scientifique.

Et je termine, Messieurs, en portant un toast à la santé de M. Casimir Périer, notre cher et respecté Président de la République.

A. Féret.

SOCIÉTÉ FRANÇAISE D'HYGIÈNE

M. le Docteur PÉAN, Président

SÉANCE DU 11 JANVIER 1895

La Névrose chez les Ecoliers (1)

Le Congrès d'Hygiène et de Démographie qui vient d'avoir lieu avec tant de solennité, à Budapest, en août 1894, a traité diverses questions concernant l'hygiène scolaire, dont le compte rendu se trouve au *Journal d'Hygiène* en novembre et décembre derniers.

Le Président, M. A. Bérywinczy, de Budapest, a nettement résumé, au début de la première séance, le problème encore si controversé des exercices physiques. Il a ajouté que cette question nous intéresse tous ; il y va, dit-il, du sort de nos enfants, des générations futures, de l'avenir des nations. Plus nos travaux intellectuels sont compliqués, plus ils exigent de vigueur corporelle.

A propos de l'accroissement du nombre des névroses, il montre l'insuffisance de notre éducation physique. Il explique que l'école ou le lycée auxquels incombent non seulement l'éducation de l'esprit, mais aussi celle du corps, ont le devoir sacré, absolu, de lutter contre cette prédisposition de notre époque.

Il fait remarquer que le succès de nos efforts ne peut être complet que si ces établissements sont secondés par les parents et par la société.

Il ne peut être mieux dit, et nous ne saurions trop,

---

(1) Même communication a aussi été faite à la Société d'Hygiène de l'Enfance, séance du 7 janvier 1895.

mes chers collègues, appeler l'attention générale de nos concitoyens sur ce sujet, et leur rappeler qu'il s'agit des enfants de chaque famille, de la jeunesse actuelle des écoles qui est, rappelons-le, la France de demain.

Quels sont les hommes que nous devons consulter plus spécialement — avec les hygiénistes qui ont donné la mesure de leur savoir — mais ils me semblent tout désignés. Ce sont les Membres de l'Académie de Médecine, c'est l'Académie tout entière.

Or, elle s'est prononcée formellement sur deux écueils qu'elle considère comme fatals aux écoliers. Elle a même tenu à leur donner ces noms significatifs : « Surmenage et Sédentarisme ».

Et tous les médecins se sont rangés à son avis. Or, le surmenage provient assurément du sédentarisme. La fatigue corporelle qui en résulte cause la lassitude de l'intelligence, elle alourdit le cerveau et nuit ainsi à la compréhension.

Chacun de nous a éprouvé ceci : se trouvant fatigué, l'esprit l'est aussi. On ne se sent pas en mesure de traiter un sujet avec toute la lucidité d'esprit qu'il comporte. Les écoliers sont, à plus forte raison, dans le même cas.

L'indolence, cette forme d'inertie, peut même, en partie, lui être attribuée.

Le sédentarisme étant la cause initiale, préoccupons-nous de sa suppression.

Remarquons, mes chers Collègues, qu'il est nuisible aux hommes et qu'il leur est interdit par l'hygiène. C'est une cause de désorganisation vitale, il s'oppose à la circulation si nécessaire ; la digestion est moins active, les aliments sont insuffisamment consumés ; les matières usées séjournent. C'est un désastre corporel !

Livrons-nous donc après nos occupations à des exercices ayant la force et l'adresse pour objectif. « Fendez votre bois », recommandait l'excellent Dr A. Mougeot, de Bruyères (Vosges).

Si ces objurgations ont le mérite et la sagesse des remarques de tous les temps, pourquoi ne pas l'étendre à la jeunesse ardente ; elle demande autant, et plus que l'homme, à ne pas rester en repos. Cela, du reste, lui est antipathique. Aussi frémit-elle d'être assise longuement, elle en devient nerveuse, on remarque les mouvements d'agitation inconsciente de ses muscles vivaces ; la névrose est acquise à un certain nombre.

Voilà l'affection créée ! elle est le fait d'une contrainte de mouvement dont la nature se révolte, par l'obligation de rester six heures assis, et huit heures aux internats des lycées, collèges et maisons d'éducation. L'apathie, l'abandon de soi-même, le découragement, sont connexes. En outre, l'hygiène est en péril et des indispositions graves surgissent.

Pour ceux de nos enfants instruits chez nous, combien les avons-nous repris sur leur pose mouvementée devenant à la suite alanguie, affaissée, incorrecte ! Tenez-vous bien, leur disons-nous trop souvent !

L'intérêt que nous leur portons nous guide, mais nous les contrarions par nos observations, sans beaucoup réussir à obtenir une tenue meilleure.

Les maîtres ont aussi essayé, fait leur possible, mais ne pouvant, pas plus que nous, obtenir le calme et le redressement que nous désirons, ils laissent faire.

Ce serait donc incurable ?

Non, non, cela ne l'est pas !

Vous le savez, mes chers Collègues, vous l'avez dit nombre de fois, mais répétons-nous, expliquons-nous une fois de plus.

Donnons aux écoliers une table à élévation facultative, ils en fixeront eux-mêmes la hauteur au niveau du creux épigastrique, à toute époque de leur croissance.

Le pupitre étant ainsi fixé, les avant-bras empêchent de se courber, le buste reste droit.

Voici donc un fait certain, acquis.

Or, pour ne pas être sédentaire, pour éviter l'état nerveux et l'insupportable monotonie, donnons, après une station assise de vingt minutes, l'ordre de travailler debout.

L'écolier, repoussant son banc sous la table, élève le pupitre, le fixe encore au même niveau de l'épigastre, se place obliquement, la jambe gauche et le bras avancés du même côté et *vice-versa*. Ce double soutien est parfait.

Il travaille ainsi le même espace de temps, et moins d'une minute suffit pour ce changement.

Voilà l'heureuse diversion et le délassement nécessaires à l'écolier, et ce n'est pas le seul bien produit par ce système. Le contact tant redouté et contraire à l'hygiène n'existe pas, la distraction mutuelle se trouve supprimée, le travail est fait avec plus d'attention, les copies sont évitées et la discipline mieux observée.

C'est ainsi, n'est-ce pas, Messieurs, que nous comprenons l'éducation physique scolaire. Elle donne à la fois satisfaction à l'hygiène et aux études, conditions recherchées par la Société française d'Hygiène.

Les ébats vigoureux de nos écoliers en sports divers forment des athlètes instruits ; ils mettent en honneur : l'agilité, l'adresse et la force, mais ces exercices sont en dehors des travaux classiques.

Je ne suivrai pas les discussions du Congrès sur l'hygiène des locaux scolaires, ni de l'enseignement de l'hygiène dans les écoles, ni des réformes à introduire dans le système actuel d'instruction, ayant traité ces questions dans mes communications précédentes ; mais j'ai pensé, mes chers Collègues, qu'il était bon de donner ici un écho des travaux du savant Congrès de Budapest, et je félicite notre dévoué et actif Président, M. Cacheux, et M. le docteur E. R. Régnier, notre savant Collègue, d'y avoir pris part ; en même temps que je félicite M. Régnier, pour ses études si importantes et si claires des séances.

CONGRÈS DE BORDEAUX

du 4 au 9 août 1895

Association française pour l'avancement des Sciences

IVe SECTION. — HYGIÈNE

Présidence de M. le Dr BRÉMOND

Médecin du Ministère de l'Agriculture

SÉANCE DU 4 AOUT

LA SCOLIOSE SCOLAIRE

Monsieur le Président,

Messieurs,

L'instruction, pour si utile qu'elle soit, doit-elle être acquise au prix de la santé? Il est certain qu'à ce compte l'ignorance aurait des chances...

De toutes les maladies qui affectent particulièrement la jeunesse aux écoles, il en est une qui a pour cause l'instrument même du travail de l'écolier.

J'ai en vue, mes chers collègues, de vous entretenir de la scoliose scolaire, dont le nom signifie : courbure, et qui est caractérisée par les déformations dorsales si fréquentes, que les enfants contractent pendant le temps de leurs études, en se tenant courbés, ou de côté, et aussi en penchant la tête sur l'épaule gauche.

Cette habitude a généralement pour cause l'emploi des tables-bancs fixes, en usage dans les écoles, collèges et lycées, dont la même dimension est en service pendant deux et même trois ans, dans la même salle d'études.

Cette communication a aussi été faite à la Société française d'hygiène, dans sa séance du 30 novembre 1895, et à la Société d'hygiène de l'Enfance dans sa séance du 6 mai précédent.

La croissance normale de l'enfant, étant de 15 à 20 millimètres par trimestre, soit de 12 à 16 centimètres, pendant les années de service de la même table, le point d'appui s'en trouve relativement diminué, de sorte que pour échapper à la fatigue musculaire qu'il éprouve, l'écolier prend des poses contournées, en s'appuyant fortement sur le bord du pupitre.

Alors, Messieurs, qu'arrive-t-il ? C'est que la poitrine cesse de présenter une surface convexe, elle s'efface et parfois même devient concave.

Par contre, le dos se voûte. En s'appuyant sur le bord de la table, la respiration ne se fait pas de tous les points à la fois, le poumon comprimé n'a plus le volume et l'élasticité qui lui est propre, de sorte que l'écolier, dans ses jeux, est bientôt à court d'haleine ; dès lors, la poitrine fatiguée se trouve disposée aux affections qu'elle comporte.

L'estomac est aussi directement atteint, de là cette pâleur du visage que l'on remarque chez beaucoup d'écoliers.

Quand l'écolier se tient de côté, suivant sa disposition à l'écriture ronde ou anglaise, l'épaule droite ou gauche dévie de hauteur, alors une des omoplates présente une saillie plus ou moins prononcée et même toutes les deux, suivants les habitudes contractées.

L'écriture droite a été judicieusement conseillée par M. le Dr Javal, mais si elle est pratiquée sur une table de hauteur insuffisante, la colonne vertébrale en souffrira. C'est fatal !

Pour me rendre compte de la fréquence de ces affections, je me suis rendu chez des praticiens, et j'ai connu ainsi le nombre relativement considérable d'écoliers atteints de scoliose.

Ils m'ont présenté les corsets orthopédiques, avec tuteurs latéraux et pelotes compressives — communs aux deux sexes — dont ils font l'application, pour maintenir étroitement les parties déviées.

Je vous laisse à penser, Messieurs, le malaise qu'éprouvent les enfants soumis à ces dures épreuves. Il faut dire ici que ces traitements n'ont pas d'action dans les cas anciens ou lorsque les courbures anormales sont très caractérisées.

Il est permis de supposer qu'aucune famille ne voudrait résolument exposer ses enfants à ces altérations, si elles pouvaient les prévoir. La cause en étant connue, devons-nous laisser nos enfants contracter des déformations, compromettre leur santé et risquer de détruire la qualité native de leur vue?

Ce n'est pas seulement sur des faits familiaux, que j'appelle votre attention, Messieurs, mais la Société tout entière est intéressée à ce que les enfants soient de belle tenue, bien membrés et musclés, de taille élevée et droite, à poitrine large et aux yeux vifs.

Etant tous d'accord sur cette donnée qui nous donnerait une nation forte, il s'agit de rechercher les moyens à employer pour la conservation de ces dons de nature.

Les gens au cœur chaud, patriotes, sont attristés en remarquant qu'une partie de notre jeune population n'ait pas une apparence plus robuste, plus vigoureuse, comme le constatent annuellement et si amèrement les Conseils de révision.

Ils en trouveraient facilement la cause dans nos écoles, aussi bien que dans nos internats.

Nous tenons cependant tous à la beauté corporelle de nos enfants, et nous avons une secrète satisfaction de les voir bien proportionnés; si nous remarquons en eux un fait anormal, nous sommes dans l'anxiété et nous demandons les conseils du médecin; si l'état est grave, nous en ressentons un vif chagrin.

Toutes les familles peuvent être atteintes du fait qui nous occupe. Ceux de nos enfants s'appliquant activement aux études, qui nous donnent le plus de satisfaction par leur caractère aimant et respectueux, par leur courage et leur application au travail qui leur assurent un brillant avenir, nous pouvons entendre déclarer que chez eux « la scoliose scolaire » fait son œuvre.

Mes chers collègues, la vie est ainsi faite, que les incidents qui se présentent nous rendent heureux ou inquiets. Notre prévoyance se trouve parfois en défaut. Soyons surtout attentifs pour nos filles, dont la taille souple peut si facilement dévier.

M. le Dr P. Redard, si compétent dans la chirurgie orthopédique, a bien voulu me communiquer le Traité pratique très important qu'il a publié sur la chirurgie orthopédique (1).

Il indique que le traitement des difformités comprend : le traitement préventif, le traitement de la difformité.

1° Le traitement préventif consistant dans des exercices physiques, une bonne hygiène scolaire; la correction d'attitudes vicieuses, permet d'éviter le développement de graves difformités.

2° Les moyens thérapeutiques, dont je n'ai pas à m'occuper.

M. Redard rappelle (p. 212), que Stoffel admet cinq types d'attitude. Il dit que l'attitude assise a une grande influence sur le squelette du tronc, dans le jeune âge, jusqu'à l'ossification complète. Dans un premier type

---

(1) Octave Doin, éditeur, Paris 1892.

d'attitude assise, observé par Stoffel chez les individus lourds, osseux, le dos est fortement voûté. Le sommet de la voussure se trouve vers le milieu du dos. Dans un deuxième type observé chez les individus délicats et grêles, la courbure ne comprend pas la totalité du dos, comme dans le type précédent. Les sujets ont besoin d'appuyer leurs coudes, soit sur leurs genoux, soit sur une table; ces cas s'observent chez les enfants qui fréquentent l'école; ils conduisent à la production du dos rond (Stoffel).

Les déviations peuvent se produire en divers sens, notamment celles latérales (scoliose), qui se manifestent chez les enfants aux études et plus tard dans les travaux professionnels. La scoliose est plus commune chez les filles que chez les garçons (5 filles pour un garçon. — Redard.)

Sur 200 cas, M. Roth trouve 183 filles.

Les formes graves sont plus fréquentes chez les garçons que chez les filles.

Leur fréquence s'explique par des attitudes vicieuses, surtout scolaires.

Parmi les causes efficientes (p. 306), M. Redard cite en première ligne, les mauvaises attitudes prises pendant la position assise: pour le piano, l'écriture, le dessin et les travaux à l'aiguille.

Ces observations lui ont démontré que l'attitude vicieuse prise par l'écolier en écrivant n'est pas toujours la même. Assez fréquemment, le sujet avance l'épaule droite, l'avant-bras droit appuyant sur la table, tandis qu'à gauche, le poignet, la main ou seulement les doigts, touchent la table. Le Dr Redard entre dans des détails très complets et très intéressants, (p. 307).

Il résulte de l'ensemble de ces observations, que l'écolier ne doit pas être assis longtemps, mais seulement pour se reposer, de sorte que, comme vous le savez, je propose vingt minutes assis et vingt minutes debout, pour délasser et en même temps pour éviter l'action si énervante de l'uniformité.

Étant debout, l'écolier se place obliquement, la jambe et le bras avancés du même côté, et *vice versa*.

Par l'écartement de la jambe et du bras, il se trouve bien soutenu et n'éprouve pas de fatigue, l'aplomb corporel est assuré et l'équilibre obtenu. Que l'écolier soit assis, ou debout, le pupître devra être fixé au niveau du creux épigastrique; il assurera ainsi le soutien du buste au niveau nécessaire par l'élévation facultative de la table.

Les attitudes vicieuses sont évidemment causées par une station trop prolongée, où l'enfant s'affaisse par la fatigue qu'il éprouve.

Pour éviter la courbure des écoliers à vue courte ou myope, la table doit avoir un pupître inclinable à tout degré, afin que le cahier et le livre viennent trouver la vue.

L'élévation facultative paraît donc répondre au but recherché en divers sens, par les ingénieux auteurs de tant de formes de mobilier scolaire, qui ont surtout eu en vue l'appui du dos. J'estime qu'il est préférable de ne s'en occuper que pour les enfants dont les reins ont besoin d'être exceptionnellement soutenus par une chaise à dossier légèrement incliné, élevé à $0^m,28$ au-dessus du siège. Je considère qu'en écrivant, il est utile d'être légèrement penché en avant; être adossé fatigue les reins et gêne la vue. En effet, par l'inclinaison en arrière, les yeux sont demi-ouverts; de plus, la distance indiquée par les oculistes n'est pas observée, nous savons qu'elle est de $0^m,33$ à $0^m,35$.

J'ai aussi consulté le *Traité de chirurgie* de M. le Dr Kirmisson, chirurgien des hôpitaux.

A la visite que j'ai eu l'honneur de lui faire, le savant professeur m'a dit que je trouverais, au tome III, ce qu'il avait écrit sur la scoliose.

Ce chapître, de main de maître, est considérable; l'auteur cite beaucoup d'auteurs qui ont écrit sur ce sujet, mais en même temps, il donne son avis sur les différents cas qu'il indique.

Hetsch, dit-il, compte 52 0/0 de scolioses, se développant de un à douze ans, 41 0/0, de onze à dix-huit ans; les cas qui se montrent au-delà de dix-huit ans ne comptent plus que pour 3 1/2 0/0.

Schreiber fait remarquer que sur les formes les plus graves de la scoliose, on est frappé de leur fréquence plus grande dans le sexe masculin.

Le fait me paraît exact, dit M. le Dr Kirmisson, et je serais tenté de l'attribuer à ce que la plupart des scolioses observées chez l'homme sont dues au rachitisme de la première enfance et comportent un pronostic grave.

Je regrette bien vivement de ne pouvoir suivre l'auteur dans ses développements si intéressants, car ils m'entraîneraient trop loin; mais il indique, comme traitement préventif, de surveiller avec soin l'attitude des enfants et, chez les jeunes filles, de redoubler d'attention à l'époque de leur formation, car c'est à ce moment que se produisent les difformités. Il ajoute qu'il faut combattre la tendance qu'ont les écoliers à prendre des attitudes vicieuses pendant les heures des classes. Il faut, dit-il, disposer les pupitres et l'éclairage de telle sorte, qu'ils n'aient pas besoin de s'incliner sur leur ouvrage.

Les attitudes vicieuses sont encore aggravées chez

les myopes, par le besoin qu'ils éprouvent de se pencher sur l'objet de leur travail ou de leur étude.

Ce qu'il faut incriminer, ajoute-il, chez les jeunes filles qui présentent la scoliose essentielle de l'adolescence, c'est la faiblesse générale de la constitution, le défaut de résistance du système osseux, la chlorose, qui, si souvent, fait son apparition à cette époque; parfois ces jeunes filles présentent une croissance exagérée, en même temps que le système musculaire est très peu développé.

La question des sièges et des pupitres de travail est une de celles qui doivent tout particulièrement préoccuper le chirurgien, dans le traitement de la scoliose.

Je dois à l'obligeance de M. le Dr de Pietra Santa un document qui date déjà de loin : une causerie scientifique faite en 1880, par un hygiéniste de talent, M. Charles Varey, qui nous fait connaître des faits qu'il est bon de rappeler ici : « Arrêtons-nous, dit-il, quelques instants sur la question des bancs d'école, question qui a une importance si considérable par l'influence qu'elle peut exercer sur le développement des facultés physiques d'abord, et ensuite des facultés intellectuelles de l'écolier.

« Ce sont, ajoute-t-il, les spécialistes les plus autorisés et les plus compétents qui ont, les premiers, attiré l'attention publique sur la défectuosité des bancs d'école généralement en usage, en publiant des statistiques dont les chiffres avaient une éloquence stupéfiante.

« Sur 300 cas de déviation de la colonne vertébrale, « le Dr Eulemberg en trouve 267, où le développe« ment du mal a eu lieu pendant l'âge scolaire. »

« Le Dr Frey (de Genève), sur 400 cas également « de déviation de la colonne vertébrale, observés dans

« l'espace de sept ans, attribue 300 cas à des causes « scolaires. »

« Il est de notoriété parmi les médecins, dit un document américain sur les écoles primaires de New-York, que les difformités de la colonne vertébrale étaient très rares il y a trente ou quarante ans ; mais, depuis que l'éducation a reçu une si grande et si générale impulsion, ces cas sont devenus assez nombreux pour attirer l'attention spéciale des médecins. On trouve de nos jours toute une classe de praticiens et de mécaniciens qui vivent et prospèrent par le traitement des affections de la colonne vertébrale.

« Sans compter d'autres phénomènes morbides, qu'il serait trop long d'énumérer, mais que les médecins connaissent bien.

« Avais-je raison de dire qu'il faut se hâter de donner à toutes les communes de France un mobilier scolaire satisfaisant à toutes les conditions de l'hygiène ! »

M. Ch. Varey rappelle aussi que, quelques années auparavant, M. Waddington, alors Ministre de l'Instruction publique, écrivait : « Il faut rendre le séjour de l'école attrayant pour l'élève et pour le maître. Il avait raison, ajoute-t-il. »

La Société française d'Hygiène mettait déjà au concours, en 1880, tout ce qui se rattache à la question scolaire. Elle est toujours fidèle à sa tradition.

Passons maintenant au temps présent. M. le Dr Morice, notre estimé collègue, à notre séance du 12 avril dernier, nous a rappelé les termes saisissants d'un rapport du savant hygiéniste M. le Dr Motais (d'Angers) à l'Académie de Médecine, sur l'importance des effets morbides, produits par le mobilier scolaire actuel, dont il demande la réforme. Sur la proposition de MM. les Drs Panas et Javal, l'Académie, en exprimant ses remerciements à M. le Dr Motais, pour ce complément d'études sur l'hygiène scolaire, s'est ainsi associée à ses dires.

Joignons-nous, mes chers collègues, à ces sommités du corps médical, et faisons appel à la vigilance des familles et à la sollicitude du corps enseignant. Obtenons pour les enfants du peuple, pour tous les écoliers sans exception de position sociale, une somme de bien-être dont ils ont besoin au même titre.

Devenus hommes, ils nous sauront gré de nos efforts, ils diront à leurs descendants : que c'est à cette fin de siècle qu'ils ont dû la cessation de leur contrainte et ils la citeront comme une date bienfaisante dans leur existence d'écolier.

La civilisation des peuples, étant en raison directe de l'influence que les Sociétés d'hygiène exercent, nous pouvons espérer que notre pays fera le nécessaire pour ses enfants aux études.

A Féret.

SOCIÉTÉ FRANÇAISE D'HYGIÈNE

Présidence de M. CACHEUX

SÉANCE DU 12 AVRIL 1895

Le Bonheur de vivre par l'Hygiène (1)

Aux époques préhistoriques, où les hommes nomades formaient un camp qu'ils quittaient suivant la fantaisie du chef de tribu, l'hygiène était probablement inconnue.

Quand la contrée se trouvait fertile et riante, il leur paraissait bon de s'y arrêter et d'y fonder un village. Nous pouvons penser que les femmes allant puiser de l'eau à la source voisine, trouvaient agréable de s'y mirer et aussi de s'en servir pour quelques soins de propreté, d'elles-mêmes et des enfants qui les accompagnaient.

C'est à cette époque que l'hygiène a pris naissance. L'initiative de cette science appartient donc aux femmes. Rendons-leur cet hommage.

Remarquons, Messieurs, que la coquetterie chez la femme — même nomade — est un goût instinctif pour les choses belles et bonnes. Elle est une conséquence de dignité qu'elle possède à un haut degré; elle la porte à nous être agréable, et elle est pour la femme un guide dans l'arrangement de notre confort intérieur.

---

(1) Même communication à la *Société d'Hygiène de l'Enfance*, séance du 4 mars 1895.

Admirablement douée des qualités de prévenance et de bonté, la femme, si vive, si alerte et si douce, possède un sentiment profond de ses devoirs. En le remarquant, nous sommes portés à remercier le Divin Auteur de nous l'avoir donnée si parfaite et si belle. Nous la voyons ornée de vertus, de mœurs pures, de pensées délicates, toujours prête au dévouement; aussi, nous paraît-elle idéale et bien au-dessus de nous.

A l'époque voulue, quand la nature nous convie à nous unir, que nous avons remarqué celle qui nous semble la plus digne, la plus sympathique à notre cœur, nous nous disons avec une certaine défiance de nous-mêmes : « Comment pourrais-je m'en faire aimer? Comment, sans la blesser, lui faire partager mes sentiments? » Elle remarque notre embarras, elle en sourit, elle semble nous encourager; mais bientôt, guidée par une retenue naturelle, elle se reprend, et nous ne savons comment lui présenter l'expression de nos vœux. Nous craignons d'alarmer sa fierté, nous cherchons à lire dans ses regards, à surprendre sur son visage le secret qu'elle nous cache; mais elle tient à ne rien faire paraître, pour rester maîtresse d'elle-même.

Ainsi, elle évite de se prononcer, elle affecte de croire que nos dires ne sont pas sérieux; mais, instinctive et prudente, elle veut éprouver notre patience, examiner à loisir notre caractère, notre constance, elle se renseigne sans le faire paraître : sur notre aptitude au travail, sur notre conduite; et enfin, si elle nous accorde un semblant d'aveu, ne lui disons-nous pas, ou tout au moins nous le pensons : « Je crains que vous ne me trouviez pas digne de vous? »

Dans notre entraînement à plaire, et sous l'aimable

et douce influence de celle dont nous recherchons la préférence, nous modifions notre langage, notre voix devient plus douce, plus pénétrante; nous avons recours à l'hygiène, à tout ce qu'elle procure de sain, d'agréable et de vivifiant. Nos soins redoublent, nous étudions l'art de bien dire, nous apprenons quelques airs mélodieux, et, participant aux jeux qui nous sont offerts, nous aimons à montrer notre force et notre adresse.

Aux réunions dansantes, nous nous rapprochons davantage encore de celle que nous aimons, et, sur la promesse d'une félicité tendre et durable, nous échangeons l'assurance de nous aimer toujours.

D'un commun accord, nos parents font la demande de sa main, et, si elle nous est accordée, rien n'égale notre bonheur.

Le ciel et ses splendeurs nous sont ouverts!

Quelle époque charmante que celle des fiançailles, pour ceux qui en ont conservé le souvenir, qui ont toujours aimé tendrement; quelle douceur à se le rappeler!

Et vienne la maturité de l'âge, de combien de respect entourons-nous notre compagne! Si elle nous a donné des enfants auxquels nous avons prodigué tous nos soins et toute notre affection, elle, par sa tendresse et son amour maternel, nous, par des conseils plus fermes et un travail assidu pour arriver à les élever convenablement, combien il est doux de se rappeler les étapes successives de notre vie!

Quelle aimable et douce collaboration de faire converger toutes nos actions pour le bonheur intérieur! Ah! qu'il a fallu de vertu pour résister aux tentations qui nous ont entouré, qui nous séduisaient successivement!

Que d'exemples s'offraient à nous, paraissaient brillants et nous subjugaient, en nous donnant le désir de les imiter! Mirage trompeur à vaincre sans cesse!

***

Après ce tableau de nos mœurs, où l'hygiène tient sa place, j'entre, Messieurs et chers collègues, dans d'autres considérations.

Quand les hommes devenus nombreux ont fondé des villes, qu'il leur a fallu pourvoir aux besoins généraux, amener des eaux pures et se débarrasser des autres, l'étude de l'hygiène s'est imposée, elle a été ardue et l'objet de travaux très importants.

Pour les contrées qui l'ont dédaignée, nous savons combien cet abandon leur a été funeste. Des épidémies meurtrières, des maladies inconnues, terribles, sont venues fondre sur elles en les décimant, et de là, chez d'autres, pourtant plus soigneux d'eux-mêmes.

Sans remonter plus haut que ce siècle, nous l'avons rigoureusement éprouvé à plusieurs reprises.

Mais si nous portons nos réflexions sur les peuples de la Grèce antique et de Rome, où la déesse Hygie était en honneur, que de bienfaits en tiraient-ils!

Aujourd'hui, mes chers Collègues, les sociétés d'hygiène mettent tous leurs soins à faire renaître ces époques, et, parmi elles, la Société Française d'Hygiène se distingue pour rechercher cet idéal: « Le bonheur de vivre par l'hygiène! »

Ah! Messieurs, que d'efforts pour faire pénétrer ces idées parmi les peuples et surtout pour les rendre pratiques! Heureusement, l'impulsion est donnée, les vieilles habitations se détruisent peu à peu ou sont expropriées; celles qui les remplacent donnent plus de jour, plus d'air et l'eau de source s'y trouve en abondance. L'hygiène a déjà plus d'adeptes.

Les plans des constructions sont visés avant que l'on obtienne l'autorisation de bâtir, et la voirie en surveille l'exécution. Le « tout à l'égout » oblige à réunir souterrainement les eaux vannes, ménagères et pluviales, de sorte que les odeurs ammoniacales et malsaines sont moins intenses et plus rares.

La suppression des fosses d'aisance procure un assainissement considérable, on peut dire : un bienfait public.

Cependant bien des années se passeront encore avant que nos persévérants efforts aient triomphé, il restera encore longtemps des rues trop étroites du vieux Paris, avec leurs maisons sordides à supprimer.

La Préfecture de la Seine, dans l'intérêt de la santé publique vient de fonder une œuvre éminemment utile : l'établissement d'un casier sanitaire des maisons de Paris.

Ce n'est pas, Messieurs, sortir de l'hygiène et du titre invoqué que de rappeler ici quelques-unes des fondations utiles de notre époque, en faveur de l'homme-enfant, car elles lui font honneur.

Pour les nouveau-nés, où ils sont reçus à quinze jours de leur naissance jusqu'à l'âge de trois ans, nous avons cette belle œuvre du vénéré Firmin Marbeau : « La Crèche ! » (1)

Que de vies elle préserve !

---

(1) Actuellement à Paris, il ne se trouve qu'une crèche par arrondissement et elle ne contient que 45 lits. La haute utilité de cette institution me porte à croire qu'il en faudrait sur plusieurs points du même arrondissement.

Pendant le séjour de l'enfant, du matin au soir, la mère peut continuer, sans inquiétude, ses travaux professionnels et apporter dans son ménage le produit de son salaire. Quelle satisfaction elle éprouve de trouver son enfant propre et riant, car il est reposé et il a été bien nourri !

A la sortie de cet asile créé par la générosité publique, l'enfant est reçu à l'école maternelle jusqu'à six ans. A cet âge, l'école communale l'accueille jusqu'à treize ans.

Quand un écolier a l'amour de l'étude unie à une intelligence remarquable, le Directeur lui facilite son admission dans un établissement supérieur.

La Caisse des Ecoles, par les cotisations annuelles des Donateurs, pourvoit au déjeuner et à quelques vêtements, pour les plus pauvres des écoles communales.

La Société de l'allaitement maternel, fondée par une femme de cœur, Mme Béquet, née Devienne, a ouvert des refuges-ouvroirs pour les femmes enceintes sans ressources.

Utile fondation, œuvre initiale supérieure !

On sait combien la misère, le dépit, la honte, modifient les sentiments d'une mère, sa tendresse devient farouche...

Or, l'allaitement obligé, les soins, les encouragements et, si possible, un subside à leur sortie, les porte à élever leur enfant.

Et les asiles de l'hospitalité de nuit, si fréquentés par les abandonnés de la vie et par ceux que les revers de l'existence ont frappé ! Le coucher et la nourriture gratuits pendant quelques jours, souvent même du travail procuré, préviennent les désespérances.

Disons avec satisfaction que ces établissements ont

été fondés par l'initiative privée et continuent d'être soutenus par les dons de personnes qui comprennent et pratiquent cette belle devise : « la Solidarité. »

Recherchons donc, mes chers collègues, le côté spéculatif de l'hygiène, et appliquons-en le mérite au bien-être et à la durée de la vie humaine.

∴

Dans les temps bibliques où la terre était plus saine et les eaux plus pures, les hommes avaient une existence beaucoup plus longue. Depuis cette époque, elle a décliné considérablement.

Au siècle dernier, Deparcieux, par de savantes recherches toujours estimées, a indiqué, pour chaque âge, les chances de longévité. Depuis, nous avons réalisé des progrès sensibles — qui se continueront sûrement par l'hygiène publique et privée.

Il ne tient donc qu'à nous, d'arriver en plus grand nombre, à l'âge indiqué par Fontenelle, à savoir : que l'homme doit vivre — cent ans.

D'autres observateurs perspicaces ont depuis confirmé cette appréciation rassurante ; Flourens nous assure une seconde jeunesse à partir de soixante ans ; mais si nous en croyons Broussais, qui a déclaré que « l'homme ne meurt pas, il se tue », nous aurions à compléter nos notions actuelles, en réformant résolument nos mœurs, notre manière de vivre et nos habitudes.

L'éducation de nos enfants étant faite d'après ces modifications d'existence, viendrait bientôt donner à l'hygiène pratique, un essor considérable qui augmenterait la durée de la vie.

Il y a peu d'années, notre Société prévoyante a publié de sages maximes, et depuis, pour parer aux cas fortuits, édité un manuel qu'elle a répandu par milliers.

Nous avons donc en mains les meilleurs préceptes, et, rendus attentifs, nous pouvons, en les suivant, espérer simultanément : une natalité plus importante et que les centenaires ne seront plus une exception aussi rare.

Nous deviendrons ainsi les grands aïeux de nombreuses générations, et le — bonheur de vivre par l'hygiène — sera réalisé.

A. Féret.

CONGRÈS DE BORDEAUX

DU 4 AU 9 AOUT 1895

Association française pour l'avancement des sciences

XVI

XVIe SECTION — PÉDAGOGIE

Présidence de M. Pierre TRABAUD, Directeur de l'Institut Phocéen à Marseille

SÉANCE DU 9 AOUT

L'hygiène scolaire par la table à élévation facultative

MONSIEUR LE PRÉSIDENT,
MESSIEURS,

Je ne connais pas de profession plus honorable, plus digne d'un esprit élevé que celle d'un Instituteur. Il obtient chaque jour des satisfactions intimes, des joies de cœur qu'il n'est pas donné d'éprouver au même degré, dans les diverses occupations qu'il est donné à l'homme de remplir. J'en excepterais peut-être celle du sculpteur qui, en modelant sa terre, sait lui donner les traits et tout à la fois le caractère du modèle qu'il a en vue de reproduire.

Aussi Pygmalion, le statuaire Grec, adressait-il une ardente prière au Maître des Dieux, pour qu'il animât la statue de Galatée, qu'il venait de faire, tant elle lui semblait personnifier la beauté divine de la Déesse. Aucune expression ne saurait exprimer le bonheur

Cette communication a aussi été faite à la Société française d'Hygiène et à la Société d'Hygiène de l'Enfance, qui en ont fait la publication dans leurs bulletins.

qu'il a ressenti, et l'Hosannah de son âme en voyant son vœu réalisé. L'instituteur est cent fois, mille fois plus heureux que ne le fut ce grand artiste, car il forme, il développe chaque jour l'intelligence des nombreux enfants qui lui sont confiés. Ah! comme il épie la lueur céleste qui se révèle dans leur cerveau, ouvert aux conceptions diverses, aux idées contenues dans les livres de classe, extraites d'œuvres des hommes les plus illustres.

Ce que j'ai l'honneur de vous exprimer, Messieurs, je l'ai senti, je l'ai vécu dans la société de mon père, instituteur communal, de 1819 à 1845. Je me souviens de ses entretiens, de sa conviction et de l'ardeur de ses sentiments.

Mais la profession a ses contrariétés, parmi elles je citerai : le silence, si difficile à obtenir, la mauvaise tenue si fréquente des écoliers — que le maître tient à réprimer — sans beaucoup réussir à l'améliorer.

J'ajoute que l'hygiène des classes est peu satisfaisante, malgré l'entière aération en l'absence des élèves. Cela tient aux causes que j'expliquerai bientôt.

J'ai cherché, Messieurs, à résoudre ces difficultés en construisant une table scolaire, qui diffère entièrement de celles en usage jusqu'à ce jour. Elle est à élévation facultative et unipersonnelle. Le banc n'est pas fixé à la table et il n'a pas de dossier.

En vous la faisant connaître dans ses grandes lignes, il me reste à vous communiquer les idées qui m'ont guidé pour l'établir.

La table étant personnelle à chaque élève, les causeries sont rendues difficiles. Les écoliers ne peuvent toucher ni les coudes, ni les pieds de leurs voisins — ni même copier leurs problèmes — ce qui assure un travail personnel et aux maîtres, une discipline aisée.

La barre d'appui destinée au support des pieds les fatigue, car ils ne portent que sur l'angle. Comme elle est une gêne à l'allongement des jambes, que le frottement répété des pieds occasionne un grincement désagréable et un bruit presque continu — je la supprime.

Cette barre est aussi un obstacle au nettoyage. Il en est de même du banc fixé à la table. La poussière, difficile à enlever, reste forcément, en partie du moins, sous les tables-bancs; elle est une cause de cette senteur désagréable et fâcheuse pour l'hygiène de tous.

J'ai donc préféré le banc libre. Or, en les plaçant sur les tables, au moment du nettoyage, l'espace, sauf les deux pieds de la table, est entièrement libre.

Au Havre, les tables ont un seul support en fonte, mais je me suis assuré en m'y asseyant, qu'il gêne les jambes et ne peut convenir aux écoles de filles. En outre, le socle est un obstacle pour la pose des pieds. Pour l'agencement des tables, je continue l'usage adopté de les placer en sept rangées, deux par deux, espacées de dix centimètres, de sorte qu'une salle d'études de sept mètres sur huit mètres contient quarante-huit tables, en laissant cinq passages de dégagement. Le nombre reste donc le même.

Après cette exposition de la partie matérielle, il me reste, Messieurs, à vous entretenir de la tenue des écoliers.

Chacun d'eux, élevant le pupitre en le fixant par eux-mêmes au niveau du creux épigastrique, le buste, soutenu par les avant-bras, se trouve droit ou du moins légèrement penché, mais jamais courbé. Leur poitrine touche à peine le bord du pupitre. Les yeux se trouvent à la distance normale de 33 à 35 centimètres, distance prescrite par les médecins-oculistes. Cet éloignement, nécessaire à la formation du rayon visuel, est obtenu tout naturellement, sans observation du maître.

L'enfant, que la nature a voulu instable, se fatigue bientôt de la position assise, il m'a paru logique que ses travaux fussent alternés assis et debout. C'est pour lui un agréable délassement et une ressource contre la monotonie des études.

A défaut, l'écolier gesticule, devient par trop remuant, la discipline en souffre, les punitions affluent, les maîtres sont surmenés.

Eh bien, Messieurs, si, après vingt minutes de travail assis, l'ordre est donné de travailler debout — et une demi-minute suffit pour ce changement — les écoliers se sentent heureux d'une position nouvelle. Elle ne devra pas non plus excéder vingt minutes.

Pour éviter la fatigue de l'attitude debout, je recommande la position oblique afin de présenter le côté au pupitre, de manière que la jambe et le bras du même sens soient avancés, et *vice versa*. Ainsi, l'écolier étant placé tantôt d'un côté, tantôt de l'autre, et ensuite assis, il n'existe plus de pose unique, de sorte que nous aurons des jeunes gens de belle tenue — la poitrine s'étant développée par l'écartement successif des bras. Le tassement sur lui-même n'ayant pas eu lieu, la croissance en sera améliorée. Ces innovations pratiques donneraient certainement à la jeunesse française aux études, une vitalité supérieure.

Les Conseils de révision déplorent amèrement, chaque année, l'état regrettable d'une partie de nos conscrits, car ils trouvent chez nombre d'entre eux : une taille exiguë, le dos rond, une poitrine étroite, plate ou rentrée, les yeux déjà fatigués.

J'estime, Messieurs, et je vous en laisse juges, que l'Enseignement pourrait, par l'observance des dispositions indiquées, dégager sa responsabilité.

A. FÉRET.

EXPOSITION INTERNATIONALE D'HYGIÈNE

Banquet du 27 novembre 1895

PRÉSIDENCE DE M. LÉON BOURGEOIS

Président du Conseil, Ministre de l'Intérieur

Monsieur le Président,

Messieurs,

Le haut intérêt que les expositions d'hygiène provoquent, s'expliquent par ce fait: qu'il montre le degré de l'éducation scientifique de la Nation et les dispositions sanitaires de notre époque.

Après la première exposition d'hygiène déjà si remarquée qui a eu lieu en 1888, à la caserne Lobau, nous avons eu en 1893, celles de Dijon et du Havre, et en 1894, celle de Boulogne-sur-Mer.

Elles étaient l'indice d'un progrès sérieux et d'une décentralisation remarquable.

L'assainissement prend des proportions inattendues. Des villes préparent des travaux considérables.

Ce qui m'a particulièrement frappé à l'exposition de cette année, après les grandes nouveautés scientifiques : c'est celle de l'ozone appliqué à la filtration des eaux par grandes quantités, de l'air rafraîchi pour l'intérieur des habitations ; c'est aussi l'ensemble de tant d'appareils nouveaux, d'un mérite supérieur qui, bien certainement, a dû provoquer une transformation de l'outillage de nos usines.

Il y a une poussée générale de l'esprit public vers l'hygiène, nos savants s'y prêtent avec ardeur, les

Sociétés d'hygiène y contribuent considérablement : Il y a même rivalité entre elles. C'est que cette science est très vaste, on y découvre sans cesse de nouveaux horizons.

Je me garderai bien de citer le nom de nos savants hygiénistes, j'en oublierais : Ils sont si nombreux.

Et de jeunes membres surgissent avec de nouvelles études, pour ouvrir un champ encore plus vaste.

Qu'il me soit permis seulement de citer le nom de notre regretté Maître, du grand et vénéré Pasteur, dont la perte est si universellement sentie.

Je crois, Messieurs, être l'interprète de tous, en rappelant ici, une fois de plus, sa mémoire et ses travaux qui l'ont conduit à l'Immortalité.

A. Féret.

EXPOSITION DU TRAVAIL
AU PALAIS DE L'INDUSTRIE

BANQUET
du 11 novembre 1895

Présidence de M. MESUREUR, *Ministre du Commerce, de l'Industrie et des Beaux-Arts.*

Monsieur le Ministre,
Monsieur le Directeur,
Messieurs,

J'ai demandé la parole pour vous entretenir un moment du Palais de l'Industrie construit pour recevoir les merveilles de l'Exposition de 1855 et qui, depuis, reçoit annuellement avec tant d'éclat, le Salon des Beaux-Arts : Peinture, Sculpture, Gravure, etc. Il a vu naître de grands talents et assuré leurs succès.

Il a été aussi le triomphe des Concours agricoles, hippiques et, l'année dernière, comme il y sera encore cette année, le Salon du Cycle, où le public afflue en si grand nombre.

Ce Palais abrite encore le Musée des Arts Décoratifs et l'Exposition permanente des colonies.

Je vais maintenant citer celle qui est l'objet de notre Banquet d'aujourd'hui : l'Exposition du Travail. Cette dénomination si heureuse est bien celle de l'Œuvre ouvrière, elle renferme une somme considérable d'efforts loyaux, persistants, courageux, pour présenter aux visiteurs des Produits aussi nouveaux, aussi bien exécutés, que l'état actuel de notre industrie permet de les concevoir.

La suppression de ce Palais occasionnera certainement des regrets ; ceux des exposants qui auront la difficulté de présenter leurs produits et ceux des familles qui aiment à les voir et à les communiquer à leurs enfants.

Espérons que le Gouvernement tenant compte de ces sentiments, saura trouver un emplacement pour remplacer ce Palais de l'Industrie si aimé et si populaire.

Messieurs, en appelant la sollicitude aussi éclairée que bienveillante du Gouvernement, je porte un toast à M. Mesureur, Ministre du Commerce, de l'Industrie et des Beaux-Arts, qui a bien voulu venir au milieu de nous, pour prendre part à notre Fête et aux pensées qui y sont exprimées.

A Féret.

EXPOSITION INTERNATIONALE
DU CENTENAIRE DE LA LITHOGRAPHIE

Banquet du 7 décembre 1895

PRÉSIDENCE DE M. BLUTSEN

Monsieur le Président,
Messieurs,

Nous pouvons, je crois, considérer que la lithographie est sœur de la typographie, car elle tient une place élégante et même coquette dans les travaux d'impression.

L'aînée est plus grave, à elle les grandes œuvres, les éditions. Par elle, les livres qui nous instruisent dès notre jeunesse et nous intéressent dans l'âge mûr. Par elle, les journaux nous apportent chaque jour, les informations du monde entier.

A la lithographie sont réservées les reproductions: de la gravure sur métaux, de la gravure sur pierre, de la calligraphie et même de notre écriture personnelle, je veux dire: l'autographie.

Cet art rend des services auxquels nous avons sans cesse recours: nos factures, nos circulaires, nos cartes de visite même, lui sont dues — quand l'impression en taille-douce ne lui est pas préférée.

Nos artistes lui sont redevables de la popularité de leurs œuvres, aussi se sont-ils trouvés satisfaits de cette belle exposition du Centenaire.

L'art des grandes affiches murales, où les Maîtres se distinguent avec tant de brio, y a trouvé sa place.

Nous savons un gré infini au Gouvernement d'avoir bien voulu nous concéder un grand Palais — celui des Beaux-Arts — pour y exposer tant de belles choses.

Qu'il reçoive ici tous nos remerciements.

L'art étranger a tenu à se faire représenter, à se faire connaître ici. Nous saluons les artistes de toutes les nations qui ont bien voulu nous donner et nous honorer de leur concours.

Pour réunir toutes ces bonnes volontés, il a fallu employer une qualité maîtresse : celle qui fonde les choses ; on la désigne sous le nom « d'initiative » qui bien guidée et unie à la persévérance, en termine l'accomplissement.

Cette qualité initiale a été employée à un haut degré par M. Victor Morlot, notre Secrétaire Général ; son ardeur et son dévouement l'ont bien servi.

Il a trouvé des hommes de bonne volonté qui ont compris, qui ont aidé ses résolutions.

M. le Président de la République, M. le Ministre du Commerce, ont bien voulu venir examiner les nombreux produits du grand art que nous célébrons, en y laissant des marques de leur plus haute estime.

Je bois, Messieurs, au Centenaire de la lithographie, à son organisateur et aux artistes dont nous avons admiré les œuvres.

A. Féret.

CRÈCHE DU 2me ARRONDISSEMENT

dite : Crèche Bonne-Nouvelle

PARIS, rue Saint-Denis, 218

MATINÉE DU 15 MARS 1896

Hôtel Continental, grande salle des Fêtes

ALLOCUTION DU PRÉSIDENT

Mesdames, Messieurs,

Parmi les institutions de prévoyance qui ont été créées depuis cinquante ans, il en est une de plus en plus appréciée, surtout depuis quelques années.

Son action éminemment sociale est mieux connue. Je veux parler des crèches. Leur fondateur M. Marbeau a donc droit à toute notre gratitude, et nous ne saurions trop honorer sa mémoire. En effet, la crèche permet à l'ouvrière d'y confier son enfant dès le matin, de l'allaiter au besoin au milieu de la journée et de le retirer le soir, après son travail.

Celle de la rue St-Denis, n° 218, fondée par des hommes d'initiative et des femmes de cœur qui se sont jointes à eux, entre dans sa trentième année d'existence.

Elle est située dans un centre où il se trouve beaucoup d'ouvriers et d'employés aux appointements modestes. S'il leur survient un ou plusieurs enfants, les charges excèdent parfois leurs ressources.

Heureusement la crèche offre à la mère de venir à son aide en lui permettant de continuer ses occupations en ville, et d'y gagner un salaire qui, joint à celui de son mari, donne au jeune ménage l'aisance qu'il recherche.

Si celui-ci manque de travail ou qu'il lui survienne une maladie, les enfants se trouvant à la crèche n'en souffrent pas. Si c'est à la mère, elle sait qu'ils sont bien soignés, c'est pour elle un repos d'esprit nécessaire.

Dans l'état de santé, voyez-là, sa tâche quotidienne terminée, allant à la crèche la tête haute, le regard fier, chercher son enfant en versant sa modique rétribution. Laissons-lui l'illusion de croire qu'elle est suffisante et que nous faisons une bonne affaire.

Je dois dire que si par empêchement, elle ne peut verser sa cotisation, la crèche ne lui refuse pas ses bienfaits.

A défaut de la crèche, elle reste chez elle, surveillant son enfant en s'occupant de son ménage et de travaux peu lucratifs qu'elle doit aller chercher et reporter elle-même, en le laissant seul, exposé à ses imprudences inconscientes. La gêne se faisant bientôt sentir, elle se fait inscrire au Bureau de Bienfaisance et, s'y présentant toute confuse — elle tend la main.

Pauvre mère, tu reçois un secours, mais ta dignité s'en trouve offensée !

La crèche est donc un asile bienfaisant, et, pour nous aider à le conserver florissant, vous avez bien voulu, Mesdames et Messieurs, souscrire à cette matinée qui nous permettra, unie aux cotisations et aux dons que beaucoup d'entre vous nous ont remis, d'augmenter les ressources que nous procurent nos anciens membres.

Vous faites donc partie maintenant des soutiens de la crèche si heureusement dénommée : Bonne-Nouvelle. Vous y resterez fidèles, afin que ce bel établissement suive son cours et continue son service hospitalier.

Allez rue St-Denis, n° 218, au 4e étage, vous verrez ce petit externat où tous les enfants portent le même costume, d'une éclatante blancheur. Grâce aux soins qui leur sont donnés, bien nourris, bien reposés, vous les entendrez balbutier entre-eux, mais rarement pleurer.

L'hygiène de cet asile est observée dans ses détails, on y remarque une aération continue par des verres perforés de nombreux trous disposés en quinconces dans les impostes des fenêtres, le parquet est recouvert en linoléum, la literie est parfaite.

Chaque enfant possède ses objets de toilette.

M. Vavasseur, maire, M. Aron, adjoint, et M. Marbeau, Président de la Société des Crèches, assistant à nos réunions trimestrielles, indiquent qu'ils tiennent en haute estime la Direction intérieure de la crèche.

Des médecins généreux ont brigué l'honneur de venir tour à tour s'assurer de la santé des enfants.

Vous pouvez donc, Mesdames et Messieurs, faire connaître, en toute sûreté, notre établissement aux mères de famille.

Il me reste à complimenter les excellents artistes que vous venez d'entendre ; vous les avez applaudis pour le plaisir qu'ils nous ont procuré et pour leur concours désintéressé en faveur des enfants de notre crèche.

Au nom du Comité et des Dames patronesses, je vous adresse, Mesdames et Messieurs, mes plus vifs remerciements.

Le Président du Conseil d'Administration :
A. Féret.

CONGRÈS DES SOCIÉTÉS SAVANTES
EN 1896

PALAIS DE LA SORBONNE
Section des Sciences : Médecine

Présidence de M. le Docteur Fernand LÉDÉ

SÉANCE DU 8 AVRIL

Permettez-moi, Messieurs et chers Collègues, avant de vous lire mon étude, de vous rappeler quelques mots prononcés par M. le Ministre de l'Instruction Publique aux fêtes de Gymnastique, qui ont eu lieu le 7 avril courant, à Mustapha (Alger).

« Après avoir rappelé les efforts faits depuis vingt-
« cinq ans pour remettre la gymnastique en honneur,
« M. Combes a souhaité aux jeunes gens de devenir
« les hommes énergiques, hardis, durs à l'épreuve,
« dont la France a besoin. »

L'ÉDUCATION PHYSIQUE SCOLAIRE

Monsieur le Président,
Mes chers Collègues,

L'art d'instruire dans l'antiquité ne nous a laissé, je crois, aucun document sur l'Education physique dans les Ecoles. Il y a lieu de penser qu'elle n'existait qu'en

---

Cette communication a été également faite :
1° à la Section des Sciences Economiques et Sociales — 9e question du programme — présidence de M. Charles Tranchant.
2° à la Société Française d'Hygiène.
3° à la Société d'Hygiène de l'Enfance.

plein air et en dehors des études, de même que maintenant.

Dans les classes, les écoliers assis croisaient les jambes, et, courbés, écrivaient sur leurs genoux. Cette tradition s'est continuée dans les Universités, mais elle tend à disparaître.

Dans les études on se servait, comme actuellement, de tables à places multiples. Un règlement récent les fixe à deux places, mais elles sont de même hauteur pour tous les élèves de la même salle, sans distinction de taille et sans modification pour la croissance souvent rapide des écoliers.

∴

Dans les écoles primaires, la présence des élèves est de six heures par jour, séparées chacune par quelques minutes d'exercice.

Dans les établissements secondaires, la présence est de huit heures, par séances de deux heures et demie.

Je fais remarquer que ces travaux, assis, sur des tables uniformes, généralement peu en rapport avec la taille de l'écolier, sont fatigants pour la poitrine, en ce sens qu'ils s'opposent au développement du thorax, car les parties comprimées du poumon sur le bord du pupitre ne respirent pas, les parois abdominales prennent un pli transversal et l'estomac est gêné dans son mouvement vermiculaire.

Les autres organes éprouvent le même malaise.

La jeunesse souffrant de l'absence de mouvement et de la monotonie qui brisent ses élans de vitalité, il n'est pas rare que l'anémie survienne et que les élèves prennent les études en aversion.

Nous savons tous que la vue est également en danger, car la distance normale de 0,33 à 0,35 n'étant pas observée, la myopie devient fréquente.

Nous connaissons les critiques générales qui ont été faites et notamment celles de M. le docteur Motais (d'Angers) à l'Académie de Médecine (séances des 27 février et 6 mars 1894).

Il indique : les inflexions que subissent les organes par la position courbée, la déviation de la colonne vertébrale, les dyspepsies, les troubles fonctionnels du cœur, l'estomac refoulé sur la rate et le côlon descendant.

J'en passe, ce tableau est navrant.

Je viens, Messieurs, vous expliquer comment les tables-bancs des écoles peuvent, selon moi, y contribuer.

En effet, la dimension en hauteur des tables en service est la même pendant deux ou trois ans, or, la croissance normale des écoliers étant de 0,06 à 0,08 cent. par an, les oblige à se courber de plus en plus.

Par un tassement sur eux-mêmes, le dos se voûte et, se rapprochant par trop du cahier ou du livre, ils fatiguent les nerfs optiques ; de là, la fréquence de la myopie.

Des novateurs, hommes d'action, ont cherché et pensent avoir trouvé, dans des exercices physiques, en dehors des études, une puissante diversion à la lassitude des écoliers et à l'esprit tendu pour la solution des devoirs.

Ils ont pensé que, en développant les muscles et les tendons, soit par la marche, soit par les jeux, ils seraient plus robustes et plus résistants dans les travaux sédentaires des études.

C'est bien pensé, judicieux même, des Membres de l'enseignement et des familles ont donné leur appui à cette proposition et, dans l'élan général, un certain nombre d'établissements ont été fondés pour offrir aux jeunes gens des jeux d'adresse et d'agilité qui développent leurs goûts pour les exercices corporels.

Parmi ces établissements, il en est un qu'il m'a été donné de connaître plus particulièrement le « Racing-Club. » Une partie réservée du Bois de Boulogne lui a été concédée par le Conseil municipal pour les ébats des sociétaires. Ils se trouvent là chez eux, abrités convenablement de la chaleur estivale.

Les parents qui visitent cet établissement sont charmés et rendent hommage à la sollicitude bienveillante de M. le Préfet de la Seine.

Vous aussi, mes chers Collègues, vous applaudissez à ces bonnes mesures ; peut-être vos fils en profitent-ils.

Après avoir fait la part de ce progrès de nos mœurs, nous sommes bien obligés de faire remarquer que les moins favorisés de la fortune ne peuvent y prendre part et que la cause qui a inspiré ces penseurs n'en subsiste pas moins.

Privés de places publiques, où leur besoin de s'ébattre et de courir à l'abri du danger puisse être satisfait, nos écoliers, dans leur ensemble, n'ont pas l'exercice nécessaire.

C'est pénétré et ardemment convaincu, que je viens, Messieurs, renouveler auprès de vous le vœu qu'une heureuse égalité d'exercice physique existe dans nos écoles et je la trouve possible par le système des travaux alternés assis et debout, par intervales réguliers, sur des tables qu'ils fixent eux-mêmes à leur taille. Ces changements de position ne demandent qu'une minute au plus.

⁂

La Société pour l'Education physique, réunie en Congrès en 1892, a émis le projet : qu'une cote d'état physique soit réservée dans tous les examens et concours de fin d'études, à la vigueur des candidats, à leur adresse, à leur amplitude thoracique, à ce qui est chez l'individu d'ordre perfectible par la culture du corps.

Ce vœu n'a malheureusement pas eu de suite.

Il serait bon, mes chers collègues, d'invoquer son importance, car si cette mesure était appliquée, elle donnerait des points de repère, des comparaisons précises qui, certainement, en provoqueraient l'application générale.

Elle aurait un mérite tout particulier et décisif pour la réforme que je préconise des travaux alternés assis et debout.

Les enfants qui ont pratiqué cette méthode ont obtenu une taille droite et un thorax remarquablement développé. L'état général et la croissance se sont aussi très heureusement accrus et la vue conservée dans tout son éclat.

Les élèves des écoles primaires et des établissements secondaires pourraient obtenir les mêmes bienfaits, au grand avantage de l'esthétique.

Il est bon de faire remarquer que les tables unipersonnelles supprimant le contact immédiat des écoliers, sont en même temps favorables à une discipline aisée, elles évitent la distraction mutuelle, entravent la facilité des copies; or, le travail étant plus personnel, l'esprit est plus actif, plus recueilli, de sorte que l'on peut dire, sans exagération, que le progrès des études serait supérieur.

Une autre conclusion à en tirer, c'est que les écoliers auraient une prestance plus agréable, une démarche plus belle, une taille plus droite et certainement plus élevée, puisqu'ils ne se seraient pas, je l'ai dit, tassés sur eux-mêmes par une station assise prolongée dont la monotonie est si fastidieuse.

Les occasions de punir ayant été moindres, leur naturel serait plus aimant et leur caractère plus confiant, plus tempéré.

Exprimons, si vous le voulez bien, Messieurs et chers Collègues, qu'une École primaire et qu'un Établissement secondaire soient pourvus exclusivement de tables à élévation facultative, afin que les écoliers en fassent un usage suivi dans toutes leurs années d'études.

Par les examens d'état physique de fin d'année, comparés avec ceux que l'on pourrait faire dans d'autres établissements, il en résulterait une expérience sérieuse, digne de fixer l'attention.

J'ai pensé, Messieurs et chers Collègues, que ce sujet d'étude vous serait sympathique.

A. Féret.

CONGRÈS DES SOCIÉTÉS SAVANTES
EN 1896

PALAIS DE LA SORBONNE
Section des Sciences : Médecine

Présidence de M. le Docteur Fernand LÉDÉ

SÉANCE DU 10 AVRIL

L'action des forêts et de l'électricité atmosphérique sur l'hygiène générale.

Monsieur le Président,
Mes chers collègues,

Malgré toutes nos recherches, nous ne connaîtrons jamais que superficiellement les causes du grand « Tout » de l'Univers. Un fait vient souvent détruire l'importance de nos études. C'est à recommencer pour viser plus haut, mais elles touchent à d'autres problèmes très difficiles à expliquer, tant les causes si complexes nous échappent. Raison de plus pour en approfondir les mystères et chercher à nous instruire. C'est le rôle de l'intelligence qui nous a été départie par le Suprême Auteur de toutes choses.

Dans nos entretiens sur l'hygiène, il nous faut parfois porter nos recherches au-delà de nos frontières, car l'air peut, des contrées lointaines, nous apporter des effluves nuisibles à notre existence, en provoquant des épidémies importantes.

Cette communication a été également faite à la *Société d'Hygiène de l'Enfance*, séance du 4 novembre 1895, bulletin n° 30, mai 1896 ; à l'Association française pour l'avancement des Sciences. — Congrès de St Etienne, août 1897.

Nous devons nous en préoccuper en recherchant les moyens de les prévenir par des mesures internationales, comme il en a été déjà question.

Chaque année, nous apprenons que le pélerinage de la Mecque est cause d'une mortalité considérable de pélerins qui, généralement, sont abandonnés sur les chemins. Le soleil dessèche peu à peu leurs cadavres.

Nous savons bien que la Nature prévoyante fait éclore des insectes dévorants qui, leur tâche terminée, meurent et, à leur tour, se trouvent supprimés par d'autres.

La mort, c'est la vie !

Mais quelle cause d'insalubrité pour la contrée et même pour l'Europe par l'empoisonnement de l'air dont la circulation est si active, puisque le plus calme parcourt 8 mètres à la seconde.

Les arbres et les plantes aspirent une partie des miasmes méphytiques qui se dégagent, mais il en existe peu dans ces pays à haute température.

Nos savants craignent que le choléra qui s'y trouve à l'état endémique, ne vienne se communiquer parmi nous — une fois de plus.

Peut-être la Turquie, dans l'intérêt de sa population religieuse, consentirait-elle à tenter des sondages, en vue d'établir des puits artésiens en quantité suffisante, afin de former une suite ininterrompue d'oasis dans cette partie de l'Arabie Pétrée. L'assainissement serait favorisé par des plantations de palmiers, tout en mettant en valeur une contrée aride.

I. — Nos forêts

Si je quitte cette partie du monde pour nous entretenir de la France, je remarque que, autrefois, étant moins peuplée, il se trouvait beaucoup de forêts et de grands bois sur tout le territoire, mais, peu à peu, et surtout depuis 1830, les Autorités Préfectorales ont donné, en grand nombre, des autorisations de défrichements.

II. — Les défrichements

Au début, les terres remplies d'humus par les feuillées séculaires, donnaient d'abondantes récoltes, mais après 15 à 20 années de fertilité, elles se trouvaient épuisées.

III. — Reboisement

Dans quelques localités du département de l'Oise, que je connais, et probablement dans beaucoup d'autres, on donne à ces terres leur précédente destination, au grand profit de la santé publique et même du rendement par la location de la chasse.

Formons, Messieurs, le vœu que le reboisement des terres arides, mais surtout des montagnes soit activé, en y affectant les fonds suffisants ou par des encouragements à ceux qui les possèdent.

D'une part, nous affranchirions nos vallées de dévastations torrentielles et nous formerions une source importante de revenus pour l'avenir, car si la plantation d'un sapin coûte dix centimes, sa valeur est de 70 francs, quatre-vingts ans après.

IV. — Dans les Vosges

Les Vosges en sont un exemple. On a fait au commencement de ce siècle, des plantations de sapins sur les montagnes et aujourd'hui la fortune de leurs possesseurs s'est décuplée. J'y comprends l'Etat et les communes qui en possèdent la majeure partie.

Les anciens du pays m'ont appris qu'il fallait tout d'abord planter des pins sylvestres (que les paysans dénomment pinasse) dont les longues aiguilles jonchant le sol entretiennent l'humidité nécessaire ; et que ce n'est qu'après la coupe partielle des arbres de cette espèce, dont l'ombre est nécessaire aux sapins que ces derniers ont la possibilité de vivre.

V. — Circulation de l'air

L'acide carbonique, les exhalaisons putrides et les miasmes produits si activement par tous les êtres vivants ou morts ne pouvant pas être absorbés immédiatement par les arbres et les plantes, il est évident qu'ils ne restent pas dans l'air ambiant car il deviendrait irrespirable.

Alors, que deviennent ces gaz ? Le soleil et les exhalaisons de la terre pendant la nuit sont des épurateurs importants, les sommets élevés de nos montagnes, les neiges éternelles, les glaciers des pôles, les rivières, les mers viennent y aider, mais tout l'air ne prend pas la même direction.

VI. — Electricité naturelle

Heureusement un agent subtil, qui est dans l'air que nous respirons, qui nous entoure et nous pénètre ainsi que tous les corps quelconques, qui se trouve même dans les profondeurs de la terre, vient compléter leur action.

J'ai désigné l'électricité qui se révèle à nous avec tant d'éclat, quand l'air en est par trop surchargé. Elle renouvelle par elle-même sa substance, de même que les gaz qui alimentent les feux ardents du soleil. Et, toujours en mouvement, elle se porte vers les nuages, son domaine d'attraction.

Quand elle s'y trouve en excès, elle s'enflamme avec détonation, par un courant positif et négatif.

Si l'attraction devient moins intense et que la production d'électricité continue, elle s'enflamme entre les nuages et la terre. Nous ressentons alors les effets de la foudre par des commotions qui blessent ou causent la mort des corps animés, directement atteints par la décharge électrique.

Parfois, l'électricité se condense avec une telle énergie, qu'elle produit, en s'enflammant, des boules de feu, dont la puissance de calorique est telle, qu'à son passage instantané, elle fond des cloches d'église, en causant l'incendie des charpentes du clocher, ou tombe sur des arbres qu'elle réduit en fibres, ou sur des maisons dont elle perce les murs en divers sens.

Elle laisse souvent une odeur sulfureuse.

Ainsi, les orages cessent quand l'équilibre est rétabli.

L'air n'est jamais plus pur qu'après que l'excès d'électricité ayant disparu, l'orage en ait brûlé les parties mauvaises. (1)

Voilà le moyen puissant qu'emploie la nature pour assainir l'air et nous conserver l'existence, après nous avoir donné la vie.

Nous avons tous remarqué que la surcharge d'électricité dans l'air agit sur le système nerveux et produit en nous un sentiment de torpeur. Cet état atmosphérique produit le même effet sur les animaux : les chevaux, les chiens ont l'allure morne. Les oiseaux cessent leurs chants. Ils semblent être dans l'attente d'une agitation violente, d'un ébranlement qui peut leur être funeste.

Je présume que les éclairs qui se produisent le soir, à l'horizon, sont l'indice d'un orage à grande distance

(1) Il porte le nom d'ozone.

dont la détonation ne nous parvient pas ou par des inflammations sans effet détonant.

VII. — Les exhalaisons aqueuses.

Nous savons que les globules aqueux contenus dans l'air sont le produit de l'évaporation des eaux, des parties humides du sol et de nos habitations, aussi bien que celles produites par la dessication des arbres et des plantes ; le soleil en attire toutes les parcelles pour la formation des nuages, suivant le célèbre axiome : « Rien ne se perd, rien ne se crée. »

Avant la condensation qui en détermine la chute, l'eau de pluie, dont les parcelles sphériques si ténues ont été aérées, dans ce que je dénomme le domaine électrique pendant leur long cours, serait supérieure aux eaux de source, si elle n'était dépourvue des sels minéraux utiles à notre organisme et si elle ne s'était chargée des poussières en suspension dans les couches d'air voisines de la terre.

Les toitures de nos habitations, où se trouvent des mousses, des insectes, des déjections d'oiseaux et de quadrupèdes domestiques, en augmentent encore la contamination.

Des expériences précises ont donné la certitude que, au point de vue électrique, les eaux de rivière sont négatives.

VIII. — Electricité des eaux minérales.

Je disais, Messieurs, que l'électricité existe dans les profondeurs de la terre, on l'a en effet trouvée dans les eaux minérales et elle est, à juste raison, considérée comme une des causes de leur vertu curative.

L'analyse ne peut la révéler, mais des instruments de précision en ont donné la preuve certaine.

Le *Journal d'Hygiène*, n° 355, du 10 janvier dernier, contient une analyse documentée sur leur état électrique, par P. Silvestro Zinno, de Naples. Beaucoup de savants auteurs ont publié le résultat de leurs expériences, notamment : Elie de Beaumont, Baumgaster, Marion Rollet et Lecomte; Scoutetten s'est fait remarquer par ses études importantes, aidé par les observations de Becquerel et de Gavarret, Clermont, Frammarel et d'autres savants ont également apporté le tribut de leurs observations intéressantes sur ces faits mystérieux.

IX. — Attractions des vapeurs d'eau

Dans mes excursions dans les Vosges, en faisant l'excursion du « Ballon d'Alsace » à 1150^m d'altitude, j'ai vu des brouillards épais en suspension dans l'atmosphère, attirés vers les nuages avec une force ascensionnelle énorme, une furia; et, tout en s'élançant, ils en laissaient échapper une partie en pluie, ce qui explique la quantité d'averses que les habitants éprouvent dans cette contrée élevée.

Au-dessus des nombreuses forêts de sapins, on voit fréquemment, dans de certaines parties, se former des buées attirées dans les régions supérieures par une attraction considérable. Il me paraît logique de l'attribuer à l'électricité.

X. — Dilatation de l'air par la chaleur

J'ai parcouru une partie de la Tunisie et de l'Algérie, où il fait, dès le mois de mai, une chaleur intense.

L'air, se trouvant dilaté sous l'équateur et les tropiques par l'ardeur du soleil, traverse la zone tempérée et, se portant vers les pôles, produit, par la pression qu'il exerce sur l'air froid et le refoulement qui s'ensuit, une agitation ou des tempêtes dans les contrées qu'il traverse. Les obstacles qu'il rencontre brisent les courants en donnant plus d'énergie à leurs déviations.

Quand l'équilibre est rétabli, sur certains points, le calme y renaît.

La dilatation de l'air chauffé par le soleil forme l'économie et l'instabilité des courants aériens.

Les vents brûlants qui s'échappent avec tant de force de la zone torride sont dénommés ainsi en Afrique :

1° Le Simoun, qui se dirige du Midi au Nord.

2° Le Siroco, s'étendant du Sud-Est sur la Méditerranée.

Parfois ces vents parcourent l'espace inférieur, jusqu'au sol, en desséchant les produits agricoles.

En France, le Mistral, vent violent du nord-ouest, souffle dans les contrées voisines de la Méditerranée. Il fait également un vif tort à l'agriculture.

Sur les mers, l'air refroidi par les pôles revient avec moins d'obstacles, plus rapide, plus violent que sur terre ; il est également soumis aux alternatives de courants en sens contraire, cause de sautes de vents impétueux, de tempêtes et d'ouragans.

Les trombes, les cyclones, les tornades, produits par le contact violent et en sens inverse de ces courants forment des tourbillons, soulèvent des masses d'eau qu'ils refoulent parfois loin du rivage, tant leur force est immense.

Souvent ils sont accompagnés de fortes pluies et d'orages considérables.

Nous en savons quelque chose en France, car dans la saison d'été; nous éprouvons des ravages désolants ; ces phénomènes de l'air ont donc lieu quand le soleil est dans toute sa force.

Ah ! les marins connaissent bien la formation des tempêtes. Par un beau temps et une mer calme, ils aperçoivent à l'horizon un point noir, imperceptible pour d'autres, Successivement il augmente, le vent fraîchit et bientôt des éclairs, le tonnerre et des torrents d'eau viennent mettre les navigateurs en péril. Heureusement que le filage de l'huile, pratiqué sur les côtés du bateau, vient calmer les flots sur son parcours. L'expérience a confirmé ce fait.

L'électricité vient de se manifester dans sa puissance, elle a son cours normal, mais aussi ses cataclysmes. Dans ce cas, elle appelle à elle deux éléments : l'air et l'eau.

L'électricité est en nous, elle nous imprègne, elle est partout. Il s'est trouvé des personnes plus dosées dont le toucher était électrique. De certains poissons donnent une secousse d'électricité. La méduse fait cette sensation. La fourrure des chats frottée au rebours, laisse voir, étant dans l'ombre, de légères étincelles. Les bœufs frottés sur le dos, avec la main ou avec une brosse, en laissent aussi échapper un grand nombre formant une trainée lumineuse ; elles sont d'autant plus intenses que l'animal est en bonne santé.

Dans les fabriques de papier, à l'enroulement du produit sortant à l'état chaud des cylindres sécheurs, j'ai ressenti, en présentant le revers de la main à cinq centimètres de distance, de vives et nombreuses piqûres, causées par les étincelles électriques qui s'en dégagent.

L'électricité que l'on ne connaissait autrefois que par ses ravages fantaisistes, est mieux appréciée maintenant. On se rend compte de son immensité et des bienfaits hygiéniques qu'elle nous rend par destination.

Je résume : l'électricité est répandue partout, elle se renouvelle par elle-même, elle nous aide à vivre en purifiant l'air, nous sentons sa force et son action plus encore que nous ne la connaissons, mais d'après nos indices, nous pouvons la considérer comme un élément indispensable à la vie universelle.

XI. — Electricité scientifique

Depuis que Volta a découvert la pile électrique, les savants ont développé considérablement son invention en l'appliquant non seulement aux sciences positives, mais aussi à la science médicale d'après le diagnostic.

Quand la maladie rompt l'équilibre de nos sens, quelques médecins nous traitent par l'électricité.

Des hommes de génie se succédant dans leurs recherches nous ont donné : le télégraphe, le phonographe, le téléphone, le microphone.

Le Kinetoscope d'Edison, ce grand inventeur, charme nos yeux. Il en est de même du Cinématographe dont les séances sont si attrayantes.

Les dynamos de force ou d'éclairage complètent ces chefs-d'œuvres de notre siècle.

L'électrolyse, ce puissant désinfectant des eaux usées des villes, est un service rendu à l'hygiène. Nous avons vu à l'Exposition d'hygiène de 1896 quelle tend également à servir au filtrage des eaux de rivière.

La force électrique nous donne la plus belle et la plus intense des lumières artificielles, on s'occupe à l'appliquer au chauffage de nos appartements, elle sert à la traction des tramways. Bientôt, elle actionnera les locomotives. Les Ingénieurs sont à l'œuvre.

Les chercheurs sont légions, leurs efforts ne seront pas vains. Aidons-les de nos encouragements. Donnons-leur des récompenses. Soyons accueillants. Sachons les honorer.

A. Féret.

ASSOCIATION POUR L'AVANCEMENT DES SCIENCES

CONGRÈS DE SAINT-ÉTIENNE

Août 1897 (1)

Le harnais du cheval. — Etude sur la suppression des œillères au point de vue hygiénique.

Monsieur le Président,
Mes chers Collègues,

Notre sollicitude hygiénique peut, je crois, sortir de temps à autre du Domaine de la science pure pour s'appliquer aux actualités, de sorte que je viens vous signaler une réforme que j'appelle de tous mes vœux et à laquelle l'autorité que possède notre société ne sera pas étrangère pour l'obtenir.

Je me propose de vous entretenir de l'animal que Buffon a signalé comme étant « la plus belle conquête de l'homme ».

Les vaincus ayant droit à des égards, je viens plaider pour eux.

Messieurs,

Avant de voir disparaître les chevaux de nos voitures publiques successivement remplacés : Aux tramways, par des moteurs à air comprimé, électriques, essences minérales ou à vapeur, et bientôt ceux de nos voitures de place, les voitures de maîtres et les équipages rem-

(1) Cette communication a été également faite à la *Société d'Hygiène de l'Enfance ;* à la Société française d'Hygiène, séance du 12 juin 1897.

placés par des voitures automobiles, je voudrais faire ici un éloge de « client reconnaissant » à une grande Compagnie de transports ; pourquoi ne pas la nommer, et dire hautement : La Compagnie Générale des Omnibus de Paris, pour ses voitures de luxe, d'un confort de 1er ordre, sans distinction de classe, quoique d'un prix modique.

Je lui fais aussi mes compliments sur l'équipement de sa cavalerie. Elle a bien compris la nécessité de lui donner un harnais léger, aussi : quelle liberté d'allure dans la traction, quel trot d'enlèvement ! Elle a mis la beauté chevaline dans tout son éclat et elle emploie principalement nos belles races : La Percheronne, les Normands (de la Seine-Inférieure) et la Boulonnaise, surtout dans ses parcours à grand rendement.

L'équipement est le même pour ses omnibus à deux ou trois chevaux que pour ses tramways à deux ou quatre chevaux.

Je tiens surtout, messieurs, à appeler votre attention sur un fait auquel j'attache une certaine importance et qui se rapporte à l'hygiène autant qu'à la sécurité : c'est que les chevaux de la Compagnie ont la tête libre d'œillères et que le service si actif de ses nombreuses lignes n'en souffre pas. Les cochers font leur service avec une aisance remarquable et nous admirons leur facile direction dans les rues étroites ou encombrées.

Le cheval ayant la faculté de voir en arrière, il suffit au cocher de faire un geste du bras pour donner un élan égal à son attelage. Il n'a besoin : ni de parler, ni de faire usage du fouet.

Les œillères forment un appendice que je qualifie d'anti-hygiénique : par leur poids et le courant d'air vertical accentué par le mouvement de la tête qui se relève et s'abaisse à chaque pas. Au repos, l'air confiné s'échauffe et des cas d'ophtalmie sont à craindre.

La quantité considérable des chevaux à vue courte, atteints de myopie ou de cécité, peut aussi s'expliquer par la fatigue des nerfs optiques déviés par l'obstruction. Le relâchement des œillères occasionné par l'usure de la courroie les supportant, doit aussi y contribuer, car elles viennent flotter trop près des yeux et battre sur les paupières.

Le cheval, délivré de cette entrave, a une grâce fière qui charme et donne à ma pensée — une satisfaction qui me porte à croire que vous la partagez.

Les chevaux de selle, les chevaux de l'Armée — même ceux de l'Artillerie et du Train des Equipages Militaires — ont le regard libre.

En Russie, les œillères sont inconnues.

Où est le danger?

Pourquoi faut-il que nos regards soient choqués par ce fait que les attelages sont presque tous dans le même cas: grands équipages, voitures de maître, voitures de place, de transport, de gros camionnage; les yeux des chevaux sont voilés de ces œillères pesantes qui, à la longue, deviennent affaissantes pour le port de la tête. Parfois elles sont chargées de riches armoiries ou d'élégantes initiales, mais cette distinction n'en modifie pas l'effet lourd et disgracieux.

Si j'avais l'honneur d'être membre de la Société Protectrice des Animaux, j'aurais depuis longtemps demandé la parole pour faire cesser ce que je considère comme un supplice lent, intolérable, et j'admire, tout en la plaignant, cette placidité du caractère hippique, de ne pas se montrer intraitable contre cet abus révoltant que l'autorité de l'homme lui inflige.

Que peut-on invoquer pour justifier les œillères?

Le cheval aurait des peurs subites, son attention serait distraite, on courrait des risques de ses écarts, etc. Je ne mets pas en doute qu'il n'y ait des chevaux à vue sensible ou d'un caractère ombrageux pour lesquels les œillères sont nécessaires, de même que l'on met une muselière à ceux qui cherchent à mordre. Dans tous les faits, il y a des exceptions.

C'est pourtant moins par la vue que par l'ouïe, que le cheval est sensible à l'instinct de la conservation ; les inflexions de ses oreilles l'indiquent assez.

Les selliers, industriels éclairés, suivent donc un mode général insuffisamment justifié.

Prenons pour exemple le cheval à deux fins : s'il est monté, sa tête est libre d'œillères, s'il est attelé, il en est pourvu. Faut-il donc faire un choix dans le danger...

En me renseignant auprès des professionnels, quelques-uns m'ont assuré que le harnais est plus élégant avec œillères ! A mon avis, le véritable goût exige que la tête, comme le corps des chevaux, ne soit pourvue que des courroies strictement nécessaires ; mais ici la question hygiénique et de la conservation de vigueur de l'animal est au premier plan.

Un autre point de vue est la vitesse à obtenir des voitures de place pour notre arrivée à destination. Le cheval portant sur la tête une surcharge continue, un poids mort, sans utilité, l'oblige à une allure placide, morne, ou à des mouvements de tête désordonnés, inexpliqués, par lesquels il espère vainement réussir à s'en débarrasser. Cette surcharge d'œillères est d'environ 750 grammes pour les voitures de luxe, 850 grammes pour celles de second rang ; elle atteint près d'un kilogramme pour les attelages ordinaires.

On modère par une surchage plombée de 2 à

3 kilos, quelquefois plus, placée sur les reins, l'ardeur des chevaux de course qui ont gagné de grands prix, quand ils sont admis à en courir d'une valeur moindre.

Il serait contraire aux vues générales de modérer la traction de nos chevaux d'attelage par une surcharge constante, journalière et placée sur la tête. Cette tactique userait les forces de l'animal et causerait sa fin prématurée.

Quand l'âne se trouve trop chargé, il se roule par terre pour se débarrasser du tout. Le cheval, de caractère débonnaire, n'a pas de ces malices, il souffre en silence, tombe et meurt, même sans se plaindre.

Apprécions donc la douceur et le courage dont la nature l'a doué pour le bien traiter.

C'est l'animal qui nous rend le plus de services.

Et au physique, n'est-il pas le mieux proportionné ? Sa belle tête, sa jolie crinière, son ardeur et son agilité, le rendent superbe, il est l'animal le plus beau de la Création ; aucun autre ne peut lui être comparé.

Il n'a certes pas besoin d'apparat étranger.

Enlevons-lui les œillères !

Je fais appel aux Sociétés hippiques, aux Compagnies et aux Entrepreneurs de voitures publiques, aux nombreux Propriétaires de voitures, je les adjure de faire cesser l'anomalie que je signale quand elle ne sera pas exigée par l'état des yeux ou le naturel indiscipliné du cheval.

La logique, l'esthétique publique en réclament le sacrifice. En l'accordant au noble animal, leur compagnon de route et d'agrément, souvent au collaborateur de leurs travaux, ils éprouveront l'agréable satisfaction du bienfait et en même temps l'économie de la fourniture et des réparations fréquentes. A. Féret.

POST SCRIPTUM

J'ai tenu, mes chers collègues, à documenter mon étude avant de vous la présenter.

Je me suis donc rendu :

A l'Ecole vétérinaire d'Alfort ;

A la Direction de la Compagnie générale des Voitures de Paris ;

Auprès de M. Blanc, vétérinaire, inspecteur de la cavalerie de la Compagnie générale des Omnibus de Paris.

Chez M. E. Decroix, ancien vétérinaire principal de l'armée, Président honoraire de la Société protectrice des animaux.

J'ai pensé qu'il pourrait vous être agréable de connaître les « interviews », de sorte que je vous en donne ici le résumé.

***

M. Trasbot, Directeur de l'Ecole vétérinaire d'Alfort, m'explique: que les œillères ne sont pas nuisibles par elles-mêmes à la santé du cheval. Elles sont un ornement ou un effet disgracieux : affaire de mode.

MM. les professeurs Lignières, Barrier et Nocard, ce dernier, professeur d'anatomie.

Pour ces Messieurs, les œillères empêchent le cheval de discerner d'où vient le bruit qu'il craint, et quand la cause arrive, il en est surpris. Ils en verraient sans regret la disparition, sauf pour les chevaux qui auraient une crainte exagérée, persistante.

La Direction de la Compagnie générale des Omnibus considère les œillères comme étant une gêne pour la mise en marche après chacun des arrêts.

Si l'ensemble n'a pas lieu, le cheval tirant le premier

fait trop d'efforts et contracte une hernie. Le fait s'est produit nombre de fois. Les omnibus à trois chevaux présentent encore plus d'inégalités dans le tirage.

M. A. Blanc, vétérinaire, inspecteur de la cavalerie de la Compagnie générale des Voitures de Paris, me dit que la Compagnie s'occupe de la question et qu'elle est favorable à la suppression des œillères. L'opinion dominante du Conseil est que le cheval ne voyant que l'ombre des choses, au lieu de les saisir totalement par la vue entière, est plus sensible à la peur.

M. Bixio, Directeur de la Compagnie, est partisan de la disparition des œillères et, de plus, les a fait supprimer à son attelage particulier. Son cocher, consulté, était opposant, objectant qu'il ne répondait pas des accidents. Maintenant, il est enchanté et déclare que ses chevaux sont plus dociles et plus faciles à conduire.

M. E. Decroix, ancien vétérinaire principal de l'armée, Président honoraire de la Société protectrice des Animaux, est partisan de la suppression des œillères et très satisfait de voir qu'elle soit mise en discussion devant la Société française d'Hygiène. Il a rédigé à ce sujet un article important qui a été publié au Bulletin de la Société protectrice des animaux.

Cette étude est pleine de renseignements techniques et il est bon de la lire.

M. Decroix explique que les coups de fouet sont appliqués au cheval sans qu'il les ait vu venir, tandis que, ayant les yeux à découvert, il peut apercevoir la menace et activer l'allure sans que le conducteur soit obligé d'appliquer le coup.

Il ajoute qu'au point de vue psychique, les œillères

sont propres à rabaisser notre plus utile auxiliaire à l'état de machine.

Il rappelle que, dans l'armée, les œillères ne sont pas appliquées.

En Tunisie, les chevaux des Arabes sont pourvus d'œillères, mais d'une dimension plus grande formant paravent plat.

Elles sont utiles contre les sables soulevés par le simoun et leur réverbération, elles forment un abri contre l'ardeur du soleil. La beauté des ornements indique la richesse du possesseur. Il en est de même dans toutes les contrées musulmanes.

Telles sont, Messieurs, les opinions autorisées qui militent en faveur du sujet que j'ai eu l'honneur de traiter devant vous.

A. F.

BANQUET OFFERT A M. A. FAILLIOT

MAIRE DU IVe ARRONDISSEMENT

Président de la Chambre syndicale des Papiers en gros

A l'occasion de sa nomination de Chevalier de la Légion d'honneur

---

Messieurs et Chers collègues,

En nous proposant de donner à ce banquet la présidence d'honneur à M. Henry Boucher, Ministre du Commerce, de l'Industrie, des Postes et Télégraphes, vous avez traduit le sentiment général.

Il y a droit à plusieurs titres: par son rang et par l'objet de notre réunion.

De plus, il est notre collègue comme Fondateur d'une usine importante qu'il a su, en peu d'années, élever au premier rang par l'ampleur de son esprit d'initiative et de ses connaissances techniques.

Je suis donc aussi heureux, messieurs et chers collègues, de complimenter M. Failliot, notre cher Président, que de féliciter M. le Ministre d'avoir donné satisfaction aux vœux de la Chambre syndicale des papiers en gros, en le nommant Chevalier de la Légion d'honneur.

Nous saluons en M. Failliot: l'administrateur public, le Président de la Société de secours mutuels de la

Papeterie, le Président de la Chambre syndicale des Papiers en gros et le commerçant habile, actif ; nous reconnaissons en lui un homme supérieur que nous honorons, que nous aimons, que nous avons en affection.

Je porte, Messieurs, un toast à M. Henry Boucher, Ministre du Commerce ; à M. Failliot, en même temps que je bois à la prospérité de la Papeterie.

A. FÉRET.

Samedi, 29 juin 1896.

EXPOSITION DU THÉATRE ET DE LA MUSIQUE

PALAIS DE L'INDUSTRIE

Banquet du 28 Octobre 1898

Présidence de M. Henri BOUCHER, Ministre du Commerce et de l'Industrie

Monsieur le Ministre,
Messieurs,

Le Palais a présenté cette année une parure artistique.

Le magnifique atrium de l'orchestre avec ses colonnades et ses échappées d'azur, la toile gigantesque représentant Notre-Dame de Paris dans tous ses détails, les façades si pittoresques des boutiques avec leurs enseignes oscillantes, donnent bien la physionomie du Paris d'autrefois, que les joyeuses tabarinades ont gaiement complété ; aussi le public charmé a-t-il applaudi à cette nouveauté.

M. Abaye, directeur, et M. Lartigue secrétaire-général, ont été vraiment bien inspirés.

Ce Palais de l'Industrie qui va disparaître, témoin de tant d'efforts de la part des Industriels sera, au moment de sa disparition, l'objet d'un regard attendri, aussi conservera-t-il notre souvenir.

Beaucoup d'entre nous se demandent avec anxiété où ils pourront exposer les années prochaines en attendant la grande œuvre de 1900, confiée à M. Picard, le savant et prudent Ingénieur.

Messieurs et chers Collègues, n'ayons crainte, sachons nous en rapporter à celui qui nous fait l'honneur de nous présider, à M. Henry Boucher, Ministre du Commerce et de l'Industrie. Il saura bien nous donner un emplacement convenable puisque nous sommes sous sa tutelle administrative et qu'il tient à connaître personnellement nos efforts annuels.

Nous avons en lui, Messieurs, un industriel de marque dont je connais particulièrement l'activité, il sait apprécier, il connaît le prix du labeur auquel nous nous livrons pour satisfaire au Progrès, objet de nos études incessantes.

Je porte, Messieurs, un Toast à M. le Ministre du Commerce et de l'Industrie, à M. le directeur de l'Exposition et à son dévoué collaborateur, secrétaire général.

A. Féret.

COMMUNE DE THIEUX, par Froissy (Oise)

M. ÉDOUARD MARTIN, Maire

Inauguration d'un mobilier scolaire à élévation facultative

Présidence de M. CHEVALLIER, député de l'Oise

4 octobre 1896

Monsieur le Président,
Monsieur le Maire,
Messieurs les Conseillers,

En me reportant à l'époque où mes enfants étaient aux études, j'ai été particulièrement frappé du fait si général : qu'ils se courbaient fortement, en appuyant leur poitrine sur le bord du pupitre dans leurs travaux écrits.

Je les engageais à se tenir plus droits, mais en les voyant bientôt reprendre leur attitude précédente, je répétais la même observation qui suivait le sort de la première ; je veux dire qu'elle n'était pas suivie.

Je croyais d'abord à un laisser aller qui leur était particulier, mais en remarquant que beaucoup d'autres enfants avaient aussi un penchant invincible à se tenir courbés, j'en conclus que c'était irrémédiable.

Pourtant, me disais-je, il serait facile d'éviter cela par des tables individuelles pouvant être surélevées par les écoliers, suivant leur taille, et à mesure de leur croissance.

Mes affaires commerciales m'entraînaient loin de ce projet, pourtant j'y songeais et j'amenais souvent mes conversations sur ce sujet dans la pensée qu'étant pris en considération par quelqu'un du métier, il s'emparerait de l'idée pour lui donner suite, mais en vain, personne n'y faisait accueil.

Bien qu'aimant les améliorations et modifiant ce qui me paraît défectueux, il n'entrait pas dans ma pensée de me rendre fabricant. C'est pourtant ce que je fis, dans un but d'utilité générale.

Je fis donc appeler mon ébéniste, et, lui exposant mon plan, nous allâmes choisir les ferrures nécessaires. Il construisit, selon mes instructions, une table scolaire à élévation facultative.

Je la fis connaître à plusieurs de mes amis qui, non-seulement approuvaient l'idée, mais me chargeaient de leur en fournir une semblable.

Ceci se passait en avril 1885.

Sur ces entrefaites, j'appris que la ville de Beauvais organisait un concours régional, j'obtins un emplacement et j'exposai la table.

Un diplôme d'encouragement me fut décerné.

L'année suivante, au Palais de l'Industrie, j'exposai à nouveau et une médaille de bronze fut ma récompense.

Dans ces intervalles, l'invention s'améliorait.

Les jurys des Expositions annuelles, auxquelles je prenais part, remarquant les améliorations que j'apportais, élevèrent successivement la valeur des diplômes, de sorte que l'Exposition universelle de 1889 me fit obtenir une médaille d'argent.

Actuellement, 10 médailles d'or et 17 diplômes d'honneur forment le contingent de mes récompenses supérieures.

Afin de donner plus d'expansion à l'idée, je pris part aux Expositions étrangères : Tunis, Hanoï, Barcelone, Vienne, Mustapha (Alger), Anvers, Bruxelles.

Des titres honorifiques me furent même décernés par les Gouvernements de ces trois premiers États.

Ce n'est nullement, Messieurs, par ostentation, que je vous donne ces explications, mais seulement pour vous faire apprécier le chemin parcouru, depuis la création de ce meuble.

Ce que l'on estime dans le système de l'élévation facultative de la Table scolaire, c'est la position droite, bien campée de l'écolier qui se tient à distance du bord du pupitre et, comme conséquence, de 0,33 à 0,35 du cahier ou du livre, suivant la prescription des oculistes, pour la formation du rayon visuel.

On accusait bien haut le système des études, que que l'on qualifiait de « surmenage et de sédentarisme. »

En effet, la tête baissée anormalement, congestionne le cerveau. L'absence de mouvement constitue le sédentarisme. On avait aussi remarqué divers symptômes inquiétants pour la santé, car : l'estomac, le cœur, le foie, les poumons sont affectés par la courbure habituelle.

Un médecin éminent, M. le docteur Motais (d'Angers), en a fait une étude précise et l'a communiquée à l'Académie de Médecine dans ses séances de 27 février et 6 mars 1894.

L'Académie, frappée de la gravité des faits signalés par M. le docteur Motais, chargea MM. les docteurs Panas et Javal de les étudier.

Non-seulement leur rapport fut favorable, mais ils

proposèrent à l'Académie de lui voter des remerciments. — Adopté.

L'approbation de cette grande Assemblée a une portée toute particulière. Les médecins étant nos guides, nous devons suivre leurs avis. Il était donc indispensable que chaque écolier puisse éleverla table à sa taille. Dans ce cas, elle devait être unipersonnelle, et d'une élévation suffisante pour alterner les travaux assis et debout. Elle est en même temps une sauvegarde contre la disposition naturelle qui porte les élèves à causer, dissipation souvent punie; elle est aussi un obstacle aux copies de l'un à l'autre, de sorte que le travail étant plus personnel, le progrès des études est supérieur. A la satisfaction du Maître, la discipline est plus aisée. Les occasions de punir étant moindres, le naturel des enfants est plus aimant, leur caractère est plus droit, plus confiant et plus égal. Voilà pour le côté hygiénique et moral.

Au point de vue physique, les avantages sont remarquables. Nous savons que, fatigué d'être assis, l'écolier, tendant le dos, se tasse sur lui-même par la lassitude qu'il éprouve, la monotonie lui pèse. L'anémie, la lourdeur des idées, la nonchalance, qui attirent les peines disciplinaires, amènent souvent un découragement et une aversion pour les études.

C'est pour y obvier que les travaux alternés, assis et debout, doivent être institués. Ce changement instantané, pour ainsi dire, est un stimulant et une heureuse diversion à la tension d'esprit nécessaire à la solution des devoirs.

Je résume, Messieurs, toutes les personnes qui se sont occupées de l'hygiène scolaire supposaient que les inconvénients cités plus haut étaient le fait des études, tandis que la cause en apparaît toute matérielle.

J'estime que la solution se trouverait résolue par l'emploi de la Table à élévation facultative.

On accuse notre pays d'être rebelle au progrès; on critique notre routine. Pourtant, les Ministres qui se succèdent recommandent d'agir et d'espérer mieux. Ainsi, M. Combes, alors Ministre de l'Instruction publique, qui, en avril dernier, présidait les fêtes de gymnastique, à Mustapha-Alger, rappelait les efforts faits depuis vingt-cinq ans pour remettre la gymnastique en honneur, et, en terminant, il souhaitait aux jeunes gens de devenir les hommes énergiques, hardis, durs à l'épreuve, dont la France a besoin.

J'ai pensé, Messieurs, que ce souhait pouvait avoir son application, en ce qui concerne l'enfant à l'école, puisqu'elle est la pépinière des jeunes gens auxquels le Ministre faisait allusion.

Cette gymnastique fréquente, de tous les jours, de chaque heure, vous la trouvez dans les exercices alternés, dans la tenue à droite et à gauche, étant debout.

Vous êtes charmés de voir cette admirable tenue que chaque écolier obtient tout naturellement, par le seul fait de l'élévation de la Table à la taille de chacun d'eux.

Les expérimentations qui viennent d'être faites devant vous, les réponses que vous avez provoquées des écoliers, celles si précises de ceux qui déclarent ne pouvoir se tenir courbés suivant leur habitude, sont pour vous une garantie que les enfants de votre excellente commune auront cet aspect martial que l'on estime chez les garçons.

Et, pour vos filles, ce maintien aisé et agréable, que l'on aime à remarquer en elles.

Remercions M. Chevallier, notre sympathique député, qui a bien voulu se joindre à nous pour rehausser cette fête scolaire et prions-le d'être auprès de M. Félix Faure, Président de la République, l'interprète de nos sentiments de profonde estime et de respectueux dévouement.

Vive la République,
Vive la Commune de Thieux.

A. Féret.

EXPOSITION NATIONALE ET COLONIALE *DE ROUEN*

Présidence de M. PICARD,
Commissaire-Général de l'Exposition de 1900

Banquet du 17 octobre 1896

Monsieur le Président,
Messieurs,

La ville de Rouen peut, à juste titre, être fière de son Exposition, elle a reçu un nombre considérable de visiteurs qui ont été charmés de l'heureuse disposition adoptée, du magnifique vestibule qui la précède, où se trouvent tant d'œuvres du grand art de la sculpture.

Ensuite, les regards sont attirés sur les deux salons de peinture où de nombreuses toiles de mérite captivent l'attention des connaisseurs.

Du reste, la ville de Rouen s'honore d'être la Patrie de grands artistes et d'hommes de lettres les plus illustres. Il n'est besoin que de citer : Géricault et les deux Corneille.

Nous devons aussi féliciter le Comité sur la reconstitution du Vieux Rouen, idée artistique qui a beaucoup de succès. Applaudissons l'architecte de son érudition et de ses efforts, car il a su donner aux bâtiments, aux boutiques des artisans et aux costumes, l'illusion de la réalité ; aussi, les éloges sont-ils unanimes.

Je trouve, Messieurs, que les Expositions des villes sont une excellente chose, elle provoquent des embellissements, une parure qui développe l'esthétique générale et une émulation qui a son bon côté.

A ce titre, les produits exposés y contribuent, puisqu'ils sont l'expression la plus moderne du talent des industriels.

Enfin, la ville de Rouen, laisse ses visiteurs sous le charme par ses monuments aussi nombreux que grandioses, il suffit de rappeler l'église Saint-Ouen, ce magnifique bijou d'architecture, les musées, ses larges rues et ses grands boulevards.

Citons particulièrement comme points de vue : la Rampe Bouvreuil et la Fontaine Sainte-Marie.

Le Jardin des Plantes mérite une mention spéciale par le talent de ses jardiniers horticoles.

Je ne voudrais pas oublier le square Solférino et le Palais de l'Exposition.

Je tiens surtout à citer le magnifique réseau de tramways électriques dont les trajets sont si prompts et les voitures si confortables.

Les efforts de la municipalité sont très justement appréciés. La ville de Rouen représente la grande industrie des tissus qui porte son nom et celle de l'industrie des machines. Qu'elle continue à aller de l'avant, elle augmentera encore son éclat.

Messieurs, je porte un toast à la ville de Rouen, une des gloires de la France, à sa municipalité, au Comité de l'Exposition, à son président, M. Knieder, l'habile organisateur, à son dévoué et actif collaborateur M. Garnier, secrétaire général.

Messieurs, la présence de M. Picard, le savant ingénieur, Directeur de l'Exposition universelle de 1900, est pour nous une haute satisfaction puisque, représentant le Gouvernement, il nous fait l'honneur de présider ce Banquet.

A. Féret.

SOCIÉTÉ FRANÇAISE D'HYGIÈNE

Présidence de M. CACHEUX

SÉANCE DU 8 JANVIER 1897

Le Lait complet

De toutes les adultérations auxquelles on soumet le lait, cette nourriture substantielle et naturelle de l'enfant, il en est une, pratiquée trop généralement, et de laquelle on ne s'occupe peut-être pas assez.

En effet, des inventeurs ingénieux ont donné une perfection idéale aux instruments d'écrémage.

Dans des établissements importants, cet écrémage a lieu à l'aide d'un moteur faisant tourner avec vitesse un vase rempli de lait ; la crème, plus légère, montant à la surface, remplit des palettes concaves qui la recueillent à mesure de sa formation en la déversant dans un autre récipient.

Cette opération mécanique, répétée sur la totalité, ne demande, pour chacune d'elles, que quelques minutes, afin de n'en extraire que la quantité que l'on a en vue ; mais, quelle qu'elle soit, elle enlève au lait la meilleure partie de sa richesse nutritive.

On fabrique des fromages à la crème, double crème, suisses, etc., et l'on vend chez les crémiers, les restaurants et les cafés, des pots de crème dont l'aspect onctueux charme les yeux et donne au palais une saveur délectable ; c'est parfait et satisfaisant pour les gourmets et les friands.

Ce qui l'est moins, c'est que ce lait, pouvant être garanti pur et sans addition d'eau, le public compte sur la sincérité de cette affirmation, sans se douter que

---

Cette communication a été également faite à la Société d'Hygiène de l'Enfance, séance du 5 avril 1897, bulletin n° 48, avril 1897.

l'écrémage a altéré sa qualité ; ainsi, une mère achète du lait indiqué pur auquel elle met le prix demandé, mais duquel on a peut-être extrait la partie substantielle. Si l'enfant est jeune, le lait est coupé avec de l'eau, suivant la prescription médicale.

Mais, alors, qu'en reste-t-il ?

Quelle nourriture lui donne-t-on ? Un breuvage insuffisant qui laissera l'enfant débile, sans vigueur et disposé à subir les indispositions auxquelles les êtres faibles sont sujets.

M. le Dr Gyoux, directeur du journal l'*Hygiène de la Famille*, à Bordeaux, publiait, en novembre dernier, un arrêté du maire, affiché dans toute la ville, enjoignant aux débitants d'indiquer la mention « Lait écrémé », sur les vases où il se trouve contenu, en les prévenant, qu'au cas où il serait constaté que le lait écrémé ne porterait pas cette inscription, il serait saisi, et procès-verbal intenté contre le délinquant.

Il me paraît désirable que cette mesure devienne générale, afin d'assurer la vente aussi certaine que possible du lait complet, mesure à laquelle la Société française d'Hygiène donnera son appui, en proposant que les vases contenant le lait complet portent l'indication en mêmes caractères : « Lait pur non écrémé ».

A. Féret.

A la suite de cette communication, M. J. Bruhat, mon collègue de la Société Française d'Hygiène, a entrepris au nom de la Société, une vaste enquête auprès des grandes Villes où il a constaté que suivant les contrées, l'écrémage est, ou non, considéré comme délictueux. Cette enquête a provoqué des discussions importantes dans les journaux d'hygiène et autres organes.

BANQUET

OFFERT A M. LE DOCTEUR NAPIAS

Chevalier de la Légion d'Honneur
Secrétaire général de la Société de Médecine publique et d'Hygiène générale

A L'OCCASION DE SA NOMINATION DE MEMBRE DE L'ACADÉMIE DE MÉDECINE
Soirée du 9 avril 1897.

Messieurs,
Mes chers Collègues,

Je suis heureux de me rendre à l'appel des organisateurs de ce banquet. Ils ont pensé, avec raison, que l'assistance serait nombreuse et composée des amis sincères de M. le docteur Napias, pour le féliciter de son admission à l'Académie de Médecine.

Tous ceux qui le connaissent apprécient l'aménité de son caractère, son profond savoir, sa bienveillance et son empressement auprès de ceux qui réclament ses conseils éclairés.

Les connaissances hygiéniques ont en lui un éloquent interprète, et, si cette science n'est pas encore entièrement ouverte, il est un de ceux qui élargiront ses portes.

M. le docteur Napias est un chercheur, et, par cela même, un érudit, et, ce qu'il sait, il aime à le faire connaître — non pas vainement — mais comme un fait étudié dont nous pouvons tenir compte.

Nous faisons bien de fêter un tel homme, il est modeste, tenace dans ses travaux, car il ne quitte son sujet qu'après l'avoir épuisé.

Je porte, Messieurs, un toast à M. le docteur Napias, et à l'Académie de médecine, illustre assemblée de savants qui aura en lui un de ses meilleurs membres.

A. FÉRET.

CONGRÈS DES SOCIÉTÉS SAVANTES EN 1897

PALAIS DE LA SORBONNE

Section des Sciences Médicales et d'Hygiène

Présidence de M. le Docteur LE ROY DE MÉRICOURT

SÉANCE DU 21 AVRIL 1897

De l'emploi des dalles en verre dans les constructions d'habitation et des établissements scolaires.

Monsieur le Président,
Mes chers Collègues,

L'art de bâtir a fait de grands progrès depuis cinquante ans, et nous remarquons, avec un vif intérêt, les recherches continuelles de nos architectes pour augmenter le luxe, le confort et l'hygiène dans nos habitations : salles de bains, calorifère général pour chauffer le vestibule et les appartements, électricité les éclairant, ascenseur les desservant, téléphone rapprochant les distances, étoffes remplaçant la peinture dans les panneaux des salons et des escaliers; tapis moelleux garnissant les vestibules et les marches; sièges de repos sur les paliers et quelquefois des glaces pour ajuster sa toilette.

Et, ce n'est pas la fin, attendons la suite.

J'ai aussi remarqué des cuisines où se trouvent des

Journal Officiel du 22 avril 1897.

Cette communication a été également faite :

A la Société française d'Hygiène, séance du 14 janvier 1897, bulletin n° 1060 ;

A la Société d'Hygiène de l'Enfance, séance du 8 décembre 1896, bulletin n° 44 ;

A l'Association française pour l'avancement des Sciences. — Congrès de Saint-Etienne, août 1897.

égouttoirs ingénieux et des barres en fer avec crochets mobiles pour y fixer les casseroles. Je néglige de citer : « gaz et eau à tous les étages », puisque nous en sommes en possession.

Cependant, il est une ombre au tableau, au sens vrai du mot ; les entrées et les vestibules des appartements ont souvent une insuffisance de clarté ; l'auteur des plans a dû, en ne trouvant pas d'autre solution, le regretter vivement.

A part cet inconvénient, que mes études tendent à supprimer, nous rendons hommage à nos architectes, dont le talent de conception est si remarquable.

Proposons-leur pourtant l'emploi fréquent des dalles en verre, à ces parties du bâtiment, à chacun des étages, que la toiture éclairerait verticalement, étant elle-même vitrée aux points voulus.

Les sous-sols des constructions seraient parfaitement éclairés par l'emploi de dalles en verre, ce qui permettrait l'agrandissement des magasins, en donnant un accès facile au public.

On peut également s'en servir pour ateliers. Etant ventilés et chauffés, suivant les saisons, le travail y serait rendu agréable et sain.

Cette installation serait également favorable aux restaurants, aux cafés, salles de consommation, de billard, etc.

Le plancher des sous-sols étant également construit avec des dalles en verre, le service des caves de ces établissements pourrait être fait sans lumière artificielle.

En supprimant les briques et le plâtre, dont l'emploi demande tant d'eau, les planchers dépourvus de ces matières absorbantes de l'humidité ambiante, seraient plus sains. On les rendrait plus agréables à la vue, en plaçant des verres à dessins gauffrés sur l'aile inférieure des solives, comme je l'explique à la page suivante.

L'éclairage électrique étant établi dans l'espace libre, comme je l'expliquerai bientôt plus amplement, on obtiendrait des résultats dont je laisse l'appréciation.

Dans les magasins où se trouve une cour abritée d'un comble vitré, où des caves ne sont pas nécessaires, on peut se servir du deuxième sous-sol comme magasin, le plancher étant éclairé par les deux planchers au-dessus. On obtient un assainissement parfait dans cette profondeur, par un bétonnage de 35 centimètres d'épaisseur sur toute la surface du terrain avant de bâtir; les fondations étant assises dessus, les pierres se conservent saines. Le béton étant recouvert d'une couche de bitume, les marchandises les plus délicates n'ont rien à craindre de l'humidité.

Je puis, Messieurs, vous assurer, par une expérience personnelle, que les dalles en verre, en deuxièmes sous-sols, éclairent très bien, je dis très bien; on trouve une réelle satisfaction de se trouver en possession de la lumière solaire à 5 ou 6 mètres de profondeur, qui, à l'inverse de la lumière artificielle, ne donne pas d'ombre.

L'absence de combustion est aussi favorable à la vue qu'à l'hygiène.

Peut-être objectera-t-on, que le verre étant fragile, la casse serait onéreuse. Ma réponse serait celle-ci : ces verres ayant 0,025 ou 0.030 d'épaisseur, sont par cela même solides, la charge est sans effet sur eux, ils ne craignent qu'un choc violent. Dans des cours pavées, où se trouvent quelques dalles en verre, elles résistent au pas des chevaux et au roulement des voitures pesamment chargées.

J'ajouterai, que, s'il s'en cassait quelques-unes,

l'économie de la lumière en serait peu atteinte.

Le prix d'établissement des planchers en dalles en verre est rendu peu dispendieux en abandonnant l'emploi des cadres en fer cornières à plusieurs compartiments, dont le prix est élevé, en les remplaçant par des cornières de 0,025 de haut sur 0,002 d'épaisseur, placées sur les deux côtés de la pièce, et, de fers à vitrages en même force, le tout posé en barres, à l'état libre, sur l'aile des solives. Avant la pose, elles devront être dressées à froid sur une enclume.

Si ces solives sont fixées dans l'âme des poutrelles, des lambourdes en donneront le niveau. Dans ce cas, les fers à vitrages y seront fixés par quelques vis, ce qui suffit pour maintenir ces lambourdes et ces fers.

Le prix de ces fers légers est six fois moins élevé que les cadres et leur poids cinq fois moindre. Les verres sont posés sur ciment, par un maçon, à raison de 15 mètres par jour, même sans en avoir l'habitude. Il est inutile de caler avec de petits morceaux de bois, comme on le fait avec le mastic à l'huile.

On aurait des planchers plus légers et on en diminuerait l'épaisseur, en employant des fers à larges ailes dont la résistance est supérieure.

Dans certains cas, on peut établir des planchers de peu d'épaisseur, comme suit :

Solives à larges ailes.	0.080
Cornières et fers à ⊥ simple. . .	0.015
Dalles en verre de 0.025	0.025
Ciment Portland.	0.010
Ensemble. .	0.130

Les solives seront placées dans la direction de la

lumière afin d'éviter l'ombre. Elles peuvent être espacées à environ 0,65 d'axe en axe.

Les verres seront posés à la jonction de ces axes. De verre à verre, le jointoiement exige 0.010, mais, sur le fer, 0.005 suffit.

On obtient des plafonds très élégants, en plaçant tout simplement, sur les ailes inférieures des solives, des verres dits spéciaux, de la manufacture des Glaces de Saint-Gobain, aux dessins gaufrés, si variés, reflétant la lumière.

Peut-être que d'autres manufactures en produisent aussi.

Cette disposition d'établissement formant des parties libres, on pourrait y placer des fils électriques, pour actionner des lampes à arc pour l'éclairage, de sorte que l'on obtiendrait, tout à la fois, le plafond et le plancher éclairés à peu de frais.

Les hôpitaux, les hospices, les maternités, les maisons de santé, les casernes, les écoles, collèges et lycées, établis dans ces conditions, l'assainissement en serait supérieur et l'aspect plus agréable.

Pour les magasins, les salles de réception, de bal et les théâtres, ce serait splendide, féerique, avec chances d'incendie en moins.

J'appelle, Messieurs, votre attention sur l'utilité de cet éclairage diurne et nocturne, pour nos écoles qui reçoivent et recevront de plus en plus des cours d'adultes, dont le besoin s'impose pour conserver l'instruction acquise, et l'augmenter par des leçons de choses et des cours familiaux d'éducation qui en seraient un heureux complément.

Les salles de classes et d'études, où le jour n'est admis que d'un côté, seraient d'autant mieux éclairées que la toiture serait entièrement vitrée. Les verres striés sont préférables en ce qu'ils brisent les rayons solaires.

Les murs de façade étant supprimés par l'emploi des colonnes en fonte supportant un vitrage continu, il n'y aurait pas d'ombre. Heureux effet pour la la vue des écoliers !

Voilà, Messieurs et chers Collègues, un idéal facile à réaliser, autant que favorable à nos enfants aux études.

L'assainissement et l'hygiène seraient constants par la facilité du nettoyage et d'un lavage aussitôt sec et inaltérable pour la construction — problème recherché depuis longtemps.

Dans toutes les constructions à grandes surfaces, les dalles en verre éclaireront les étages au-dessous.

Les planchers, sans briques et sans plâtre seront plus légers ; de là, économie sur la force des fers, tout en supprimant une cause d'incendie — par le parquet.

En prenant pour exemple les grandes casernes construites à Paris de 1852 à 1870, je remarque :

1° Le côté sur cour, bien éclairé par de larges baies, est uniquement affecté au passage.

2° Le côté sur rue, aussi bien éclairé, est seul habitable.

3° L'espace du milieu, entièrement sombre, occupe presque la même largeur que le passage désigné au paragraphe premier.

Il n'est besoin, pour s'assurer du fait, que de visiter la caserne Lobau, annexe Est, de la Préfecture de la Seine, où la partie du milieu étant sombre, est sans utilité, les garçons de bureau seuls s'y trouvent, éclairés par une lampe.

Que faudrait-il pour augmenter l'étendue du service administratif des bureaux ?

1° Vitrer la partie de toiture, au-dessus de la partie du milieu, actuellement sombre et inhabitable.

2° Enlever le parquet et le briquetage entre les solives à chacun des étages.

3° Les remplacer par des dalles en verre.

4° Disposer le passage actuel pour des bureaux nouveaux.

La partie réservée au passage se trouverait suffisamment éclairée par les dalles en verre. On assurerait l'aération par des bouches d'air et son renouvellement, par des cheminées d'appel.

Je résume : les édifices des villes, les palais de l'Etat, les bâtiments d'expositions, les grandes maisons de commerce, où les planchers occupent un espace si considérable ; les étages et les rez-de-chaussée seraient plus clairs, et, quand il s'y trouve des bureaux, le personnel en serait favorisé.

Chacun de nous connaît l'inconvénient d'une clarté insuffisante, si fatigante pour la vue.

Qui n'est allé dans des établissements publics où des employés écrivent, le jour, à la clarté artificielle ?

Je rappellerai brièvement le Palais de l'Industrie, dont les plafonds opaques donnaient une note sombre aux diverses expositions annuelles.

Le salon de peinture, au premier étage, jouissant d'un jour magnifique, il eut suffit d'enlever le parquet et le voûtage en briques, en les remplaçant par des dalles en verre, pour obtenir une très belle clarté à la surface si importante du rez.

L'absence de lumière donnait même à l'air, une odeur de renfermé, qui n'existait pas sous la coupole vitrée.

Je crois, Messieurs, rester dans une juste mesure, en vous exposant les moyens que je viens de vous présenter.

Je puis, en effet, vous dire qu'à l'étranger, au Japon notamment, on établit des maisons d'habitation en briques de verre. Je préfère être plus modeste, afin d'obtenir plus sûrement l'emploi que je préconise.

A. FÉRET.

CONGRÈS DES SOCIÉTÉS SAVANTES

PALAIS DE LA SORBONNE

Présidence de M. BUISSON
Professeur à l'Université de Paris

SÉANCE DU MERCREDI 9 AVRIL 1898

L'ADOLESCENT
son hygiène physique et morale (1)

Monsieur le Président,
Messieurs,

L'une des formes extérieures de l'hygiène, celle qui frappe le plus l'attention, qui séduit et entraîne la considération, c'est la propreté corporelle.

Celui qui la pratique a certainement l'estime de lui-même et des autres, il semble qu'elle rehausse son mérite. Il est de fait que celui qui remplit ses soins de propreté sera remarqué et que, à mérite de travail égal, il sera préféré pour un poste supérieur; on accorde aussi plus de confiance à celui qui présente un esprit d'ordre et de ponctualité. On lui suppose un jugement droit et un intérieur convenable. On présume que ses dépenses sont réglées d'après son gain, que

(1) Cette communication a été également faite :
1° A l'Association pour l'avancement des Sciences — Congrès de St-Etienne — Séance du 7 août 1897.
2° A la Société Fraçaise d'Hygiène dans sa séance du 8 octobre 1897 — elle est insérée au n° 1105 du 25 novembre suivant.
3° A la Société d'Hygiène de l'Enfance.

ses fréquentations sont le résultat d'un discernement judicieux et que sa probité est à l'abri des tentations.

En effet, l'adolescent qui sait borner ses dépenses, se suffit à lui-même et n'est pas besogneux. Il sait se contenter de peu. Eviter celles inutiles est indispensable ; il suffit de réfléchir que dix centimes par jour représentent 36 fr., 50 par an.

Vous prenez vos repas chez vous ou au restaurant, il n'importe, mais les soirées sont longues, comment les employer ? Je réponds : à parfaire votre instruction et votre éducation. Dans chaque arrondissement de Paris, il y a des Cours publics, très fréquentés de 8 h. 1/2 à 10 heures, où vous pourrez vous faire inscrire. Aussitôt la fermeture, rentrez immédiatement chez vous pour faire un résumé exact qui vous permettra de mieux vous le rappeler tout en vous donnant une très bonne habitude de rédaction.

Adressez-vous :

1° Aux Arts et Métiers, rue St-Martin, pour la science professionnelle.

2° A une école communale pour : Etudes primaires supérieures complémentaires ; dessin linéaire et d'ornement supplémentaire.

3° Au Collège de France pour les hautes sciences et la littérature. (Les leçons n'ont lieu que dans l'après-midi.)

Il est aussi une science intéressante à connaître et à approfondir, qui vous demandera peu de temps : une soirée par mois. C'est l'hygiène. Adressez-vous à une des sociétés d'hygiène pour demander votre admission. Elle vous adressera son bulletin d'une rédaction aussi variée qu'instructive. Vous serez ainsi au courant des nouveautés scientifiques, qu'il est bon et utile de connaître.

II

Dans les villes et les villages, des professeurs et des instituteurs pourraient donner des connaissances générales. Des jeunes gens en se réunissant le soir, se donneraient une émulation par la lecture des journaux et de revues professionnels pour procurer à leur esprit l'aliment qu'il recherche, dans le but de perfectionner les méthodes actuelles.

Apprenez deux ou trois langues étrangères : l'Anglais, l'Allemand et l'Espagnol ; cela peut vous procurer de grands avantages pécuniaires.

Si vous avez des dispositions commerciales, vous pourrez trouver un emploi dans une grande maison de commerce ou de commission et, après le stage nécessaire, être appelé à voyager à l'étranger. Nous produisons de beaux meubles, des bronzes, des objets d'art, des soieries superbes et une quantité de choses de goût qu'il serait bon de faire connaître de plus en plus, afin de propager notre génie artistique et manufacturier.

Le commerce de notre pays a besoin d'un nombre considérable de jeunes Français, capables et ardents, pour les envoyer dans toutes les contrées et augmenter nos exportations. Vous vous créerez ainsi une haute position sociale et vous connaîtrez les mœurs des pays différents. Vous avez beaucoup à apprendre chez les autres peuples et nous ferions bien de suivre quelques-uns de leurs usages. Même comme unité, on peut y contribuer.

Avec un fonds de sagesse, d'esprit pratique, subtil à comprendre, habile à suivre une voie tracée, vous pouvez réussir au-delà de vos espérances. L'important est de se munir des qualités indispensables et d'un caractère pondéré par l'étude de soi-même.

III

L'anecdote si connue concernant M. Laffite, ce grand banquier parisien, vers 1830, est bonne à rappeler aux jeunes gens, pour démontrer qu'un fait de minime importance suffit à dénoter un esprit d'ordre toujours si apprécié. Un jeune homme se présentait dans la maison de banque de M. Perregaux avec une lettre de recommandation pour obtenir un emploi.

Il arrivait de province, vêtu à la mode de son pays. Il était éconduit, comme il arrive souvent, mais, tout en le suivant du regard, M. Perregaux, aperçut que ce jeune homme, en traversant la cour, se baissait pour ramasser quelque chose qu'il piquait sur son vêtement. C'était une épingle.

Frappé de ce fait, il le rappela et lui dit que, réflexion faite, il acceptait ses services. Comme il s'acquittait parfaitement de l'emploi qui lui était donné, il lui fut confié successivement des postes supérieurs. Finalement, il intéressa M. Laffitte dans sa maison et, suprême récompense, il lui donna sa fille en mariage !

IV

Un livre qui peut aider les jeunes gens à acquérir un esprit pratique pour tirer parti des circonstances et des faits minimes, en apparence, est celui de Daniel Foë qui, en composant son « Robinson Crusoë », a démontré comment un naufragé dans une île déserte a pu se procurer en abondance, tout ce qui lui était utile.

Il en est tout autrement de celui qui suit la foule désœuvrée, en se livrant à l'amusement et aux choses légères.

On récolte ce que l'on sème !

Faites-vous plutôt recevoir dans une société de sauvetage, une d'elle a pour fière devise : sauver ou périr! Conservez la sérénité de votre âme et la vigueur de votre corps pour vous-même et pour la société.

Avant de vous livrer au repos, il est bon de vous recueillir pour vous rappeler les événements de la journée et examiner si vous auriez pu mieux faire. Ces réflexions vous conduiront à la sagesse à laquelle vous devez tendre. C'est l'objectif sûr. Dans cet ordre d'idées, suivez les exercices de votre culte. Elevez votre cœur!

Comme soin matériel, en vous déshabillant, examinez vos vêtements. Raccommodez-les vous-même. Ayez : fil, coton, laine, soie et un choix d'aiguilles et de boutons. Tout cela coûte peu, et vos vêtements se conserveront en bon état, leur durée sera plus longue.

Ainsi, votre propreté sera connexe avec l'ordre de votre vestiaire.

V

Soyez matinal, il y a urgence. Assurez votre service personnel d'hygiène et de propreté corporelle. Celui de la bouche sera méticuleux, non-seulement le matin, mais après chaque repas, non pas avec un cure-dents, mais avec la brosse et de l'eau, afin d'éviter entre les dents le séjour des parties alimentaires qui forment des colonies microbiennes, lesquelles causent la carie et même des troubles intérieurs par l'action de la salive qui, de la bouche passe dans l'estomac.

Vous vous servirez de préférence d'eau bouillie dont la cuisson a supprimé les microbes qu'elle contenait, ou d'eau filtrée.

La carie, en détruisant peu à peu l'émail, cause des douleurs aiguës et amène bientôt la perte des dents. Etant toutes utiles à la mastication des aliments, conservons leur nombre au complet.

Maintenez ras les ongles de vos mains, nettoyez vos pieds chaque semaine. Un bain mensuel est indispensable.

En été, donnez la préférence au bain froid, et renouvelez-le plus souvent. C'est sain et bon. Prenez en même temps des leçons de natation. Sachez parfaitement nager et plonger. Le dimanche, faites de très longues promenades pédestres à la campagne; entraînez-vous, endurcissez votre corps.

VI

Pour varier, vous visiterez: nos Monuments, nos Musées, nos Parcs, tant de Parisiens ne les connaissent que de nom! Remarquez les statues élevées à nos Grands Hommes, recherchez leurs mérites; le dictionnaire Larousse vous y aidera.

Quelques savants obligeants, entr'autres M. Stanilas Meunier, Professeur au Muséum d'Histoire naturelle, M. Charles Brongniart, assistant d'entomologie au Muséum, ayant en vue d'offrir une récréation agréable aux jeunes gens qui aiment à orner leur esprit, font publier dans les journaux du samedi, une invitation pour le lendemain à des excursions scientifiques, géologiques, entomologiques, sur la faune (etc.) dans les environs de Paris.

M. Léon Joubert à l'Institut populaire du Trocadéro, vous offre des conférences sur les nouvelles découvertes avec exercice au microscope et des projections lumineuses.

M. Vinot, astronome vulgarisateur, convie pour des explications sur les phénomènes célestes.

M. le Docteur Foveau de Courmelles, vous démontrera la puissance des rayons X, ces phénomènes si intéressants dont la cause n'est pas encore expliquée.

Acceptez ces réunions, elles vous donneront des notions sur beaucoup de choses ; faites en un résumé, vous éviterez ainsi la banalité des conversations et vous serez en mesure de comprendre certaines expressions de personnes instruites.

VII

Prenez aussi des leçons suffisantes de : droit usuel, comptabilité, sténographie, dactylographie, télégraphie. Il est possible que vous soyez appelé à vous servir de ces grands services dans un établissements où vous pouvez vous trouver placé.

VIII

Vous réserverez deux soirées par semaine pour les exercices de gymnastique, en vous rendant dans un Etablissement honorablement fréquenté.

Vous devez connaître : l'escrime, la boxe, le bâton (etc). Faites un cours complet afin d'assouplir votre corps et de former votre adresse.

Il faudrait aussi vous rendre dans un « Stand » pour des exercices de tir. Il s'agit de vous préparer à la défense du Pays et de votre personne. Il faudra au besoin protéger les autres et vous-même quand le danger l'exigera.

« Aimant dans la vie, lion au combat. »

IX

Vos vingt ans sont arrivés, vous allez être soldat dans quelques mois. Vous observerez une parfaite discipline. Etant respectueux envers vos chefs, instruit, adroit aux exercices, ponctuel, connaissant les règlements et la théorie, vous pourrez arriver au grade de « Caporal » après six mois de présence et, continuant vos études avec précision, être « Sergent » six mois après.

En faisant le meilleur usage de vos facultés, vous pourrez être chargé d'un emploi dans les différents services comme : secrétaire du major, du trésorier, à l'habillement, à l'armement, aux vivres (etc). Si vous ne vous sentez pas disposé à rester militaire, vous serez néanmoins Sous-Lieutenant de réserve, si toutefois vous satisfaites aux examens imposés.

X

Si vous vous plaisiez dans la Maison où vous étiez employé et y ayant laissé un souvenir de dévouement, d'activité et d'initiative, écrivez quelquefois au chef de l'établissement et faites lui visite à vos congés. Il sera sensible à vos attentions, et vous rendra peut-être votre place au retour. Il est même possible qu'il vous en donne une supérieure, votre âge et votre jugement s'étant accrus.

Justifiez la confiance que l'on vous donne. Arrivez un des premiers, partez le dernier. Soyez vigilant, perspicace ; surveillez, découvrez les imprudences ; déjouez la malveillance s'il s'en trouve ! Tout cela simplement, naturellement et sans ostentation.

N'affectez pas un visage sombre, ayez plutôt une gaîté douce et communicative.

XI

Relativement à votre vie privée ; gardez et respectez votre corps, apportez le sain en mariage !

N'ayez pas à regretter de liaisons irrégulières qui

conduisent : à une mésalliance funeste, à une rupture indélicate ou à un abandon coupable.

Se marier vers 25 à 26 ans est une sage résolution ; cherchez parmi les familles recommandables à tous points de vue. De votre côté, les renseignements que vous pourrez fournir seront bons, parfaits ; vos habitudes d'ordre, votre éducation, les soins de votre personne donneront à votre conversation une simplicité de bon goût, de modestie, de bonne tenue, qui vous feront apprécier. On saura que le peu que vous possédez est le produit de vos économies — ce qui paraîtra préférable à une dot — Vos parents vous aideront s'ils le peuvent !

Votre genre de vie aura formé votre caractère, il sera doux, conciliant ; votre droiture vous aura donné une fermeté suffisante.

Ce que vous avez appris sur la famille de la jeune fille que vous avez en vue donnera à votre présentation une assurance qui sera appréciée. Vous ferez connaître ce que vous êtes : votre passé, votre famille. Votre sincérité plaira, vous obtiendrez la confiance et après des démarches suffisantes vous serez accepté.

Que désirent les Parents ? donner leur enfant à un jeune homme présentant des garanties de moralité, travailleur et d'une conduite régulière. Vous estimerez de part et d'autre que vos travaux vous donneront les ressources suffisantes pour subvenir à vos dépenses de ménage. Peut-être que la jeune fille a reçu une éducation professionnelle qui lui procurera quelques ressources. Il y a lieu devous en informer. Vous ferez un mariage où la religion aura sa part, elle lui donne un caractère élevé qu'il est bon de lui assurer. Vous aurez beaucoup d'égards pour votre femme, vous aurez dû pour obtenir son consentement, lui faire des promesses que vous tiendrez. Votre honneur et votre sincérité l'exigent.

Faites-vous aimer par l'estime qu'elle aura pour vous. Aidez-là dans les travaux qui demandent quelques difficultés ou une certaine force ; ayez pour elle des attentions particulières. Elle saura qu'elle peut compter sur vous en toutes circonstances ; de son côté, elle fera le nécessaire pour vous donner un intérieur riant où vous vous plairez. Cherchez votre satisfaction chez vous, soyez toujours ensemble, ne prenez pas d'agréments sans elle.

XII

Vous aurez une nourriture frugale où les légumes entreront pour une forte part.

Faites usage d'eau bouillie en boisson, — on s'y habitue facilement, — tout au moins d'eau filtrée.

Si vous avez un filtre Pasteur, observer que le nettoyage des bougies doit être fréquent.

XIII

Je ne vous ai pas encore parlé du logement que vous avez dû choisir : sur rue de préférence. La maison aura bonne apparence, elle sera saine, bien aérée; assurez-vous de sa bonne tenue.

La cuisine devra être claire avec eau sur évier, water-closet sain, avec air extérieur. La hauteur de l'étage est sans inconvénient, vous êtes jeunes!

XIV

Vous aurez bientôt des enfants, je l'espère pour vous ; votre femme leur donnera le sein.

Redoublez d'attentions pendant sa gestation et sa maternité, afin que la nourriture qu'elle donne à l'enfant ne soit pas troublée par des inquiétudes diverses.

Vous êtes heureux d'être père, je le suis avec vous.

Consultez souvent les préceptes contenus au carnet de mariage qui vous a été remis à la Mairie.

J'y ajouterai ceci : Faites bouillir les linges avant de vous en servir pour le lavage, soit des yeux malades, soit des plaies, et de même à chaque pansement.

Tous les objets de toilette : éponges, brosses à tête, peignes, serviettes, brosses à dents (etc). seront expressément personnels.

Vous élèverez vos enfants chez vous, même si le biberon est indispensable. Mais ne les envoyez pas en nourrice, car un grand nombre (jusqu'à 60 °/°) y meurent ; ne vous exposez donc pas à ce que le vôtre y soit compris

Si vous éprouvez une gêne et qu'il en résulte de nombreuses occupations, supportez-les ! Vos soins seront plus intelligents et plus dévoués que ceux d'une nourrice. D'abord, sa propre famille, les soins de son intérieur la réclament ; le prix alloué ne lui permettant pas de s'adjoindre une servante.

XV

Votre enfant grandit, il sourit à sa mère — vous en avez votre part. Votre femme est, par ses soins, empêchée de travailler — c'est à ce moment où vos économies trouvent leur utilité — vous devez seul pourvoir aux dépenses !

Si votre emploi est en dehors de votre domicile, faites, avant de sortir, une liste du nécessaire et apportez-le en venant prendre vos repas. Servez-vous dans de bonnes maisons, rendez-vous compte des prix, comparez les qualités, rendez vous connaisseur en toutes choses.

Votre femme confectionnera en partie ses vêtements et ceux du bébé — son éducation lui ayant appris la coupe.

Elle sait coudre. Elle sera sa modiste. Toutes les fournitures sont d'un prix modique, la façon seule est coûteuse, elle l'évitera.

En ayant suivi les principes d'hygiène et de santé morale dictés par la saine raison et l'expérience des choses de la vie, vous serez devenu : un bon citoyen sur lequel la Patrie peut compter.

A. FÉRET.

CONCLUSIONS

Bien que chacun de nous dispose de lui-même et prépare son avenir suivant son éducation et son instruction, nous avons le devoir familial à remplir, c'est-à-dire : honorer nos parents, les secourir s'ils réclament notre appui.

Il en est de même de nos frères et de nos sœurs que nous devons aider au besoin, afin de former une famille unie et nous prémunir ensemble contre l'adversité, en nous appliquant réciproquement l'antique maxime : « Aidez-vous les uns les autres. »

***

Pour ceux de nos jeunes gens ayant une profession manuelle, connaissant à fond leur métier, qui voudraient trouver une position lucrative dans une de nos nouvelles Colonies, ils peuvent, s'ils disposent d'un pécule suffisant, s'adresser au Ministère des Colonies qui les adressera à un Comité spécial.

Il serait concédé à ceux qui se destinent à la culture et pourraient disposer d'un petit capital, un certain nombre d'hectares dans les meilleures conditions possibles. Les Comités les renseigneront complètement sur tout ce qu'ils auront besoin de connaître.

A. F.

Pour la Tunisie, adresser les demandes à la Direction de l'Agriculture et du Commerce, à Tunis.

ASSOCIATION FRANÇAISE POUR L'AVANCEMENT DES SCIENCES

CONGRÈS DE NANTES
Du 4 au 11 août 1898

XVI° Section. — Enseignement

HYGIÈNE DE L'AME

POUR ÊTRE HEUREUX (1).

Le bonheur est un état de sérénité intérieure qui réside dans la coexistence nécessaire de deux ordres de faits: l'accomplissement de nos obligations morales et l'équilibre de nos fonctions physiques — la paix de la conscience et le bien-être corporel.

Or, après avoir recherché les moyens propres à maintenir le corps sain et normal dans son fonctionnement, permettez-moi, Messieurs, de vous entretenir des moyens de nous acquitter de nos devoirs, c'est-à-dire de l'hygiène de l'âme.

I

Les difficultés qui, parfois, viennent entraver nos projets, proviennent de faits, de circonstances que nous n'avons pu, ou su prévoir. Il serait certainement favorable au calme de l'esprit que les situations que l'on se propose d'obtenir soient l'œuvre du temps, la suite d'un travail soutenu. Formons-nous plutôt une existence modeste, que nos efforts de chaque jour se chargeront d'améliorer.

Ecartons de nous une ambition brûlante, démesurée. Supprimons énergiquement les fréquentations légères

(1) Cette communication a été également faite à la Société Française d'Hygiène dans sa séance du 14 janvier 1898, et à la Société d'Hygiène de l'Enfance dans sa séance du 7 février 1898.

ou inutiles qui occasionnent des pertes de temps si difficiles à remplacer. En ne donnant pas, à chacune de nos affaires, le soin qu'elles exigent, elles périclitent. Alors, des projets fâcheux surgissent, des fautes se préparent et conduisent à d'autres plus graves, quelquefois irréparables, où la considération peut se trouver en péril.

Il faut donc souvent nous recueillir et nous armer de force morale. Une éducation forte doit suffire à éloigner ces dangers ou tout au moins à les surmonter.

D'un autre côté, l'économie poussée trop loin confine à l'avarice qui se manifeste surtout dans la vieillesse, ce qui contraste singulièrement avec le peu d'existence qu'il nous reste à accomplir.

A toute époque de notre vie, nous avons des faiblesses inhérentes à l'homme. L'esprit cède à la matière.

Les tentations de l'âge viril sont aussi un écueil considérable de la vie, mais elles peuvent être combattues avec succès par des occupations importantes qu'un esprit vaillant sait se donner. Les défaillances ont peu de prise sur les âmes fortes.

II

Le mariage vers vingt-cinq à vingt-six ans paraît nécessaire. Après la trentaine, la disproportion est fâcheuse par l'inégalité d'esprit et de goût qui porte en soi des dissentiments sur le jugement et sur la plupart des choses.

Ainsi, l'épouse désire connaître ce que nous avons vu souvent, mais notre satiété se refuse à la satisfaire. Il y a là un froissement d'esprit qu'elle portera en elle, elle sera d'autant plus curieuse de savoir qu'on lui refuse et il est à présumer qu'elle reviendra sur ce sujet, si sa nature n'est pas patiente et résignée.

Veillons sur notre caractère, évitons toute brusquerie, car il importe que la sérénité existe chez la compagne de notre vie; il est de la plus grande importance de la lui donner, afin de lui conserver intact ce bel état d'âme qu'elle nous a apporté, cette gaieté native, enjouée, douce, confiante et communicative, dont notre esprit est si heureux.

La femme porte en elle des sentiments qui diffèrent des nôtres en ce sens qu'il sont plus délicats ; ils ont des nuances q... nous échappent et que pourtant il nous faut deviner, car notre bonheur en dépend rigoureusement.

Nous devons nous étudier à éviter les susceptibilités si complexes de son caractère, elle nous en saura gré et nous en aimera davantage. Que de trésors de dévouement au cœur de l'épouse qui ne demandent qu'à s'épandre, de combien de tendresse elle nous environne, de combien d'affection elle nous entoure que nous ne saurions lui rendre à titre égal !

Notre bien-être intérieur, le confort de notre habitation, est aussi pour elle une recherche constante. Elle possède un talent d'organisation et d'ornementation que nous ne saurions imiter.

III

La femme connaît sa faiblesse, elle sait les efforts que nous faisons dans l'intérêt commun, aussi a-t-elle pour nous cette affection respectueuse que comporte cette appréciation, puisque même, sans le lui expliquer, elle en ressent les effets matériels.

Mon mari, dit-elle, avec un sentiment ineffable de possession et de fierté satisfaites !

Cette estime, cette confiance réciproque, ces excellents rapports ont surtout un effet complet quand nous avons des enfants.

Sans cesse en communication avec eux, la mère leur inculque le respect, l'affection et l'obéissance; nous en sommes tout heureux et nous en partageons le bonheur.

Nous remarquons avec un charme infini le tact de leur mère pour diriger leur éducation : aux violences du caractère fougueux, elle oppose un silence prudent et, le calme rétabli, elle développe le sentiment du beau, les idées généreuses, la distinction des manières.

Au caractère lent, peu communicatif, elle porte ses réflexions vers l'ordre, le rangement des objets, et, suivant les difficultés, l'aide dans les jeux de construction et dans la réussite des ingénieuses combinaisons de Tom-Tit auxquelles, du reste, les autres enfants prennent part. L'adresse étant en cause, elle procure à tous une joie intense.

Nous complétons leur éducation par des conversations dont ils apprécient le charme d'après la variété des sujets traités. Ainsi nous nous faisons chérir de nos fils par notre caractère aimant qui nous porte à les louer sur ce qu'ils ont fait de bien et en passant souvent sous silence les faits blâmables qu'ils regrettent eux-mêmes ; en paraissant les ignorer, nous leur rendons service, ils nous sont reconnaissants de ne pas leur en avoir parlé — bien qu'ils se doutent que nous en avons été instruits par leur mère.

Notre bonté les touche, car ils craignent l'effet de notre sévérité qui les aurait atteints.

Nous évitons de punir ou de provoquer une demande de pardon, ce qui humilie le caractère, bien qu'ils doivent en manifester le regret. Évitons de trop appuyer, nous les rendrons meilleurs.

Quand nous punissons un enfant, nous lui enlevons le regret de sa faute, car s'il en a subi la peine, elle le rend quitte envers nous.

Nous avons à user de beaucoup de réserve.

IV

Quant à nos filles dont le caractère est plus sentimental et les fautes plus égères, leur gentillesse et leur franchise nous touchent. Les réflexions et les explications si sensées qu'elles nous présentent, leur tendresse affectueuse et leurs prévenances habituelles nous portent à des réponses souriantes, dont pourtant elles comprennent la gravité

Notre bienveillante attention ne donne pas d'ombrage à leurs frères, puisqu'eux-mêmes en éprouvent le mérite. D'ailleurs nous avons pour chacun d'eux la même tendresse et nous aimons à être agréables à tous.

V

A mesure que nos enfants sortent de la première enfance, nous sentons davantage la valeur exquise de notre épouse : nos divergences seraient fatales, les enfants en seraient peinés et, suivant leur jugement, portés à prendre parti pour l'un ou pour l'autre.

VI

Il importe que dans nos conversations avec nos enfants, nous fassions l'éloge du travail afin de leur en donner le goût.

De quatre à cinq ans, nous leur apprenons à compter de mémoire et à se familiariser avec l'alphabet.

Les livres d'images indiquant les métiers les intéressent beaucoup. Il est bon d'aider et de provoquer leurs réflexions dans ces leçons de choses qui ouvrent leur esprit et leur pénétration. En leur répondant avec patience, précision et le développement succinct qu'elles exigent, nous leur donnons des notions justes.

Cette éducation leur sera précieuse, car elle forme leur jugement, en même temps qu'elle secondera les efforts de leurs maîtres.

VII

A six ans, déjà préparés au premier enseignement, nous envoyons nos enfants à l'école, ou à un établissement de demi-pension ou d'internat, suivant les exigences de notre situation.

Nous avons à les choisir laïques ou religieux, suivant les principes auxquels nous sommes attachés. A ce propos, il est sensé de réfléchir à ceci : c'est que la religion nous aide puissamment à contenir les caractères. La croyance à l'au-delà, aux choses divines, au Dieu créateur qui voit tout, qui sait tout, qui rereprésente le bien, le bon ; que nous ne devons pas offenser. qui connaît nos actions et les jugera, est un frein salutaire, car il fait impression sur le cœur et l'esprit.

VIII

Relativement aux qualités nécessaires à l'ordre social, nous avons à donner à nos enfants des notions souvent répétées sur l'honneur, la loyauté, le courage, le dévouement, la probité, la douceur, l'initiative et la persévérance ; la politesse, l'ordre, la propreté et l'hygiène générale ; la sollicitude, les égards, l'amour de la vérité, et le mépris du mensonge.

J'ajouterai : le respect des lois qui régissent nos institutions sociales et forment leur sauvegarde, et celui des autorités instituées pour les appliquer et les faire observer.

Il est également indispensable de leur faire apprécier l'action et le rôle des tribunaux de simple police, correctionnelle et de Cour d'Assises, que la société a établis contre les personnes qui n'observent pas les institutions établies pour l'ordre général, et que des jugements font perdre la considération dont toute personne jouit par sa conduite régulière.

IX

D'après les notes qui nous sont remises sur le travail de nos enfants aux études, nous aurons, après les avoir lues en particulier, à leur dire quelques paroles flatteuses et encourageantes sur les mentions élogieuses. Il nous faudra user de discrétion, tout en les regardant en face pour leur faire comprendre que nous ressentons les plaintes formulées, en leur faisant sentir qu'elles atteignent leur considération.

X

Nous avons à discerner sur la destination des études de nos fils. Elle sera pour les beaux-arts ou les sciences : libérales ou agricoles, commerciales, industrielles ou professionnelles. La Ville de Paris a fondé plusieurs de ces établissements d'enseignement et des écoles professionnelles pour les garçons et les filles.

Il est bon d'apprécier le service efficace qu'elles rendent. Divers métiers sont enseignés avec précision par des maîtres habiles et spéciaux, de sorte qu'en sortant du cours complet, les écoliers sont déjà capables. Nous avons à tenir compte de ces bienfaisantes institutions que la Direction de l'Enseignement suit de très près. Nos intentions doivent se modifier d'après nos remarques sur les dispositions de nos enfants et aussi sur nos moyens pécuniaires.

XI

Nous voici arrivés à une époque de la vie où d'autres réflexions s'imposent.

La maturité de notre esprit nous a donné un jugement plus approfondi, plus pondéré. Nous avons appris à mieux nous connaître et à nous estimer encore plus affectueusement. Notre caractère s'est affermi, nos idées et nos intentions doivent plus que jamais se confondre, afin de former un faisceau de direction réfléchie.

Assurément, nos biens sont en commun, mais il y a lieu d'apporter une règle sévère à nos dépenses qui s'accroissent sensiblement.

Un livre de caisse régulièrement tenu s'impose.

Une somme mensuelle est mise à la disposition de la mère de famille pour les menus achats.

Les plus importants, décidés d'un commun accord, sont payés à part.

En ce qui nous concerne, nous avons besoin de peu pour nos dépenses personnelles.

Il est entendu que nos ressources doivent être examinées pour ne pas les absorber — à beaucoup près — afin de former une réserve.

La prudence s'impose — sachons nous borner. Cependant un budget, bien établi, doit comporter un chapitre intitulé : bonnes œuvres.

Nous devons y inscrire successivement celles qui nous paraîtront les plus dignes de notre sollicitude. Elles sont les traits d'union dans l'ensemble de la population, car elles contribuent à établir la « solidarité sociale ».

XII

Soyons assez discrets pour ne pas faire de demandes de subsides à nos parents afin de ne pas les indisposer contre nous : elle pourrait leur imposer une gêne ou contrecarrer leurs intentions. D'ailleurs, il est indispensable qu'il y ait une balance égale pour chacun des enfants de la même famille. Evitons de nous immiscer dans leurs affaires, ne nous érigeons pas en conseil ; c'est à nous d'en recevoir, mais ne nous mettons pas dans ce cas.

Conservons avec nos parents alliés des rapports de bonne affection, et de même avec les familles de nos frères et de nos sœurs.

XIII

Pour bien observer les règles prudentes qui doivent guider notre vie, il y a lieu de travailler ensemble le soir, avant de nous livrer au repos, de causer intimement de nos affaires et de prendre des déterminations communes qui nous mettent à l'abri d'une critique mutuelle qui, assurément, porte à la désaffection.

XIV

La confiance que nous avons l'un pour l'autre nous procure une liberté d'action qui prouve notre haute estime, elle donne à notre sagesse cet air heureux que le bonheur fait refléter sur le visage.

XV

Peut-être jugerez-vous bon d'habiter, la nuit, deux chambres contiguës. L'hygiène personnelle en sera meilleure, plus discrète, plus agréable surtout. L'affection n'y perdra rien, nos réflexions réciproques seront plus profondes et elles serviront de thème pour la soirée suivante.

XVI

Si nous avons une industrie, un commerce ou toute autre occupation, donnons-lui tout notre temps et la plus grande activité, car nous avons à améliorer matériellement notre position sociale.

Si notre profession est libérale, livrons-nous à des études profondes qui nous donneront une considération supérieure d'où sortiront des avantages imprévus, conséquence certaine de l'élévation de nos idées.

XVII

L'âge de nos fils augmentant, nous avons à nous occuper sérieusement de leurs dispositions ; nous sommes aidés, car ils laissent percer leur préférence, sans pourtant l'affirmer — par prudence.

Ils nous communiqueront eux-mêmes leurs idées auxquelles nous aurons égard, sans nous prononcer avant la maturité de leur décision.

Nous leur ferons donner des leçons de gymnastique, d'escrime, d'exercice militaire et de tir, à un « stand ». Elles sont absolument nécessaires pour se présenter au régiment, et même dans la vie, pour l'adresse dans les mouvements et les jeux.

Les vacances aux plages sont favorables à ces hautes distractions ; il s'y trouve des établissements spéciaux : ajoutons des leçons de danse et de maintien.

En nous y intéressant par notre présence, nous réussirons certainement. Le chant et la musique instrumentale : violon, violoncelle, ont aussi leur mérite. Les jeunes gens ayant acquis ces talents aimables sont recherchés en société.

Faisons des promenades matinales avec nos enfants, allons respirer le grand air et nous livrer à de bonnes causeries amicales. Ils en éprouveront une joie intime, féconde en résultat intellectuel et familial. Nous augmenterons encore leur affection.

XVIII

J'ai passé l'hygiène sous silence, bien qu'il y ait lieu de l'observer rigoureusement, car elle maintiendra l'équilibre de notre santé. L'hygiène, étant préventive nous évite, en partie, les indispositions et les maladies.

La prudence est absolument nécessaire.

Nous nous ferons présenter à une Société d'hygiène et, devenus membres, nous nous rendrons régulièrement aux réunions mensuelles.

Prenons un vif intérêt à cette science si utile, puisqu'elle préserve notre existence et nous apprend à conserver celle des nôtres et en quelque sorte, à améliorer la santé générale, car tel est le but de ces Sociétés.

Nous chercherons à nous identifier avec quelques sujets et nous en ferons des communications mûrement étudiées.

XIX

Nous ferons quelques visites avec nos enfants aux membres de notre famille. Il est bon d'en serrer les liens. Les enfants se connaissent mieux, s'apprécient et se communiquent leurs projets d'avenir. Il en résulte une émulation certaine qui les fait réfléchir, leur esprit s'éclaire et il en sort des résolutions qui ne tardent pas à se faire sentir. Nous en sommes bientôt instruits et nous nous rendons compte de leur valeur.

XX

Nos enfants vont entrer dans l'adolescence. Déjà nos filles nous préoccupent, et nous entrevoyons leur établissement. Nous les avons élevées en vue d'être des femmes utiles, d'un caractère sérieux, pour devenir d'excellentes compagnes.

Par leur éducation pratique, elles seront en état de comprendre les dispositions de leur mari. Comme complément utile, nous leur ferons donner : un cours de comptabilité, des leçons de dessin, peinture sur porcelaine et sur soie et un cours de cuisine. Attachons une certaine importance à ce cours, car elles doivent pouvoir donner des avis à leurs servantes.

Egalement des leçons de coupe et de couture, afin de diriger la confection de leurs vêtements.

Notre époque d'extension coloniale nécessite d'étudier la géographie commerciale, surtout la partie qui se rapporte à nos colonies.

Elles doivent les connaître et s'y intéresser.

Si notre position nous le permet, il convient d'ajouter : le piano, le solfège et le chant. Des leçons de danse et de déclamation pour former la diction seront un complément heureux, il ajoutera le charme aux choses de fond.

Ne marions pas nos filles avant vingt à vingt et un ans. Il est bon que le jeune homme qui en fait la demande n'ait pas plus de six à huit ans de plus qu'elle. Nous ne le lui présenterons qu'après avoir pris de sérieux renseignements, afin d'avoir la certitude morale de la valeur du prétendant et de l'honorabilité de la famille.

XXI

Nos fils ont déjà dû nous faire part de leurs intentions, il est bon de les connaître à fond, car ce qu'ils étudient doit leur être sympathique.

Nous avons un choix nombreux d'écoles spéciales dont il faut nous entretenir et prendre l'avis de personnes expérimentées.

Pour le commerce intérieur, celui d'exportation et la banque, nous avons, entre autres, l'Institut commercial, à Paris. Ce jeune établissement rend les meilleurs services. Le diplôme qu'il décerne à la fin des études étant reconnu par l'Etat, il n'est demandé au possesseur qu'une année de service militaire.

Cela fixe sur la valeur du programme des études qui y sont faites.

Il suffit pour y être admissible, d'avoir fait de bonnes études à l'école communale, y avoir obtenu le certificat d'études et fait un complément d'une année de « Primaire supérieure ». Ainsi, de treize à quatorze ans, on peut se présenter pour les examens et, étant reçu, passer deux années en préparatoire.

La durée des études de fond est de trois ans.

Nous savons tous que, pour être commerçant, il faut aimer le travail, avoir le caractère ouvert et s'exprimer facilement.

Pour l'industrie, les trois Ecoles des Arts et Métiers : Châlons, Angers et Aix, forment d'excellents élèves, en s'y disposant par des études préparatoires, notamment à l'Ecole de Joinville (Haute-Marne).

L'Ecole Centrale, à Paris, pour les études d'ingénieur des Arts et Manufactures.

Il est bon de réserver les classes latines à ceux de nos fils qui ont en vue les professions libérales.

XXII

Nos père et mère ont déjà vécu plus d'un demi-siècle;

nous conserverons toujours pour eux, ainsi que pour nos grands-parents, la plus grande affection. Faisons-nous en aimer par l'estime qu'ils auront pour nous. Consultons-les sur nos projets. Ce sont nos meilleurs amis.

L'activité et le dévouement que nous apportons à nos affaires ont donné à notre position une extension, une notabilité qui s'affirme.

Ce devait être ainsi. Notre direction familiale a porté ses fruits. Le bonheur s'est fixé chez nous, notre collaboration a été heureuse.

Notre santé protégée par la pratique de l'hygiène et de la saine raison s'est conservée bonne. C'est simple et c'est logique.

XXIII

Nous avons marié nos filles et nous sommes satisfaits de notre choix. Nos fils ayant terminé leurs études sont entrés dans des établissements et nous les avons vus avec satisfaction se livrer avec ardeur à la profession qu'ils avaient choisie, d'accord avec nous.

Dans leur service militaire de trois années, où l'exactitude et leur discipline leur ont acquis la considération de leurs chefs, ils ont reçu les galons de caporal après six mois de présence et ceux de sergent à la fin de leur première année, ce qui leur a permis de passer par les divers services.

Par la forte instruction qu'ils ont reçue, l'éducation qui leur a été donnée et s'étant pénétrés des théories militaires spéciales, ils ont pu acquérir le grade de sous-lieutenant de réserve.

Rentrés aux affaires et après deux ou trois années de pratique active, nous nous sommes rendus quelquefois auprès des chefs de la maison pour nous renseigner discrètement sur leur valeur. Ce que nous avons appris confirmant notre opinion personnelle, nous leur avons procuré un établissement. Après une ou deux années de possession nous avons eu recours à nos relations pour les marier après nous être enquis de renseignements précis et à diverses sources, comme nous l'avions fait précédemment pour nos filles. Après nous être assurés des qualités morales et physiques des jeunes personnes que nous avions en vue et de l'honorabilité des familles et consulté nos parents, nous avons fait nos demandes.

Parfaitement accueillis, écoutés favorablement, notre accord s'est fait de part et d'autre à la satisfaction générale et surtout des jeunes gens. Nos devoirs paternels ainsi remplis, nous nous en trouvons satisfaits.

XXIV

Quant à nous, restons aux affaires en y déployant la même activité et aussi longtemps que nous le pourrons, elles donnent à l'esprit un aliment qui a sa valeur. Notre santé dépend de cette situation, car il faut s'occuper et faire ce que l'on connaît.

Parfois nous sommes consultés par nos fils et nos gendres, ils sont heureux de recourir à nos avis pour quelques faits généraux.

XXV

Nos grands-parents arrivés à une extrême vieillesse ont vu leur fin approcher et, nous serrant les mains en balbutiant un éternel adieu, ils ont terminé leur carrière.

Nous les avons conduits à leur demeure dernière en nous inspirant et depuis longtemps, de leurs vertus.

Elles sont devenues les nôtres et elles passeront de même à ceux qui nous suivent. Le titre de chef de famille est passé sur nos auteurs, nous ne sommes pas seuls.

Attendons les années avec confiance, nous sommes environnés de l'estime générale; mais continuons à veiller sur nous.

A. FÉRET.

CONGRÈS DES SOCIÉTÉS SAVANTES

PALAIS DE LA SORBONNE

Présidence de M. le Docteur LE ROY DE MÉRICOURT

SÉANCE DU MERCREDI 9 AVRIL 1898

De la prolongation de l'existence par l'hygiène pratique. (1)

Monsieur le Président,
Mes chers Collègues,

J'éprouve un sentiment intime de regret quand j'apprends la mort d'hommes encore jeunes. Elle prive la Société de leur expérience acquise, tout en jetant le trouble dans leur famille. Il me semble que leur existence aurait pu être plus longue, en suivant les préceptes élémentaires de l'hygiène, de sorte que je ne m'explique pas que les Sociétés, qui l'étudient et en recherchent l'application, ne soient pas fréquentées par un nombre plus considérable d'adeptes, puisque cette science s'impose à tous.

Nous désirons vivre en bonne santé et le plus longtemps possible, mais encore, faut-il connaître ce qu'il convient de faire ou d'éviter.

(1) Cette communication a été également faite :

1° A l'Association pour l'Avancement des Sciences, Congrès de Saint-Etienne. Séance du 6 Août 1897.

2° A la Société française d'Hygiène, séance du 11 Juin 1897, Bulletin n° 1091 du 19 Août 1897.

3° A la Société d'Hygiène de l'Enfance, séance du 3 Mai 1897 Bulletin n° 50 - Juin 1897.

Il y a donc un intérêt social, à ce que ces Sociétés soient prospères ; que nombre de personnes s'y fassent inscrire et suivent les séances, en présentant leurs observations personnelles — toujours bien accueillies.

Conservons la mémoire de Fontenelle, en rappelant fréquemment son axiome : « L'homme doit vivre cent ans », et n'oublions pas le terrifiant aphorisme de Broussais : « L'homme ne meurt pas, il se tue ».

Nous devons vulgariser ces avertissements pour y faire penser souvent.

***

L'adolescence — ce printemps de la vie — met en nous une sève de force, une vigueur formidable qu'une nourriture abondante provoque. Lorsque, par la croissance, le corps a acquis son développement normal, heureux et prudents ceux qui, devenus hommes, s'observent et se modèrent, afin de ne pas contracter l'obésité et, parfois, la goutte — cette terrible visiteuse périodique — qu'un exercice insuffisant favorise.

En outre, la pesanteur corporelle fait bientôt fléchir les jambes, en les arquant. Cette difficulté de la marche oblige à la sédentarité.

Chez d'autres personnes, la nutrition trop forte porte au tempérament sanguin et, par suite, à la vivacité du caractère et aux emportements excessifs. Cependant, la santé de ces personnes paraît florissante, les ramifications des veines ont une transparence sur le visage, qui nous porte à dire : Quelle fraîcheur de jeunesse conservée

Eh bien, le danger est évident, la congestion au

cerveau atteint un certain nombre d'entre-elles et leur fait quitter la vie subitement.

Je pourrais dire comme le poëte :

« Ah, que j'en ai vu mourir! »

Nous ne saurions trop nous retenir quand nous sommes à table, car il n'est pas besoin de manger beaucoup pour vivre agréablement. Boire en mangeant est un besoin a satisfaire, mais il doit être modéré, l'estomac ne devant pas être trop dilaté. Quel excellent conseil nous donnent les disciples d'Hippocrate : Quitter le repas, sans satisfaire entièrement sa faim.

Un sage vieillard m'a dit souvent : « La bonne chère en fait plus mourir que la misère ».

Faisons un exposé succint des choses élémentaires d'hygiène, dans le but d'exclure les moyens empiriques qui, par leur fréquence, troublent notre économie et abrègent la vie.

On s'étonne, parfois, de cette multitude de palliatifs irraisonnés qui ont cours généralement, surtout hors des centres, car le Médecin y est rare, et souvent, il demeure loin. Pour y obvier, je forme le vœu que le précis d'hygiène pour les nouveaux-nés que comporte le carnet de mariage, soit étendu jusqu'à l'âge de trois ans, et mentionne les premiers soins à donner en cas d'accidents aux enfants et aux adultes. On connaît l'embarras général où l'on se trouve dans ces circonstances et, faute de savoir, que d'avis erronés sont donnés! J'estime que nous devons notre sollicitude à tous, pour développer l'hygiène et sauvegarder la santé publique — cette fortune nationale.

A toute époque de la vie, et surtout, dans l'âge mûr, quand les forces et la vue diminuent d'intensité, soyons encore plus attentifs pour les soins corporels ;

je place au premier rang : l'expulsion des matières usées, prenons-en donc l'habitude régulière : d'abord, le matin, au sortir du lit, les organes, dilatés par le repos de la nuit, s'y prêtent facilement ; ensuite, après le repas de midi, car le travail si actif de la digestion y prédispose également. N'attendons pas que la nature nous le commande, de crainte que nos occupations s'y opposent et qu'un oubli en soit la suite, car la constipation avec ses facheuses conséquences : aspect terne du visage, fétidité de l'haleine, migraines tenaces, maux de reins insupportables, en est souvent le résultat. Il en résulte même un sentiment visible d'inquiétude et d'impatience morose.

Le ventre libre est donc l'a. b. c. de la santé et de la bonne humeur.

L'expulsion liquide ne doit pas non plus être différée, le malaise en est du reste désagréable.

Nous devons conserver la sensibilité des muscles de la contraction et non les affaiblir.

Tout retard volontaire peut amener la congestion. De là des sondages et un danger d'infection.

Dans ses confessions J. J. Rousseau regrette vivement d'éprouver cette affection qui a été un des tourments de sa vie.

Que d'accidents secrets, de morts prématurées causées par la négligence !

Au lavabo du matin, ne négligeons pas l'ablution des orifices et des alentours. Il serait impardonnable et plus qu'une faute de s'y refuser.

Les mains.

Le lavage des mains sera plus facile et surtout plus complet, si nous avons nos ongles coupés au ras. L'hygiène est ici en cause.

La fréquence de leur lavage est une nécessité.

Pour entretenir la douceur de l'épiderme, un peu de vaseline le matin suffit.

La bouche. — Les dents.

Passant sur les soins élémentaires du matin que je recommande à l'eau bouillie de préférence, ou à l'eau filtrée par le Système Pasteur, il serait bon, après chaque repas, de se laver la bouche en faisant usage de la brosse pour enlever les parcelles alimentaires restant entre les dents, ce milieu si propice aux cultures microbiennes qui prédisposent à la carie dans l'intervalle des 24 heures que l'on apporte d'usage à ce soin. Que l'on me permette d'insister : là est le danger !

La suavité si agréable de l'haleine ne peut être obtenue que par une bouche saine.

Il est évident que l'usure des dents aura lieu peu à peu et que la différence subite de température peut aussi causer des maux qui les compromettent et amènent leur perte. Faisons successivement remplacer celles qui nous manquent, afin de broyer complètement nos aliments et pour ne pas modifier la régularité de nos traits.

La dentition incomplète peut aussi causer des défauts de prononciation.

L'ouïe.

Le soin des oreilles doit être délicat, employons la ouate hydrophile légèrement enroulée, de préférence au cure-oreilles en métal ou autre matière pouvant blesser le tympan.

Les cheveux.

Ne nous couvrons que pour sortir, l'air étant pour les cheveux une assurance de conservation. Nettoyonsles au peigne fin, — habitude qui se perd. — Faisons-les couper souvent pour éviter la sensation du froid et conserver notre physionomie habituelle.

Abstenons-nous de frictions toujours à base d'alcool, nous pouvons au besoin laver nos cheveux nous mêmes avec un peu de savon et beaucoup d'eau tiède. Bien sécher.

Laissons leur nuance se modifier suivant notre âge.

Les pieds.

Je recommande chaque semaine pour les pieds un bain de propreté et un essuyage immédiat, pour les rendre bien secs.

Un nettoyage précis, la coupe des ongles, complètera le bien-être si nécessaire à une marche aisée.

Il est important que les chaussures possèdent une longueur et une largeur suffisantes pour éviter de blesser les ongles et de contracter des durillons, causes d'angoisses fâcheuses autant que désagréables.

Frictions sèches.

Pour avoir un visage frais, reposé, évitons les douleurs musculaires et articulaires causées par des situations de fait ou d'imprudence, dont je vais citer quelques-unes :

1° Placé dans un courant d'air.

2° Près d'un mur humide.

3° Le froid aux genoux que l'on éprouve quand on est longtemps assis.

4° Quand on est insuffisamment couvert.

5° Quand on couche près d'un mur ou d'une cloison malsaine.

6° Si on habite une maison humide.

7° Une insuffisance d'exercice.

Il est donc indispensable, aussitôt sa toilette terminée, de faire personnellement des frictions sèches sur toutes les parties du corps. Pour les épaules, le dos, les reins, on se servira d'une bande de crin tricotée au métier, et d'un gant de crin en forme de moufle pour le reste. Le thorax, l'abdomen particulièrement, les jambes, en dedans surtout, les genoux notamment, seront frictionnés vigoureusement, le tout pendant trois à quatre minutes.

Les fonctions respiratoires et perspiratoires de la peau en sont considérablement aidées.

L'action étant vive, le froid n'est pas à craindre. L'électricité que nous avons en nous, étant ainsi excitée, est mise en mouvement; elle établit une corrélation plus complète, plus intense des muscles entre eux; ce qui explique l'effet du bien-être que l'on ressent, et peut-être la préservation des douleurs locales que je viens de citer.

Si les bains et les affusions sont interdits par quelque affection des bronches, ces frictions les remplacent. En effet, en secouant les objets de crin, il en tombe une poudre blanche qui n'est autre que l'épiderme dont on excite la rénovation et, bien qu'elles soient prématurées, ces frictions ne causent pas d'excoriation, bien qu'il y ait lieu de s'abstenir quand la peau est en moiteur (1).

L'alimentation.

Il est bon que les végétaux aient une large part dans

---

(1) Académie de médecine juillet 1898 : *Du massage abdominal dans les affections du cœur*. — M. Huchard lit un rapport sur un travail de M. Cautru, dans lequel il signale l'efficacité du massage de l'abdomen dans les cardiopathies. Ce massage régularise la pression sanguine, amène la décongestion veineuse de tous les organes et en particulier du rein, d'où augmentation considérable de la diurèse. A ce titre, le massage peut être comparé dans son action à celle de la digitale.

notre alimentation. S'abstenir de vin pur et d'alcool est un brevet de douce longévité.

On fera bien de suivre le régime lacté, si recommandé aujourd'hui. Généralement un litre et demi suffit sous la forme : de café au lait le matin, dans le café noir à la fin du repas de midi, en lait au café au « Five o'clok » et en addition à deux tasses de thé à la terminaison du repas du soir.

Dans certains cas, la diète devra être observée, l'antique médecine la prescrivait déjà.

La vue.

Il est indispensable pour lire ou pour écrire, d'observer la distance normale de 0,33 à 0,35 nécessaire à la formation du rayon visuel. A défaut, le rayon est brisé et même faussé, si on incline la tête de côté. La faculté visuelle étant compromise, on se trouve obligé de faire usage d'optique beaucoup plus tôt et parfois de verres de numéros différents.

Pour la satisfaction de notre vue, ayons toujours sur nous deux binocles de force inégale, pour voir de près et de loin.

Une dame amie s'en étonnait en m'en demandant la cause : Un pour vous voir, Madame, et l'autre pour vous écrire.

L'explication lui parut satisfaisante.

Les voyages.

Donnons la préférence aux voyages de jour et, soit en omnibus, en voiture ou en chemin de fer, ne desdescendons pas avant l'arrêt complet. Modérons notre impatience, elle sera largement compensée par la sécurité et le prestige de nous-mêmes.

Dans nos séjours, les habitudes sont rompues. La nourriture des hôtels est forte. Soyons sobres. L'altitude et l'atmosphère étant souvent différentes de celles que nous quittons, couvrons-nous suffisamment.

Nos indispositions.

Un médecin célèbre, dont le nom m'échappe, a dit : Il n'y a pas de maladies, il n'y a que des malades. Le diagnostic est donc nécessaire. Consultons notre médecin, car il est imprudent de faire usage de remèdes généraux qui, s'adressant à tous, peuvent être nuisibles à quelques-uns ; leur action n'étant pas la même.

Se chambrer momentanément, se préserver de l'air froid suffit souvent à faire diparaître un malaise.

La Santé normale.

Nous avons pour devoir de nous bien porter, afin de ne pas être une charge pour notre famille et pour notre satisfaction personnelle, sans oublier l'agrément des personnes qui nous aiment.

Faisons donc plutôt « envie que pitié » suivant le proverbe populaire.

Pourtant l'âge mûr nous oblige à subir ses atteintes. Parmi celles-ci, je signale : la lourdeur de la marche, une fatigue inexplicable, inusitée précédemment, quelquefois une enflure des cous-de-pieds qui peut être causée par le relâchement du tissu des veines de la jambe.

Recourons sans tarder aux bas élastiques pour les contenir afin d'éviter un danger imminent. « Il est plus facile de les maintenir que de les guérir ». (Docteur Vimont).

Nos facultés intellectuelles.

Nous devons continuer le soin personnel de nos affaires. Evitons toute perte de temps, donnons l'exemple d'occupations actives ; sachons que l'indolence et la somnolence sont nos pires ennemies.

L'habitude d'exercer notre mémoire et notre jugement, entretiendra la vigueur de notre intelligence.

Il m'a été raconté un fait qui mérité d'être cité ici :

Un marchand, très occupé au point de s'en trouver fatigué, se promettait, hors de commerce, de s'abstenir de tout travail.

« Je me reposerai complètement », disait-il ; il vendit son fonds et se retira à la campagne. Après deux ans environ, un de ses amis vint pour le voir ; or, s'adressant à sa femme, celle-ci lui dit : « Vous le trouverez au jardin. »

Il le parcourait sans le trouver, n'entendant rien, quand il découvrit l'ancien commerçant, assis, adossé à un arbre et dormant la bouche ouverte, d'un profond sommeil. Il avait le visage gonflé, congestionné. Six mois après, son ami recevait une lettre de faire part de son décès.

Exercices physiques

Les hommes d'études et d'occupations sédentaires sont enclins aux inconvénients corporels. Ils éprouvent inconsciemment un tassement sur eux-mêmes qui occasionne, étant penchés sur leur travaux, la fatigue de l'estomac et du foie, ces organes si délicats.

Il importe absolument de les sauvegarder, puisqu'il est si difficile de les rendre dans leur état normal.

Je les invite, avec instance, avant de s'adonner au repos, à un exercice de marche — dans leur appartement, s'ils ne préfèrent sortir — en se livrant à des mouvements réguliers et de fantaisie qui les agrémentent ; ils assurent ainsi aux articulations, aux muscles et aux divers organes, une détention salutaire dont on s'aperçoit sans tarder. Cet exercice un peu violent, sera de une heure à une heure et demie ;

il représente une marche de quatre à six kilomètres, à raison de dix minutes au kilomètre.

Il en résule une transpiration bienfaisante, éliminatoire d'indisposition et un arrêt à l'augmentation du tissu adipeux.

Essuyez-vous vivement, revêtez pour la nuit une chemise de flanelle et vous jouirez d'un sommeil profond jusqu'à votre lever.

Je l'ai déjà dit, il est bon que le visage — ce miroir de l'âme — suivant l'expression de Lamartine, ait un aspect reposé et de sérénité si accueillant et si favorable à l'auréole du grand âge. Il nous faut donc le préserver du stigmate qu'imprime une santé compromise. Le caractère de la personne sera plus égal si sa santé est bonne. Au cas contraire, il est triste et morose. Dans cet état, on voit les choses sous un aspect désolant.

Rien ne distrait longtemps.

Le sommeil

Il est reconnu que sept heures suffisent pour un adulte, mais les douceurs du repos sont la récompense de journées de labeur. Ayons de préférence un lit personnel, faisons usage d'un oreiller de peu d'épaisseur, et bannissons le traversin.

Pour justifier l'adage si connu : « Tête fraîche et pieds chauds. » Ayons la tête nue et mettons des chaussons de nuit. Dormons habituellement sur le dos, afin, me disait un médecin, de laisser aux poumons leur position naturelle ; de côté, on les déforme, ajoutait-il.

En cas d'oppression, plaçons-nous sur la poitrine, la respiration est plus facile. En outre, cette position forme équilibre à la courbure causée par les travaux du jour.

L'intérêt général

Si, en quittant les affaires, nous cherchons une occupation intelligente, faisons-nous présenter dans des sociétés d'intérêt général et, sollicitant un mandat actif, nous emploierons nos facultés dans le poste qui nous sera confié. Nous trouverons un vif attrait en contribuant à leur succès par nos travaux et nos dons.

Nous serons ainsi utiles aux autres après l'avoir été à nous-mêmes.

La Vieillesse

Notre vitalité moins intense, la démarche moins agile, nous oblige à nous couvrir de vêtements chauds ; choisissons-les souples, peu lourds ; évitons surtout de monter en voitures découvertes ou sur l'impériale d'une voiture, ne nous arrêtons pas dans les rues pour un entretien, afin d'éviter un refroidissement qui nous expose à une congestion pulmonaire pouvant causer notre perte.

Un parent affectueux et un ami dévoué ont perdu la vie par ces causes. Il y a lieu de porter « un protector » pour abriter nos organes respiratoires.

Pendant le repos, notre visage contracte généralement des traits peu harmonieux. Prenons la détermination de les éviter par notre volonté et mettons-y ordre au cas d'un réveil de nuit.

A tel âge que ce soit, ne paraissons pas vieux.

Nous savons que nos muscles se tassent avec l'âge, nous perdons quelques centimètres de taille, il y a lieu de réagir par l'allongement parfait des jambes et même du cou pendant la nuit.

Douleurs intimes

Si nous jouissons d'une vie assez longue, nous subirons des séparations douloureuses. Considérons qu'elles sont une des lois de la nature, sachons faire une part à nos regrets ; du reste, l'idée du devoir et la foi religieuse nous y aideront ; elles sont un guide, un soutien, une force vive !

Satisfaction et bonheur

Je termine, mes chers collègues, en vous livrant cette réflexion : Que nous ne saurions être heureux qu'en étendant le bonheur autour de nous. Etudions-nous à rendre notre caractère égal et bienveillant ; soyons de préférence sévères envers nous-mêmes, en supposant que si nous ne réussissons pas dans nos projets, la faute doit en être attribuée à notre imprévoyance personnelle. Ces constatations successives nous rendent plus circonspects. L'indulgence pour les autres trouve un exemple dans le fait suivant :

Le domestique du grand Arago (1) avait, par imprudence, brisé un baromètre de grand prix ; Arago contint sa contrariété et, s'adressant à l'auteur désolé de cette maladresse :

« Mon ami, lui dit-il simplement, jamais baromètre n'est descendu aussi bas. »

Administrons sagement ce que nous possédons pour éviter toute occasion de trouble intérieur ; soyons affectueux pour notre famille et estimons nos amis, afin d'en être aimés et notre vieillesse aura pour eux un charme qui survivra à notre existence.

Exprimons et observons ceci : tout ce qui n'est pas utile est nuisible. Rappelons-nous Juvénal, le grand satirique Romain, et pour être compris et bien entendu, clamons avec lui : *Mens sana in corpore sano.*

A. FÉRET.

---

(1) Journal « l'Hygiène usuelle », n° du 15 4 97, sous la signature du Dr Castigat.

ASSOCIATION FRANÇAISE POUR L'AVANCEMENT DES SCIENCES

CONGRÈS DE NANTES

Du 4 au 11 Août 1898

XVIIe Section. — Hygiène et Médecine publiques

LA MAISON RURALE

Développement de la partie habitable (1)

En dépit du charmant couplet de Béranger : « Dans un grenier qu'on est bien à vingt ans », on cesse de l'aimer si l'occupation s'en prolonge.

Nous devons aussi nous rappeler que le grenier est souvent — surtout dans les villes — le refuge de la misère ; or, il convient « à la science sociale » de procurer aux déshérités de la vie un asile plus sain où l'air et le soleil abondent, afin que leur dénûment ait, même pour eux, un aspect moins triste d'où l'énergie puisse parfois renaître.

La suppression du grenier — comme logement — ne causerait donc aucun regret, à la condition de le remplacer par une disposition plus habitable.

Dans les maisons de ville, les greniers ont, en général fait place « aux mansardes », mais il serait bon de leur donner toute l'ampleur possible en faisant emploi de chevrons cintrés — dans la partie supérieure seulement, — pour leur donner la forme « dôme », suivant l'expression latine « Dôma » maison.

(1) Cette communication a été également faite à la *Société française d'hygiène*, séance du 3 juin 1898.

Beaucoup d'espace et d'air seraient ainsi acquis au profit des personnes qui les habitent.

Cette disposition, d'une utilité générale, pourrait surtout être appliquée aux habitations rurales, et même à celles des villes.

Le poids considérable de la charpente et des tuiles en terre, si affaissant pour les murs, se trouverait diminué des deux tiers par l'emploi de tuiles en tôle galvanisée ou en plaques de tôle unie ou ondulée de grande dimension (1). Et, au choix : en ardoises ou en zinc.

Par la suppression du grenier d'une maison de 11 à 12 mètres de long sur 9m.50 de profondeur, on obtiendrait quatre chambres de 5 m. sur 4 m. environ, ayant chacune leur entrée par un couloir de milieu. Elles auraient toutes une fenêtre ordinaire et une cheminée avec conduit de fumée en poterie.

Le concours établi en 1897 par la Société Française d'Hygiène sur : l'état des logements dans les petites communes rurales, où j'ai fait partie de la Commission d'examen des mémoires, est venu aviver en moi la pensée de cette réforme des habitations et, en juillet 1898, époque où la Société décernait ses récompenses en séance solennelle, j'établissais la réforme d'une toiture mansardée dans une maison de Paris (3me arrondissement), pour la rendre conforme aux idées de progrès et de bien-être qui tiennent tant à cœur à l'Association pour l'avancement des sciences.

Ainsi, au lieu du vulgaire grenier avec ses poteaux, fermes, liens qui le composent et en font presque exclusivement un abri contre les intempéries, il serait préférable d'en faire, à peu de frais, des logements

(1) La Société métallurgique d'Amiens peut être consultée, ou d'autres similaires.

sains, aérés, bien éclairés, où la famille jouirait d'un bien-être qui lui est actuellement inconnu.

Je viens donc proposer :

PARTIE TECHNIQUE

I

Les pignons supportant la toiture seront élevés en forme ogivale. Il sera formé un grenier perdu occupant environ les deux tiers de la largeur du bâtiment.

Ce faux grenier sera formé de chevrons reposant sur un bastin posé sur un fer à T de 0, 12 à larges ailes (ou à défaut, de 0, 14 ordinaire) scellé sur le pignon et d'autre bout sur une cloison de 0,22 en briques creuses (avec large baie de communication) (1) établie sur un filet en fer à T de 0, 16 à larges ailes garni en briques pleines.

II

Les ailes inférieures de ce filet recevront les solives du plancher. Il aurait ainsi peu d'épaisseur : 0, 21 à 0,22. Le plafond du rez aurait ainsi une surface plane sur toute son étendue. Les cloisons légères pour la distribution des pièces du rez et de l'étage seront établies sur le parquet ou le carreau et posées sur semelles. Elles seront en briques creuses 0, 04 — 0,15 — 0, 30.

Les bastins seront chaînés avec ceux correspondants (avant et arrière du bâtiment).

Les filets seront retenus extérieurement par des S, suivant l'usage.

III

Sur le bord extérieur du mur de façade serait scellé à plat, un fer à T de 0, 16 percé de quelques trous pour y introduire des goujons de retenue sur le vide et recevoir les chevrons cintrés à la partie supérieure à

(1) Cette baie serait reliée avec celle de face par un fer à T.

fixer et clouer sur le bastin où un biseau aura été fait avant la pose.

IV

Sur le milieu de ce mur de façade, il sera établi un filet en fer à T de 0, 14 garni en briques pleines sur champ, sauf deux réserves destinées à recevoir les deux montants d'une fenêtre qui, en outre, sera retenue à chacun de ces montants (chêne ou sapin de 0, 13 carré), par un fer carré de 0,04 fixé à 1 m.50 de haut et accroché par son extrémité formant crochet, à un fer à T de 0, 12 scellé près du bastin. Il suivra la courbe des chevrons pour l'uniformité et sera enduit de plâtre dans la préparation des chambres. Il en sera de même pour les trois autres fenêtres — deux sur chaque face du bâtiment.

V

Pour donner un aspect vertical dans l'intérieur des chambres, on établira une cloison perdue en briques creuses sur le filet, à l'alignement des poteaux de fenêtres, jusqu'à leur rencontre avec les chevrons, soit 1 m.50 de haut environ.

VI

Le couloir desservant les chambres sera vitré à la partie supérieure. Un escalier établi au rez aboutira à ce couloir.

VII

Je propose aussi que cet étage soit parquêté en peuplier gris (connu sous le nom de grisard), ou à défaut eu pitchpin, bois durs, solides, compacts et de bonne conservation. Ce plancher aurait l'avantage d'être plus léger qu'avec du carrelage. La différence de prix est peu importante.

Comme logement, la préférence est tout indiquée. C'est plus sain, moins froid, plus clair, plus intime.

En l'habitant la nuit, on sera préservé de la fraîcheur du rez, de l'odeur de cuisine, de l'importunité des mouches, des senteurs immédiates de la cour et des étables si souvent contiguës aux maisons.

En supposant qu'une partie de cet étage soit réservé aux céréales, elles seront mieux à l'abri des insectes qui souvent les détériorent. Un vasistas grillagé leur donnerait l'aération nécessaire.

VIII

La maison aura une hauteur intérieure de 3 mètres au rez, de même qu'à l'étage au-dessus. Deux chatières à chaque versant suffiront pour aérer la couverture.

IX

Il sera établi une prise d'air extérieure à chaque cheminée. Les poteries de conduites de fumée de l'étage auront 13-16 et celles du rez 17-19 en prévision d'un foyer plus important.

X

C'est à dessein que je propose, comme surface convenable d'habitation, un multiple de 5 m. 50 à 6 mètres de longueur, à cause de la longueur des bois du commerce, de sorte que je prends pour type de ma démonstration une maison de 11 à 12 mètres de long sur 9 m. 50 de profondeur, avec grenier perdu de 7 m à 7 m. 50 de profondeur. Elle serait établie sur caves, de préférence.

XI

Les murs en pierres de taille ou en briques auront 0m22 ou 0m33 d'épaisseur ; en moellon, 0m35 ou 0m40. La condition nécessaire pour une bonne construction réside principalement dans les fondations ; il est donc utile de creuser jusqu'au tuf et d'y établir une forte assise en béton.

XII

Les fenêtres du rez et de l'étage auront une dimension uniforme de 1 m. 80 de haut sur 1 m. 05 de large. Elles fermeront par des crémones et seront pourvues d'un demi balcon posé à 1 m. 05 au-dessus du parquet et à 0 m. 38 de la bavette.

XIII

Le plancher haut des caves, en fer de 0.16, sera élevé d'une marche au-dessus du niveau de la rue ou du jardin. Il sera également parqueté en bois de peuplier gris (grisard) ou pitchpin. Pour le préserver de l'humidité, une couche de 0 m. 10 de scories de houille y sera déposée et couverte de 0 m. 02 de gravier de rivière ou de plaine, et les lambourdes posées dessus.

XIV

A défaut de cave, le sol sera également élevé d'une marche et cimenté sur béton ou parqueté comme il vient d'être expliqué. Il est important de préserver le parquet de l'humidité du sol, de même que le carreau.

XIV

Il est également bon que les murs, à la hauteur du sol, reçoivent, sur l'assise des matériaux, une couche de ciment Portland pur, de quatre à cinq centimètres d'épaisseur, pour arrêter l'humidité qui se propage si souvent par capillarité à une certaine hauteur du rez. J'insiste sur cette disposition urgente.

XVI

Les chevrons découpés en forme cintrée par le haut seulement, seront tirés d'un madrier en sapin de 0m 28 de large sur 0m 08 d'épaisseur. Un trait de scie à ruban en donnera deux pris en sens contraire, la longueur choisie étant de 5^m 50. On trouve à utiliser les déchets.

XVII

Le lattis intérieur des chevrons est enduit de gros plâtre et de fin à l'intérieur. Au rez, le plafond est également enduit sur lattis. Si les solives sont en fer, on place des entre-deux en fer carré sur les ailes et des fers légers au-dessus, pour retenir la garniture en briques creuses, 0.04 × 0.15 × 0.30.

COUVERTURE

Les tuiles en tôle galvanisée posées sur voliges étant d'une durée considérable et presque sans entretien, sont d'une grande légèreté, 0^m 23 sur 0^m 40; poids 270 grammes et d'un prix modique. La préférence de ce système paraît évidente ou, comme je l'ai dit précédemment, en tôle unie ou ondulée galvanisée de grande dimension — ou en zinc, ou en ardoises.

J'ai tenu à donner ces détails afin de préciser le mode de construction solide, léger et économique de la maison rurale et des cités ouvrières. Il conviendrait aussi bien aux maisons de villes.

En recherchant ce qui me paraît donner satisfaction à la santé des familles, en même temps que la convenance si appréciée du logement en quatre chambres distinctes, je me suis attaché à bien rendre ma pensée par des détails peut-être un peu arides, mais qui, réalisés, rendront le meilleur service.

Les familles pourront devenir nombreuses, il y aura place pour les recevoir.

Le vœu le plus cher des hygiénistes recevrait ainsi satisfaction.

A. Féret.

Nota. — Le ciment armé est actuellement étudié, mais l'expérimentation en est insuffisante pour en conseiller l'emploi.

A. F.

CONGRÈS DES SOCIÉTÉS SAVANTES

Toulouse, du 4 au 8 avril 1899

SECTION DES SCIENCES ÉCONOMIQUES ET SOCIALES

PRÉSIDENCE DE M. DELOUME

Etude sur l'édification d'une Maison Municipale dans chaque arrondissement de Paris et dans les grandes villes de France. (1)

Monsieur le Président,
Mes chers Collègues,

Depuis longtemps, j'ai fait cette réflexion et je suis l'écho de la remarque de beaucoup de personnes: qu'il serait désirable de réunir dans un même édifice tous les services publics à qui nous avons sans cesse recours pour chacun des vingt Arrondissements de Paris et dans les grandes villes de France.

Les avantages de cette heureuse centralisation s'expliquent en ce qu'ils évitent des démarches distinctes et une perte de temps qu'il est bon d'éviter au public.

La réalisation de ce projet serait accueillie avec faveur, elle est pour ainsi dire pressentie. L'administration de tous les services serait placée sous l'autorité

---

(1) Cette communication a été également faite :
1° A la Société Française d'Hygiène, séance du 10 Mars 1899.
2° A la société d'Hygiène de l'Enfance, séance du 1er Mai 1899.
3° Au congrès de l'Association Française pour l'avancement des sciences — Septembre 1899, Boulogne-sur-Mer.

des Maires dont l'un des adjoints serait désigné pour le service commercial.

Ces attributions municipales d'arrondissement auraient ainsi une affectation supplémentaire dont l'efficacité présenterait un mérite fort apprécié.

Ces édifices auxquels l'Etat contribuerait, permettrait d'établir un important Bureau de Poste avec des guichets suffisants pour réserver un accueil immédiat au public afin de développer cette maxime étrangère insuffisamment comprise chez nous :

« Le temps c'est de l'argent ».

Je propose en ce qui concerne l'État :

1° Bureau de Poste et Télégraphes.

2° Bureau des Contrôleurs des Contributions Directes.

3° Le Bureau des Contributions Directes où l'insuffisance des guichets est causée par la faculté laissée au Percepteur de choisir lui-même un local.

4° Bureau de l'Enregistrement et des Domaines. Bien que moins fréquenté, il serait utile que son installation y fût placée comme centralisation.

5° Un bureau gratuit serait réservé à la Banque de France pour y encaisser les billets à ordre qui n'ont pu être payés à présentation aux garçons de recettes de la Banque, afin d'éviter au public une perte de temps considérable pour se rendre au siège central. La Banque pourrait y adjoindre d'autres services.

En ce qui concerne la ville, je propose de retirer de la Mairie les services suivants, dans le but d'établir ses Bureaux au rez de-chaussée.

6° Justice de Paix.

7° Conseil des Prud'hommes, un local par arrondissement où il s'y réunirait à tour de rôle, pour éviter un déplacement trop prolongé aux justiciables.

8° Commissaire de Police du quartier.

9° Un poste de Police.

10° Un poste de Pompiers avec tous les agrès.

11° Bains douches — au prix de dix centimes.

Les tickets seraient servis automatiquement, de même que le savon et le linge. Je propose cent cabines. Le peuple, séduit par un aménagement simple, bien éclairé et aéré et par le bas prix, s'y rendrait avec empressement au grand profit de l'hygiène publique.

La surveillence en serait facile, rapide et le personnel restreint. Un service de baignoires y serait annexé au prix de trente centimes.

12° Bureau de Bienfaisance — où un malheureux désespéré pourrait être secouru immédiatement, soit par espèces, un bon de nourriture ou de vêtements. Il y aurait ensuite enquête et il serait signalé aux autres bureaux pour éviter un abus.

13° Soupe populaire.

14° Bureau d'Assistance par le travail.

15° Asile pour une nuit — hommes — femmes.

16° Salle d'ambulance pour les blessés et personnes atteintes d'indisposition sur la voie publique, chantiers usines, (etc.)

Elle aurait en dépôt un brancard à roues pour le transport. Cette salle contiendrait : une table à pansement, matériel bien organisé pour un pansement sommaire. Une infirmière y aurait un poste fixe pour les premiers soins.

Un tableau des médecins du quartier y serait affiché et il serait envoyé à la recherche de l'un d'eux au moment du prêt du brancard, si le cas paraît urgent.

Le malade serait au besoin transporté à l'hôpital avec une attestation d'urgence détachée du carnet à souche de la salle d'ambulance. Cette attestation serait écrite et signée par le médecin. Un bon de réquisition lui serait remis par l'infirmière et un à la personne chargée du transport.

17° Il serait également bon de trouver un brancard à roues dans les préaux des Ecoles, dans les Postes de Police, des Pompiers et autres Etablissememts de la Ville de Paris et de l'Etat.

18° L'Enseignement des adultes. — Il y aurait urgence sociale à faire converger les adultes par des avantages moraux vers l'école du soir pour compléter et augmenter leur instruction : le français, les langues étrangères, le dessin linéaire, d'ornement, etc. Ils seraient porteurs d'une carte d'identité timbrée mensuellement comme attestation de leur présence continue. Elle leur serait favorable pour se placer. Ces cours seraient rendus attrayants par leur variété. Des conférences, avec projections, seraient faites sur : l'hygiène populaire, l'alcoolisme, nos colonies et pays de protectorat.

Des médecins seraient invités à faire des conférences sur la tuberculose, la prophilaxie, etc. Ces cours auraient lieu à l'étage supérieur.

19° Crèche de l'Arrondissement. Elle aurait sa place au premier étage, où on lui donnerait l'espace nécessaire pour une large installation. Et, n'ayant pas de loyer à payer, les largesses des Donateurs seraient tout entières au service des enfants qui y seraient reçus, comme toujours, dès l'âge de quinze jours à trois ans, et de sept heures du matin à sept heures du soir. Elle serait fermée les jours fériés.

Il est nécessaire de faire connaître au Peuple que l'existence des enfants est mieux sauvegardée par l'explication suivante :

La somme allouée aux nourrices, quoique minime pour elles, est une charge pour les familles parce qu'elle vient à jour fixe, tandis qu'à la crèche, on y verse chaque jour la rétribution de vingt centimes. Il faut payer le voyage assez coûteux de la nourrice, car souvent elle demeure loin. Il en est de même pour aller voir son enfant. On y trouve parfois un intérieur peu confortable, et l'enfant dans des conditions défavorables. On revient le cœur navré. Les paysans écrivent peu et ne savent pas raconter. Une voisine se charge de dire des riens qui ne satisfont pas. Enfin on reçoit une lettre ainsi conçue : « Je vous préviens que votre enfant est mort d'une épidémie et qu'on l'a enterré hier. » En effet, la statistique nous fait connaître que les décès sont fréquents et qu'ils atteignent jusqu'à soixante pour cent des enfants en nourrice. Que de deuil affligeants, que d'espoirs déçus, que de mères peinées dont le visage n'a plus ce calme riant des premières années du mariage ! Disons, en passant, que l'on s'attache moins à l'enfant que l'on voit rarement.

Par la crèche, l'enfant jouissant d'une bonne santé, frais et dispos, fait le charme de la famille qui, fière de le posséder le dimanche, le promène et constate avec satisfaction son progrès d'une semaine à l'autre.

20° Bibliothèque d'Arrondissement, réservée exclusivement aux affaires commerciales, où les Commissionnaires, les Négociants et les Industriels se renseigneraient en peu de temps par la proximité. Elles formeraient des succursales de l'Office National du commerce extérieur, rue Feydeau n° 3 : Loi du 4 Mars 1898.

« L'Office a pour mission de fournir aux Industriels
« français, les renseignements commerciaux de toute
« nature, pouvant concourir au développement du com-
« merce extérieur et à l'extension de ses débouchés dans

« les Pays Étrangers, les Colonies Françaises et les « Pays de protectorat.

C'est parfait, et comme il serait bon de pouvoir se rendre en peu de temps à une succursale de l'Office où tous les documents se trouveraient ! On a pu oublier un renseignement indispensable qu'il s'agit d'obtenir, car il faut, au besoin, établir des prix rendus franco à tel port ou à telle localité au-delà comme le font les négociants Allemands.

Il est donc utile et même indispensable que tous nos centres manufacturiers soient pourvus de la totalité des documents.

M. l'Adjoint commercial tiendrait à donner des indications sommaires ou précises pour trouver ce que l'on tient à savoir, car il faut être familiarisé avec les tarifs de chemins de fer français et du frêt de batellerie suivant la classe de sa marchandise, plus les frais accessoires. Consulter le tarif de la Douane du Pays et le montant du transport de l'au-delà du port d'arrivée. Il est des contrées où les colis se transportent à dos d'hommes, ils ne doivent pas peser plus d'un poids déterminé. Il faut tout savoir et prévoir.

Peut-être que, dans certains cas, le client voudrait payer en produits du Pays. Il serait bon de les connaître tous pour établir son choix.

Je présume que l'on peut se procurer l'annuaire de chaque contrée avec les annexes trimestrielles ou mensuelles suivant l'importance des nouveaux arrivants, indiquant le nom, la raison sociale des Négociants ou des Producteurs, édité par les soins du Résident et que des renseignements oraux sur leur valeur commerciale, et leur moralité pourraient être donnés.

Notre éducation n'étant pas faite, je proposerai comme initiation qu'un service de colis-postaux fût établi avec toutes nos colonies et pays de protectorat, persuadé qu'il se développerait avec faveur, car il est un besoin et même une nécessité sociale actuelle.

Nos Maisons d'épicerie, nos grands Hôtels, nos grands Cafés, nos Restaurants importants, les familles riches, opulentes ou simplement économes, seraient heureux d'avoir des produits de provenance directe. Ce serait de bon ton et il y aurait engouement. Les cafés, les cacaos, les poivres, les sucres, les rhums, envoyés d'abord par cinq, dix, cinquante et cent kilos, seraient un début comme renseignement et, suivant la réussite, ils pourraient prendre une extension considérable. L'expérience acquise en France sur le développement énorme des colis-postaux est une garantie du même succès. L'important serait de les obtenir dans le délai le plus court. Nos grandes Compagnies de navigation établiraient un service de factage à domicile. Paris-Port-de-Mer serait à demi réalisé.

Il me semble que le goût de visiter nos colonies pourrait être une conséquence de ces rapports commerciaux si fréquents.

On s'attacherait davantage à la lecture des nouvelles coloniales publiées par les journaux, et d'après la faveur publique, il leur serait donné plus de place.

Nous aurions sous peu d'années, par compensation, une abondance d'ordres d'achat de nos produits : modes, vêtements, chaussures, meubles, bronzes, porcelaines, fleurs artificielles, etc, etc. Il nous faudrait des cables sous-marins qui seraient très occupés.

Nos usages se modifieraient. Nous prendrions le Transatlantique bien plus souvent.

Telles sont, Messieurs, les vues sommaires que j'ai l'honneur de vous soumettre sur l'utilité complexe des Maisons Municipales à édifier, en vous priant de les discuter en examinant si elles vous paraissent susceptibles d'améliorations et de modifications.

Pour nous instruire sur ces sujets d'actualité, lisons la revue si estimée portant le titre : *La France de demain*, de l'explorateur Gabriel Bonvalot qui, avec M. Jules Lemaître, partage la rude tâche de novateur d'un enseignement national pratique. Puissent-ils réussir et convaincre! Saluons ensemble, Messieurs, ces deux Hommes d'énergie et de haute valeur.

A. Féret.

CONGRÈS DES SOCIÉTÉS SAVANTES

Toulouse, du 4 au 8 avril 1899

SECTION DES SCIENCES ÉCONOMIQUES ET SOCIALES

PRÉSIDENCE DE M. DELOUME

Une Crèche à Paris en 1899 (1)

Monsieur le Président,
Mes chers Collègues,

A l'époque où M. Firmin Marbeau exaltait le mérite des Crèches populaires et enflammait les idées sur ces fondations aussi utiles que nécessaires, un groupe d'hommes de généreuse initiative et de femmes de cœur, se réunirent sous l'inspiration du Penseur émérite, créateur de cette institution si appréciée pour en fonder une dans un quartier bien central de Paris.

Ceci se passait en 1866. Elle reçut les cotisations des adhérents à la société qui s'était formee et elle s'accrut.

---

(1) La Crèche municipale Bonne-Nouvelle, rue Saint-Denis n° 144 a été prise comme sujet de cette étude.

Transféré le 13 mars 1899 de la rue Saint-Denis numéro 218 au numéro 144 même rue, inaugurée le 20 mai 1899 par M. de Selves Préfet de la Seine, assisté de M. Mesureur, député de Paris, M. Lucipia, président du conseil municipal de Paris, M. Rébeillard, conseiller municipal du quartier Bonne-Nouvelle, de M. A. Féret, Président du Conseil d'Administration, des administrateurs de la Crèche et des Dames Patronnesses.

Cette communication a été également faite :

1 A la *Société Française d'Hygiène*, séance du 10 février 1899.

2 A la *Société d'Hygiène de l'Enfance*, séance du 6 mars 1899

3 Au *Congrès de l'Association Française pour l'avancement de Sciences* - Septembre 1899, à Boulogne-sur-Mer.

Je tiens de M. Eugène Marbeau, son fils que, à sa fondation, l'installation de la Crèche — et il en était de même pour les autres — a eu lieu dans les conditions les plus modestes, elle n'était pour ainsi dire qu'une garderie, car les mères de famille apportaient du lait et une partie de la nourriture de leurs enfants; mais l'insuffisance et la diversité des mets à préparer firent bientôt renoncer à cette manière d'opérer et on se mit en mesure de nourrir les enfants uniformément, de sorte que les mères n'ont aucune subsistance à fournir. Elles sont même priées de s'abstenir.

Les charges devenant plus fortes, la Crèche dut, pour équilibrer son budget, faire successivement appel à la Ville de Paris, au Département de la Seine, au Ministère de l'Intérieur, qui lui accordèrent une subvention motivée par les bons rapports qui leur furent faits sur la bonne tenue de l'établissement, et le nombre élevé des enfants que les mères de famille lui confiaient.

La science infantile s'étant précisée et approfondie par l'expérience comparative des faits, des médecins éminents jetèrent les bases d'un règlement, et il suffit de citer l'un d'eux, M. le Docteur Napias, promu Directeur de l'Assistance publique, pour apprécier le mérite pratique des prescriptions actuelles publiées par le Ministère de l'Intérieur où son nom se trouve souvent cité.

Le médecin de service examine journellement les enfants, la Directrice l'informe des cas qui peuvent attirer plus particulièrement son attention. Cette visite a lieu de 10 heures à 11 heures de sorte que les enfants ne sont plus admis à la crèche après 9 heures et demie.

Quand un enfant paraît présenter un état suspect,

il est placé dans une chambre d'isolement et, au cas où une maladie se déclare, il est rendu à sa mère qui alors, consulte un Médecin du Dispensaire.

Pour assurer aux enfants une installation hygiénique bien comprise, la Crèche possède au premier étage un local vaste, haut de plafond, pourvu d'une aération constante, ainsi que des pièces bien appropriées aux différents services. Il a certainement fallu beaucoup de démarches et de nombreuses négociations pour se le procurer. Sa superficie est d'environ trois cents mètres. Il est desservi par quatre entrées.

Le plan du local avec ses divisions projetées a dû être soumis à la Commission Départementale de surveillance des Crèches et subir les modifications indiquées.

Les cloisons à établir ont été exécutées ainsi : soubassements en briques creuses de 0,04, 0,15, 0,30 et la partie supérieure vitrée en verres clairs à 1 m.20 du parquet, de manière que la vue s'étende à la fois sur les salles et le service intérieur afin d'en assurer la surveillance prompte et rapide.

Deux calorifères spéciaux avec prise d'air extérieur assurent une combustion active, bien qu'étant chargés pour douze heures, de sorte que le chauffage a lieu même la nuit, attendu l'entrée des enfants dès sept heures du matin. Leur sortie a lieu à sept heures du soir. Une température douce et égale leur est donc assurée.

Comme renouvellement d'air extérieur continu, des verres perforés ont été placés à l'imposte des fenêtres, leur action est suspendue au besoin par des châssis à verres pleins.

Le service des bains est assuré par deux baignoires alimentées par un réservoir d'eau chaude fournie par l'ébullition continue et circulaire d'après l'action d'un fourneau établi dans ce but.

La vidange se fait directement à l'extérieur.

Les tablettes de la salle de bains sont en glaces, et leurs supports fixés sur les fers des vitrages.

Quarante corbeilles en fil de fer galvanisé reçoivent les objets de toilette particuliers à chaque enfant.

La toilette a lieu au moyen de ouate hydrophile qui est rejetée aussitôt.

Des cuvettes-lavabos sont pourvues de deux robinets : eau chaude et eau froide. Cuisine : Le fourneau alimenté par du coke n° 1 additionné de charbon de terre, est disposé pour le service d'eau chaude dont nous venons de parler, la cuisson des aliments et la préparation du lait stérilisé. Il y a aussi un fourneau à gaz. Un tiroir en tôle reçoit le coke et le charbon de bois nécessaire à l'allumage.

Une grande armoire est disposée pour la vaisselle, une autre contient les langes dont l'emploi est si fréquent.

La salle de bains et la cuisine ont chacune leur entrée sur un couloir conduisant à la salle d'allaitement dont il va être bientôt question.

Lait stérilisé.— Une petite pièce attenant à la cuisine sert à sa conservation, elle contient aussi des récipients d'une contenance de cinquante à cent vingt grammes de lait stérilisé — une tétée — destinés aux enfants pendant la nuit ; il en est de même pour la journée du dimanche.

Toutes ces pièces sont ventilées comme les précédentes.

Salle d'allaitement et d'apport des enfants. — Cette salle avec entrée sur le bâtiment sur cour est parfaitement éclairée, chauffée par une bouche de chaleur du fourneau ; elle est également ventilée.

A la suite de cette salle se trouve un cabinet d'aisances, clair et bien aéré avec siège destiné au personnel, il est établi avec réservoir de chasse.

Linge sale.— Il est placé dans une armoire hermétiquement close, munie d'un tuyau d'évaporation dans la cheminée du fourneau, afin d'être enlevée par le tirage. La planche de milieu sur laquelle sont placés les paniers à claire voie est perforée.

Entrée de la Crèche. — Après la porte pleine donnant sur le palier du grand escalier, une porte en va-et-vient, à deux vantaux vitrés en verres spéciaux, défend la vue immédiate de l'intérieur.

Un large couloir conduit au bureau de la Directrice.

Dès l'entrée, la vue se porte sur la salle des petits berceaux ; au-delà, la vaste salle des grands berceaux. En arrière de ces deux pièces se trouve la salle de jeu. Elle donne accès au couloir où se trouve un cabinet d'aisances aéré par une large cheminée d'appel ouverte dans le mur mitoyen. Un bec de gaz sans cesse allumé en active le tirage.

Ce cabinet contient trois cuvettes avec réservoir de chasse et un poste d'eau.

Une porte de communication donne dans la lingerie et à la salle d'isolement qui est indépendante, avec sortie directe sur le palier de l'escalier. A la suite deux grandes pièces sont affectées au logement de la Directrice, le tout avec grandes fenêtres sur cour.

Service d'éclairage. — Il est fait par des lyres avec appareils Auer, surmontés d'ampoules.

Parquets. — Les parquets rabotés, l'interstice des lames a été nettoyé avec soin, et un enduit a été coulé pour présenter une surface parfaitement homogène et saine. Cet enduit est formé de cire jaune, de résine, de blanc d'Espagne et de terre d'ombre. Soumise à une forte chaleur, la cire liquéfiée absorbe les autres produits. L'enduit devient très dur.

Rappelons ici que le plafond n'a pas d'angles et qu'il n'y a aucune moulure sur les murs.

Parquet de la salle de jeu. — Bien que des habitudes régulières soient données par la surveillante, il arrive que des enfants s'oublient et que le parquet en souffre. Un lavage à l'éponge a lieu aussitôt. Les pores du bois se trouvant obstrués par un encaustique antiseptique pulvérulent, n'a pas suffi, le parquet a dû être recouvert d'un tapis en linoléum.

La cuisine, le cabinet du lait stérilisé, la salle de bains, les cabinets d'aisances possèdent un carrelage céramique.

La peinture des murs et des plafonds est faite à l'huile complétée d'une couche de Ripolin.

Comme je l'ai dit, le service d'aération continu auquel on attache une grande importance est assuré dans toutes les pièces par des verres perforés placés aux impostes des fenêtres. Il peut être interrompu à volonté par des châssis en verres pleins.

La clarté est répandue par de hautes et larges fenêtres. Elles sont ouvertes pendant la nuit si la température le permet.

La préoccupation constante a eu pour but de satisfaire au règlement du ministère de l'Intérieur sur le service des Crèches.(1)

L'hygiène extérieure de l'établissement est assurée : par la largeur de la rue, par une grande porte cochère procurant l'aération de la cour ; un vaste escalier con-

---

(1) Décret du 2 mars 1897. — Arrêté Ministériel du 22 décembre 1897. — Circulaire du 6 novembre 1898.

duit au premier étage où se trouve la Crèche. Elle est éclairée par sept fenêtres sur la rue et huit fenêtres sur la cour.

Les mères de famille versent vingt centimes par journée de présence de leurs enfants ; si elles ne peuvent faire ce versement, ils sont néanmoins conservés.

L'esprit de la Crèche est que les mères de famille puissent aller faire des travaux hors de chez elles et obtenir un salaire élevé qui, joint à celui du mari, apporte le bien-être dans le ménage. La mère de famille a la satisfaction d'avoir son enfant le dimanche. La crèche lui remet des flacons de lait stérilisé pour cette journée et davantage s'il se trouve deux jours fériés, afin que la nourriture de l'enfant soit uniforme.

Les enfants à la Crèche, étant parfaitement surveillés, jouissant des soins journaliers du médecin, ont un visage rayonnant de santé qui fait la joie de leurs parents et, disons-le, la satisfaction des Administrateurs.

L'administration de la Crèche se compose comme suit :

Membres de droit :

Le Député de l'Arrondissement. — Le Conseiller Municipal du quartier. — Le Maire et ses Adjoints. — Deux Membres de la Caisse des écoles.

Président d'Honneur : M. Eugène Marbeau, Président de la Société des Crèches.

Bureau :

Un Président — Un Vice-président — Un Secrétaire Général — Deux Secrétaires des séances — Un Trésorier.

Administrateurs :

Au nombre de douze, nommés par l'Assemblée générale.

Comité des Médecins :

Il nomme l'un d'eux, chargé d'assumer la responsabilité de l'hygiène intérieure et désigner ceux chargés, à tour de rôle, du service médical de chaque jour.

Dames patronnesses :

Ces Dames nomment : leur Présidente, Secrétaire. Trésorière. — Elles se réunissent mensuellement au Bureau de la Crèche, le jour choisi par elles — Le Président et le Secrétaire général étant prévenus par la Directrice, assistent à leur réunion.

Elles sont priées de venir souvent à la Crèche voir les enfants, s'informer de leur santé, de s'intéresser à leurs familles, à qui elles font visite.

Il est fait appel à leur dévouement pour obtenir, par leurs relations, l'adhésion de Membres nouveaux et des dons de toute nature. De même au placement de billets quand la Société a décidé : un bal, un concert, une loterie.

Service intérieur :

Une Directrice — Quatre femmes de service.

Frais généraux — se composent comme suit : Loyer — Impositions — Appointements de la Directrice — Gages du personnel — Nourriture des enfants, — la literie et son entretien — le linge — les objets de pansement — blanchissage — raccomodage — éclairage — chauffage — eau — frais de bureau — impressions — renouvellement du mobilier de service.

Recettes :

Versement journalier des mères de famille — Cotisations générales — Dons des bienfaiteurs, fondateurs, souscripteurs et donateurs. — Subventions :

du Conseil Municipal.

du Conseil Général.

du Ministère de l'Intérieur.
du Bureau de Bienfaisance.
de la Caisse des Ecoles.

Quand ces rentrées sont insuffisantes, l'Assemblée générale fait un appel à de nouveaux Donateurs : un bal, un concert ou une loterie est organisée.

Les appointements de la Directrice sont de cent dix francs par mois et une allocation semestrielle, variable, suivant la décision du bureau : elle est logée.

Les gages du personnel sont de 2 fr, 25 à 2 fr. 50 par jour, suivant l'ancienneté. Elles ont une gratification au commencement de l'année — à Pâques ou au 14 Juillet.

Au cas d'épidémie tous les enfants sont rendus aux mères et les locaux sont désinfectés par le service de la Ville.

La réouverture a lieu sur demande faite par le Médecin Chef de service, à la Préfecture de Police.

La comptabilité de la Directrice est contrôlée par le Trésorier. Le Trésorier fait son rapport financier à l'Assemblée plénière annuelle.

La Directrice est autorisée à faire ses provisions de semaine dans les Etablissements qui lui sont prescrits, et elle en remet la facture à l'appui de ses comptes.

Le Bureau se réunit mensuellement ; les Administrateurs, tous les trois mois ; l'Assemblée plénière est annuelle et plus souvent si le Président le juge nécessaire.

Les enfants sont admis à la Crèche dès l'âge de quinze jours jusqu'à trois ans.

Aussitôt que leur constitution permet une nourrire plus substantielle que le lait seul, il leur est servi, deux fois par jour, une soupe, un œuf et une tartine.

Le pot au feu a lieu deux fois par semaine, le

bœuf est donné à tour de rôle au personnel. Il n'est pas nourri.

Le pesage des enfants a lieu chaque semaine jusqu'à deux ans, après cet âge, tous les mois; leur poids est inscrit sur un registre spécial et sur un carton graphique suspendu à chaque lit.

La literie se compose de berceaux à filet pour les petits et de lits en fer pour les grands, les matelas sont en varech ou fougère, l'intérieur est souvent renouvelé.

Le nom des enfants présents est inscrit chaque jour sur le livre d'entrée, leurs indispositions sont notées et il est pourvu à leurs soins.

Au-dessus de chaque lit ou berceau se trouve inscrit le nom du Donateur.

Nous avons dit que la surface de l'établissement est de trois cents mètres, sur trois mètres trente centimètres de hauteur, soit un cube d'air de mille mètres; or les règlements prescrivent neuf mètres par enfant. Le nombre étant limité à trente, ils jouissent d'un ensemble de trente-trois mètres chacun.

La journée de présence est revenue, en 1898, à 1 fr. 72, chiffre légèrement élevé par suite du renouvellement d'une partie du matériel.

***

En retenant votre attention sur le service si bienfaisant des Crèches, j'ai pour but, Messieurs, de vous en faire remarquer les avantages familiaux, l'enfant passant la nuit au domicile paternel.

L'attachement des parents pour leur enfant est d'autant plus vif, qu'ils en ont été séparés pendant les douze heures de leur labeur quotidien.

En remarquant sa propreté, son visage souriant de satisfaction, ils sont doublement heureux.

M. Firmin Marbeau avait bien prévu ce haut résultat du sentiment humain !

De son temps, il avait remarqué la défectuosité du système d'envoyer son enfant au loin.

Il suffit en effet de réfléchir : que la nourrice a un ou plusieurs enfants, qu'elle doit prendre soin de son intérieur, et s'occuper de la préparation des aliments aux heures de repas de son mari.

Il est évident qu'elle demande un nourrisson uniquement pour son profit. La pensée des parents se porte peu sur ce point; ils préfèrent croire que la nourrice sera tendre et attentive. Mais cette femme est obligée de s'absenter : pour ses besoins personnels, pour laver son linge et les langes et même pour les soins du jardin.

Enfin elle peut s'occuper de l'enfant. Oui, mais, pendant des heures, il s'est trouvé malpropre, il a eu faim, son instinct le portait à se plaindre; le petit être est indisposé. L'état morbide augmentant, souvent il meurt.

En effet la statistique nous révèle que la mortalité atteint jusqu'à soixante pour cent des enfants mis en nourrice. Voici pourquoi la population française n'augmente que dans une si petite proportion.

Ah ! si on pouvait organiser une quantité de crèches dans tous les centres ouvriers, quel bienfait ! Paris n'en compte en tout que cinquante six !

Il serait bon que dans les villages d'industrie nourricière, il soit établi une crèche, où pendant le jour, une ou plusieurs femmes, payées en commun, auraient la garde des enfants pour tout le village.

Dans la Franche-Comté, il y a des Associations pour la fabrication du fromage ; dans beaucoup de villages, il n'y a qu'un seul pâtre ; pourquoi n'y aurait il pas une Association pour la garde des enfants ? Il serait plus facile au Médecin et à l'Inspecteur de donner des notions aux gardiennes qui acquerraient l'expérience par la pratique, que de tenter de la donner à toutes les nourrices.

Je vous laisse, Messieurs, sur cette pensée, elle a besoin d'être mûrie ; mais, quand vous en serez pénétrés, aidez, je vous en prie, à sa solution.

A. FÉRET.

ASSOCIATION FRANÇAISE POUR L'AVANCEMENT DES SCIENCES

CONGRÈS DE BOULOGNE-SUR-MER DU 14 AU 21 SEPTEMBRE 1899

XV° Section. — Economie politique

PRÉSIDENCE DE M. LETORT

Etude sur les mansardes des anciennes maisons d'habitation (1).

Une étude que j'ai faite précédemment sur la maison rurale consistait à donner plus de développement à la partie habitable en formant un étage au lieu d'un grenier. Ce projet a son entière application dans les constructions nouvelles, car, bien qu'elle puisse être d'une utilité importante et immédiate, la réfection serait peut être sans rapport avec la valeur intrinsèque du rez-de-chaussée.

Il en serait autrement si ce rez est suffisamment élevé, ses murs en bon état et s'il possède des caves.

Dans ce cas, on pourrait supprimer le grenier et disposer des chambres comme je l'ai expliqué dans l'étude précitée.

Aujourd'hui je viens, mes chers Collègues, appliquer ma théorie à l'étage supérieur des maisons anciennes des villes et vous entretenir d'un moyen économique d'application.

Il s'agit donc ici de conserver ce qui existe en l'améliorant, à peu de frais, relativement.

---

(1) Cette communication a été égalemant faite :
1° A la Société Française d'Hygiène. (Séance du 13 janvier 1899).
2° A la Société d'Hygiène de l'Enfance. (Séance du 1er Mai 1899).

Il m'a paru utile de démontrer que, dans les bâtiments anciens, on peut obtenir des modifications profitables pour le possesseur et heureuses pour ceux qui les habitent.

Bien que nous n'ayons à nous préoccuper que de ces derniers, il n'en faut pas moins élucider la question au point de vue de la transformations pour l'engager à l'entreprendre.

J'ai donc en vue de donner au dernier étage, aux personnes qui logent sous les toits « comme on dit vulgairement » plus de jour, d'aération, et de hauteur intérieure ; soit plus d'espace et d'assainissement.

Je propose d'abord la réfection du carrelage en carreaux de Beauvais ; sa couleur d'un rouge vif et sa dureté en assurent la conservation. Quand y il a affaissement, une inégalité de pentes diverses, l'aire est en mauvais état, de sorte que les réparations partielles sont sans durée ; il faut en effet les renouveler et c'est alors plus coûteux.

Partie technique (1)

Si l'étage est éclairé par des châssis de comble (dénommées tabatières) il est bon de les supprimer pour établir des lucarnes. On supprime 3 chevrons et on fixe des poteaux sur la sablière, en les assujettissant à la charpente par des traverses fixées solidement. Les joues de ces lucarnes seront ajourées comme suit : on y place un cadre sapin de 08 et on y fait poser des fers à vitrages de 025 avec chassis ouvrant au milieu. Les parties d'angles de 0 m. 30 environ, permettent d'obtenir des parties droites, le tout vitré en verre clair.

Les châssis ouvrant à l'intérieur aéreront parfaite-

(1) Explication des termes techniques à la fin de l'article.

ment et assureront à la satisfaction des locataires des vues de côté, comme aux « Windows » si en faveur actuellement

La lucarne n'aura qu'un verre à chaque vantail afin de donner tout le jour possible. Les joues vitrées des lucarnes éclairant en biais donneront une clarté triple de celle actuelle : En voici l'explication : le jour provenant du côté droit éclairera la partie gauche de la pièce et vice versa. L'aération par le châssis procure un renouvellement d'air supérieur à celui de la lucarne à cause de son retrait causé par l'obliquité de la couverture.

2° Je propose en outre d'enlever le plâtre recouvrant les solives et de le remplacer ainsi : fixer des tasseaux à l'intérieur des chevrons à 0,30, du bord inférieur. Des lattes seront clouées sur ces tasseaux ; on place au dessous une planche soutenue par des étais, et l'ouvrier passant dans le grenier coule du plâtre liquide dessus pour former l'enduit. La cohésion est faite dix minutes après. Sur cet enduit, on y applique du plâtre fin que le maçon pare avec ses outils spéciaux.

3° Il sera fait de même à la partie inclinée intérieure de sorte que l'on obtiendra trois à cinq centimètres de hauteur supplémentaire et quelquefois davantage.

La partie inclinée étant formée de chevrons, il a pu en être employés de force inégale. En ce cas, le menuisier, par quelques traits de scie et au ciseau, supprime l'excédent des plus forts. Ainsi les solives et les chevrons seront apparents. Comme ils ont été débités à la scie pour les former, le menuisier y passera son rabot pour les parer. Le peintre faisant un enduit ordi naire sur le bois et le plâtre et deux couches de peinture, la surface aura un aspect uniforme.

Je propose que les cloisons soient également peintes à l'huile, le tout ton crème, un double filet rouge en haut et en bas de la cloison formera un ornement de bel effet.

De ces travaux, résulteront des pièces plus élevées, plus claires, plus aérées et plus saines.

On peut cependant faire mieux que cela tout en allégeant la construction, car les anciens employaient plus de matière qu'à notre époque, en opérant comme suit :

1. Enlever les tuiles, ardoises, ou le zinc.

2. — les chevrons en conservant la charpente.

3. — le bâti de la lucarne.

4. Surélever les murs de face au niveau des solives.

5. Poser les fenêtres de l'ancienne lucarne en leur adjoignant un bâti ; les poteaux étant supprimés.

Observer la concordance avec les fenêtres des étages au-dessous.

6° Poser une sablière sur le mur terminé et au dessus un basting dont on aura enlevé l'angle inférieur, pour figurer une moulure.

7° Reposer les chevrons sur le faîtage en les appuyant sur le basting et le madrier réunis.

Nota. Si la maison se trouve à la hauteur prescrite par le règlement de la voierie, on élargira le plafond en y adossant des chevrons cintrés comme je l'ai décrit dans mon étude sur la maison rurale.

La pente étant moins forte, il y a lieu de faire couvrir en zinc, en ardoise ou en tôle galvanisée. Il y sera fait des prises d'air (dites chatières) espacées de trois à quatre mètres pour l'aération du faux grenier.

La propriété aura ainsi un aspect plus moderne qui donnera une plus-value à l'immeuble et à la location.

L'enduit des plafonds sera modifié comme il est dit précédemment.

Il n'y a pas lieu — pour les logements des étages supérieurs — d'établir des cuisines dans le sens d'une pièce spéciale, mais il est bon de les pourvoir d'un fourneau modeste et d'un revêtement de carreaux de faïence continué au-dessus de l'évier. — en grès vernissé de préférence — conduite spéciale en poterie au-dessus de la hotte pour la fumée.

Aux pièces d'angles de la maison, les éviers auront leur perte d'eau dans la conduite des eaux pluviales.

Les éviers des autres pièces seront donc pourvus d'un seau.

Un châssis vitré ouvrant sur le devant ou sur la toiture donnera le jour et l'aération nécessaires.

L'ensemble sera clos par une porte à deux vantaux vitrés en verres à losanges.

Auprès sera établi une armoire à un vantail vitré de même, destinée à la vaisselle.

Ces trois vantaux donneront un aspect aussi régulier qu'agréable. Une armoire à porte pleine de même profondeur de 0,50 et du même style, destinée à la lingerie et aux vêtements, sera établie sur le côté droit de la cheminée.

La peinture des portes sera faite en deux tons ; saumon, de préférence.

Il sera posé une cheminée en marbre clair ; rouge, de préférence.

Dans la poterie de conduite de cette cheminée sera percé un trou pour le tuyau de fumée du poêle ou de la cuisinière en fonte servant en même temps de chauffage que souvent le locataire se procure pour l'hiver.

Il est urgent de le faire, car, à défaut, le locataire perce lui-même un trou où il suppose trouver une conduite de cheminée ; or, si elle appartient à celle d'un autre logement, il y a trouble dans les aspirations ; chacun d'eux se plaint des émanations du carbone. En été, cette cuisinière occasionne une chaleur trop forte ; de là, la nécessité du fourneau à charbon de bois que le propriétaire doit établir à ses frais.

L'emplacement du lit sera prévu, ainsi que celui des enfants. Il est absolument urgent de réserver toute la partie claire du logement pour la profession éventuelle des locataires.

Ces dispositions étant observées, l'aisance sera assurée.

L'intérieur étant rendu agréable et riant, la famille ne craindra pas le nombre des enfants. Ils seront tous les bienvenus.

Le père trouvant son bonheur et sa satisfaction chez lui s'y reposera de ses travaux, en donnant à ses enfants la notion juste des choses.

∴

Peut-être que la maison ancienne possède encore de grands coffres de cheminées, il serait bon de les remplacer par des poteries ; il en résulterait un meilleur tirage, plus de sécurité et une place utilisable. En effet, ces coffres ont 0,60 de large sur 0,30 de profondeur ; or, les poteries suffisantes ont 16-19.

Il sera établi sur le palier un poste d'eau de la ville en fonte émaillée, recevant dans son soubassement les eaux ménagères des éviers qui n'ont pas d'écoulement direct.

Les cabinets d'aisances communs devront être aérés sur la toiture de toute l'importance de leur surface, par un châssis vitré posé sur montants en fer élevé de 0 m. 80.

La porte d'entrée sera jointive en haut, mais avec espace libre de 0,06 par le bas, afin de former courant d'air.

L'appareil Colas émaillé est d'un bon service, si le tout à l'égout n'est pas établi. Les à-côtés de l'appareil seront en pente douce et non pas avec des renflements en maçonnerie en pente jusqu'à l'appareil.

Telles sont, mes chers collègues, les idées pratiques que m'ont suggérées mes études sur l'hygiène des maisons d'habitation et que je m'efforce d'appliquer personnellement dans la mesure de mes moyens.

J'espère convaincre afin d'assurer le bien-être, une existence meilleure et plus longue, dans des locaux sains, où la vie de famille jouira de la cohésion si recherchée par les membres du Congrès des sociétés savantes :

A. Féret.

Explication des termes du batiment dénommés dans cette étude

1. *Châssis de comble* : Châssis en fer vitré sur le toit incliné.
2. *Lucarne* : Fenêtre peu élevée en avancement sur le toit.
3. *Joues de lucarne* : Les côtés plâtrés à droite et à gauche.
4. *Chevron* : Bois de 0,c8 carré formant la toiture.
5. *Solive* : Bois de 0.80 sur 0.12 à 0.16 formant le plafond.
6. *Poteau* : Bois posé verticalement.

7. *Sablière* : Forte planche en chêne que l'on pose à plat sur le mur terminé.
8. *Madrier* : Forte planche de 0.08 sur 0.16 de large.
9. *Basting* : Forte planche de 0.06 sur 0.16 de large.
10. *Lambris* : Partie inclinée intérieure formée par la toiture :
11. *Etai* : Poteau provisoire pour support.
12. *Bâti* : Cadre supportant les vantaux d'une porte, d'une fenêtre, etc.
13. *Vantaux* : Les deux parties ouvrantes d'une porte, d'une fenêtre, etc.
14. *Tasseau* : Bois fixé à clous ou sur crémaillères supportant des tablettes.
15. *Cornière* : Fer léger recevant le vitrage.

A. F.

ASSOCIATION FRANÇAISE
POUR L'AVANCEMENT DES SCIENCES

CONGRÈS DE BOULOGNE-SUR-MER DU 14 AU 21 SEPTEMBRE 1899

XVe Section. — Économie politique

Présidence de M. Letort

Etude sur la natalité progressive, sa conservation et la diminution de l'alcoolisme (1)

Parmi les causes si complexes que nos Economistes étudient sur ce qu'il serait désirable de réaliser pour la grandeur de la Patrie et l'amener à reprendre un rôle supérieur dans le monde, je n'en retiendrai qu'une: c'est l'application d'une science nouvelle d'un grand mérite puisqu'elle est en si grand honneur chez les peuples occupant un rang prépondérant, je veux parler, mes chers Collègues, de l'hygiène qui, avec la dignité de l'existence, conserve la santé et donne aussi le charme à la vie, car sans elle nous ne saurions goûter aucun autre bonheur.

Le bonheur est le but de l'individu et l'hygiène en est un autre pour la Nation.

---

(1) Cette communication a été également faite:

A la *Société de Médecine publique et d'Hygiène professionnelle*, en 1899.

A la *Société française d'hygiène*, séance du 13 octobre 1899.

A la *Société d'hygiène de l'enfance*, séance du 3 juillet 1899.

Quelle n'est pas la joie éprouvée par les personnes fêtant le cinquantenaire de leur mariage et qui réunissent à leur table : leurs enfants, petits-enfants et arrière petits-enfants !

Actuellement, en France, nous avons dans la classe moyenne et riche une quantité de ménages improductifs, d'autres n'ont qu'un ou deux enfants. Où sont les grandes familles d'autrefois? Il en existe, mais elles sont trop rares.

Je vais donc exposer ce que je crois être la cause de la natalité inférieure en France comparée à celle des autres Etats de l'Europe et rechercher comment nous pourrions enrayer l'alcoolisme qui cause tant de ravages dans la population ouvrière.

Vous savez, Messieurs, tout ce qui est imputé à ce vice social si répandu : une intelligence dévoyée, les idées fausses, une vie déréglée, la famille désunie, des enfants malingres à sang vicié.

Quel est celui de nous qui n'a pas vu de ces intérieurs en désordre, des vêtements épars ou suspendus irrégulièrement aux cloisons, la vaisselle et les instruments culinaires disséminés, faute par la famille qui y réside, d'avoir des armoires ou autres meubles suffisants pour renfermer ce qu'elle possède.

J'ai vu un de ces ménages avec trois enfants : 8 ans, 4 ans et le dernier âgé de 8 mois, occupant une chambre d'environ 5 mètres sur 4 mètres, assez bien éclairée par deux châssis de toit, mais l'aération était insuffisante pour cinq personnes.

La chambre contenait une cheminée et un placard de peu d'importance. Le mari travaille dans le bronze imitation.

Quand il y a de jeunes enfants dans ces intérieurs

nauséabonds, on se demande comment ils peuvent y vivre, on éprouve une pitié, on sort mécontent, on a le cœur serré et on fait des réflexions tendant à l'amélioration du sort de ces familles.

Bien qu'ayant peu d'ordre par lui même, l'homme a un dégoût du « taudis », il refuse de le partager après le repas du soir en délaissant femme, enfants et méprise le paiement du loyer.

Il n'est pas stable en sa demeure et ne donne pas son adresse en la quittant, car le plus souvent, il est congédié.

Il y a, certes, des variantes et de nombreuses exceptions.

Or, si l'indifférence du « chez soi » se généralise, les Etablissements de consommations se multiplient, s'embellissent; les décorations, les glaces, les ornements de toutes sortes s'accumulent; on y remarque une nombreuse assistance. On y joue des consommations; l'homme rentre à son domicile le sang échauffé, intoxiqué par le mélange des liquides absorbés, peut-être en ébriété, mécontent d'avoir perdu au jeu, de se sentir la tête lourde et l'estomac gêné.

L'éclairage de la maison étant éteint, il tâtonne, il trébuche, il ne trouve ni son étage, ni sa porte. La contrariété augmentant par l'effet alcoolique, sa femme et les enfants couchés sont réveillés par sa mauvaise humeur. On y entend des disputes, le sommeil est interrompu ou agité.

Si un malaise se déclare, le repos de la nuit est compromis pour tous.

Le lendemain, l'ouvrier est peu disposé au travail, il a « mal aux cheveux » suivant l'expression populaire.

Il est évident que sa production à l'atelier sera de

peu de valeur. Il est à présumer que ce chef de famille ne rend pas sa femme heureuse et qu'il élève mal ses enfants : résultat facheux pour la société.

A coup sûr, c'est un mécontent, il est mûr pour l'anarchie, pour les coups de tête, à moins que, renvoyé des ateliers, il n'ait recours au vol, au crime et qu'il soit un habitué des Tribunaux et l'hôte de la prison. Il y a répression, il est vrai, mais l'homme est déchu, il ne peut plus rentrer dans le devoir, il est misérable, il a honte de lui-même et, parfois, il a recours au suicide.

Je ne crois pas charger le tableau, mais que deviennent sa femme et ses enfants ; leur existence est plus que difficile, les travaux féminins étant peu payés.

Les fils, à l'âge requis, ont recours à l'engagement militaire ; mais s'ils ont pâti dans leur jeunesse, ils sont refusés pour faiblesse de constitution. Dans ce cas, ce sont de piètres ouvriers, leur santé sera délicate, ils auront recours à l'hospice, et ils meurent jeunes. Il y a là un fait fatal pour la Nation.

La classe qui possède recherche de bons ouvriers ; souvent elle n'est pas satisfaite de son choix, elle murmure sans se rendre compte ou sans s'avouer que ses efforts ont été insuffisants pour les préparer. Cependant la solidarité qui lie les classes entre elles, son intérêt bien entendu doit la porter à réfléchir et à rechercher ce qu'il convient de faire pour améliorer cet état de choses.

Je vais tâcher de démontrer que l'amélioration des logements est une des choses qui contribuerait à relever l'état social dont nous constatons le malaise, et chercher à établir que le ménage rendu heureux dans un intérieur agréable à habiter produira des enfants sains et nombreux.

Comme intérieur, l'assainissement ne suffirait pas. Il serait bon de l'agrémenter en propageant chez le peuple le goût du bien, mais aussi celui du beau en ornant leurs demeures : d'un parquet en chêne raboté et ciré, d'ornements au plafond, corniches et rosaces avec anneau de suspension, lambris dans les chambres et dans la salle à manger. Fenêtres à grands verres.

Le développement de l'esthétique chez le peuple contribuerait à lui faire aimer son « chez lui »; l'homme serait moins nomade, plus familial ; sa moralité deviendrait plus élevée.

L'installation d'une cuisine claire peut aussi fixer notre attention. Elle aura son aération extérieure, elle sera pourvue d'eau, d'un évier à écoulement direct. Conduite spéciale de fumée du fourneau.

Les placards-armoires seront en quantité suffisante pour y placer la vaisselle et les vêtements de la famille, car le peuple possède peu de meubles ; à défaut, l'intérieur constitue un pêle-mêle qu'il importe d'éviter.

Cabinets d'aisance à effet d'eau.

Faisons appel aux architectes, aux spéculateurs en constructions, aux compagnies d'assurances qui font élever des immeubles de grande valeur, aux capitalistes qui tiennent à faire construire.

Engageons-les à faire les dépenses nécessaires aux étages supérieurs. Etablir des fenêtres et non plus des lucarnes, encore moins des châssis de comble. Il ne s'agit que d'observer la distance par le retrait, comme on le fait à l'attique du 4e étage Les chevrons cintrés donnent un meilleur résultat que les parties droites.

S'il existe des pièces sombres, il est bon de les éclairer par des réflecteurs et, comme complément, une peinture murale ton clair ornée de filets étrusques.

Je ne crois pas avoir fait de réflexions dont l'application ne puisse être résolue en fait.

Je conviens qu'il en résultera un prix un peu plus élevé dans la construction, mais soyez persuadés que le propriétaire en tirera parti ; ce qui est bon et convenable est toujours recherché.

Nous serions heureux de voir construire dans le centre de Paris, dans les rues adjacentes aux grandes voies, des maisons modestes dont les logements varieraient de 600 à 300 francs de loyer annuel et remplissant les conditions indiquées, afin que les ouvriers et les employés de condition modeste puissent se loger près de leurs occupations. Les cités ouvrières établies au loin les obligent à se lever plus tôt et à rentrer plus tard. Évitons-leur ce supplément de fatigue après leur rude labeur, ou la dépense du transport par l'omnibus ou par train spécial du matin.

Ces constructions auraient même un mérite financier, il n'y aurait pas de ces non-valeurs importantes qui se produisent pour les grands appartements que la mode capricieuse délaisse quand un quartier cesse de plaire.

En procurant le bien-être et le confort par les dispositions de la construction, on évitera l'envie, les enfants seront élevés dans un esprit de droiture par les parents heureux de leur intérieur agréable et riant. Leur satisfaction mutuelle établira une concorde continue d'où sortira une natalité abondante et saine.

Signalons en passant que, dans un but d'éducation pratique, des personnes pieuses et instruites s'associent en Patronage pour se rendre dans les centres les plus populeux, les jeudis et dimanches, afin d'inspirer aux enfants la vertu et le respect. Elles y joignent des notions d'hygiène, de travail à l'aiguille, de chant ; leur font faire des rondes enfantines et tout ce que le sentiment féminin possède de délicat, de gracieux et d'affectueux qui s'adresse à l'âme et s'y imprime.

Nous ne devons cependant pas oublier, mes chers Collègues, que la natalité fréquente que nous avons en vue de provoquer entraîne de grands frais pour le père de famille ; il faut une literie nouvelle, des vêtements et une place supplémentaire. Elle occasionne, avant et après l'époque de la venue au monde d'un enfant, une incapacité de travail de deux mois chez la mère.

D'un autre côté, le père est sujet à la maladie et au chômage de sa profession.

Il en résulte alors plus qu'une gêne, les enfants et les parents peuvent souffrir de la faim. Le désespoir amène le dégoût de l'existence ou de mauvais desseins contre la Société que l'on accuse de ses maux.

Admettons qu'un ménage puisse suffire à nourrir et à loger trois enfants, il n'en est plus de même si la production s'accroît ; je viens donc former le vœu que l'Etat accorde un subside mensuel, payable chez le Percepteur, pour chaque enfant en supplément, jusqu'à l'âge de quinze ans, époque à laquelle il peut, par son travail, remplacer ce subside. La Nation a tout intérêt à ce que ses enfants soient robustes, et ce qu'elle dépensera lui rapportera au centuple. La nourriture consommée, produite par nos cultivateurs, payée par les subsides, est une prime à la santé publique, à la formation des muscles et non au gaspillage des deniers publics.

Il me paraît que ce subside doit être différentiel et établi ainsi : quinze francs à Paris, dix francs dans les Villes et sept francs cinquante centimes au Village.

Dans l'état actuel de la société, il paraît indispensable que la femme subvienne par le salaire de son travail à aider le mari pour couvrir les frais du ménage sans pourtant négliger les enfants.

Les Crèches admettent les plus jeunes dès l'âge de quinze jours jusqu'à trois ans, de sept heures du matin à sept heures du soir. Il est à désirer, comme cela a déjà été proposé, que l'Ecole maternelle et l'Ecole communale soient autorisées à garder les enfants jusqu'à la fermeture des ateliers qui a lieu de six à sept heures.

Nous pouvons espérer que l'Etat voudra, dans l'intérêt national, s'associer à nos efforts en exonérant d'impôts les ménages ayant quatre enfants et au-dessus.

La suppression des taxes d'octroi sur les produits alimentaires permettrait de les vendre à leur valeur réelle. La moins-value pourrait être remplacée par une taxe supplémentaire sur la cote mobilière, ou plus simplement par des centimes additionnels sur le principal des contributions ; impôt courant, admis, non discuté. Cette réforme paraît acceptable puisqu'elle serait au profit de tous les habitants de la ville. Elle faciliterait l'existence des petits ménages et profiterait à l'agriculture par une consommation plus importante de ses produits.

Remarquons une fois de plus, mes chers Collègues, l'utilité des Sociétés d'Hygiène, elles portent à la recherche des problèmes sociaux. Elles en font une étude continue ; leur tribune toujours ouverte fait naître des projets, elles admettent les controverses, les idées mûrissent et la sagesse s'établit.

Ecoutons-là, et disons avec les anciens : « Laboremus »

A. FÉRET.

J'ai pensé, Messieurs, qu'il était bon de résumer ce qui, à mon avis, constitue la transformation du logement en appartement :

1. Carrelage à enlever ;
2. Parquet en chêne raboté, ciré, frotté ;
3. Cabinets d'aisances à effet d'eau ;
4. Cuisine au gaz ou avec fourneau à charbon de bois et à charbon de terre ; tiroir à charbon, en tôle ;
5. Évier en grès vernissé avec écoulement direct ;
6. Robinets en bronze : de puisage et d'arrêt ;
7. Panneaux verticaux en moulure avec décor vernis, dans la salle à manger ;
8. Panneaux horizontaux dans les chambres, peinture à deux tons et différente dans chaque pièce ;
9. Corniches dans toutes les pièces ;
10. Rosaces aux plafonds avec anneau de suspension ;
11. Tenture en papier peint de belle qualité ;
12. Fenêtres à grands verres à partir du balcon ,
13. Serrures de sûreté peintes au four avec filets dorés
14. Placards-armoire.
15. Réflecteurs s'il en est besoin.

ASSOCIATION FRANÇAISE POUR L'AVANCEMENT DES SCIENCES

CONGRÈS DE BOULOGNE-SUR-MER DU 14 AU 21 SEPTEMBRE 1899

I° et II° Sections. — Mathématiques, Astronomie, Géodésie et Mécanique

PRÉSIDENCE DE M. COLLIGNON

Considérations physiques et astronomiques (1)

Il y a un mois, j'apprenais qu'un astronome étranger, William Pickering, de l'Observatoire Lowel, à Aréquipa (Pérou), venait de découvrir un neuvième satellite à la planète « Saturne ». Il lui donna le nom de « Phœbé ».

Cet astre déjà orné d'un splendide anneau lumineux, nous semble privilégié comme clarté nocturne.

Cet ensemble vient succéder à la lumière diffuse que lui envoie le « Soleil » dix fois plus éloigné qu'il ne l'est de la «Terre». Il en résulte que la chaleur y est dix fois moindre et que le froid y est dix fois plus intense. Le thermomètre y marquerait cent degrés au-dessous de zéro, quand il en indique dix sur la «Terre» — Quand nous avons quarante degrés au-dessus de zéro, « Saturne » n'en a que quatre.

Il est évident que le règne animal et végétal doit se trouver en rapport avec cette basse température.

(1) Cette communication a été également faite :
A la Société Française d'Hygiène, séance du 13 octobre 1899 ;
A la Société d'Hygiène de l'Enfance, séance du 2 octobre 1899.

⁂

« Saturne » est donc d'un grand intérêt pour l'observateur. Que de sujets d'étude pourrait aussi nous procurer l'observation de « Jupiter » dans les variations de son applatissement polaire dû au mouvement irrégulier de sa rotation ainsi que la durée considérable de quelques-unes de ses taches !

Je présume que nos astronomes attendent avec un vif intérêt, les puissants instruments télescopiques que l'on construit actuellement et qui sont destinés à être exposés à Paris en 1900. Ils pourront nous faire connaître des détails complémentaires sur cet astre prodigieux, de sorte que notre curiosité, excitée par les controverses, pourra donner lieu à de nouvelles découvertes et peut-être à des modifications dans les moyens d'observations ; la science astronomique étant développée dans le monde entier.

Nous considérons avec délice la beauté de nos soirées où nous voyons la « Lune » s'élever si brillamment dans l'espace avec une vélocité qui étonne toujours et nous quittons avec regret ce beau spectacle pour prendre notre repos. A notre lever, le soleil matinal a déjà fait une partie de sa course.

Bien que régulier, le mouvement de ces deux astres impressionne toujours et la pensée s'extasie sur la puissance du Créateur.

En général, on ne se rend pas assez compte que la « Terre » est un astre planant dans le Ciel au même titre que les autres planètes et qu'elle brille de même pour les autres mondes suivant les phases de sa rotation.

***

Nous occupons certainement la pensée des astronomes des planètes voisines qui, de même que nous, observent, étudient notre constitution, notre atmosphère et mettent tous leurs soins à découvrir si nous avons un ou plusieurs satellites au service de nos nuits.

Bien certainement, leur curiosité, l'intérêt fraternel que ces savants nous portent, leur fait, comme à nous-mêmes, vivement regretter notre éloignement, il nous serait agréable de correspondre avec ces excellents voisins qui ne nous ont jamais causé de contrariété physique ! Nous en sommes réduits à nous contempler réciproquement — avec peu de résultat d'ailleurs — dans le silence attentif de la nuit.

***

Loin de moi, en effet, la pensée que les autres planètes soient inhabitées, je suis persuadé que toutes le sont au même titre que la « Terre. » Pourquoi aurions-nous ce privilège exorbitant que rien ne peut justifier? Il suffit de réfléchir que la puissance créatrice est infinie pour nous convaincre de l'universalité d'une existence générale.

Cette puissance créatrice dépasse l'imagination et toute expression. Remarquons que nous avons, sous les diverses latitudes, un nombre de plantes et d'essences d'arbres que nous ne pourrions classer tant il est considérable.

***

Des êtres de toutes espèces peuplent la « Terre », l'air et l'eau, et combien de sortes et de divisions ? Au printemps, des insectes en nombre infini naissent de larves déposées dans la terre en même temps que la pousse des feuilles qu'ils dévorent. Viennent ensuite les pucerons et les chenilles! Ah! l'homme vigilant doit, pendant l'hiver, brosser l'écorce des arbres de son jardin, les laver, soit au pétrole, soit avec des produits chimiques ou de chaux, suivant les circonstances et les espèces.

D'autres insectes attaquent les céréales, la vigne, les légumes, les tubercules, les feuilles et les racines des arbres fruitiers, les plantes en général.

Les fruits sont aussi visés par d'autres espèces, plus tard, les vers s'y introduisent. Heureusement, la Nature prévoyante a donné aux plantes et aux arbres une telle profusion de fleurs, de fruits et de graines, qu'elle dépasse de beaucoup l'appétit des insectes. Leur existence est du reste éphémère.

L'homme souffre également, surtout dans sa jeunesse, des infiniments petits : des spores, des bacilles ; des cryptogames contaminent ses organes, cause de maladies fréquentes qui brisent parfois sa frêle existence.

Malgré cette lutte constante entre la vie et la mort, la Nature nous donne la victoire; l'humanité progresse en nombre et la durée moyenne de la vie augmente.

***

Les spores contenus dans l'air échappent à notre appréciation exacte. Sans avoir recours à une démonstration scientifique, il suffit de percer un trou dans le volet d'une chambre obscure exposée au soleil et voir à l'intérieur s'agiter avec une ardeur singulière, le monde des infiniments petits dans le rayon de la partie éclairée, et il en est ainsi répandu partout dans l'air que nous respirons.

Ces atomes sont inoffensifs, mais dans les endroits malsains, il en est d'infectieux qui nous causent des indispositions plus ou moins graves.

⁂

En chirurgie, que de précautions sont prises pour préserver les plaies de l'invasion des microbes ; à combien de liquides acidulés, terminé par une immersion dans l'alcool, l'opérateur a-t-il recours pour rendre ses mains indemnes de ces spores impalpables et invisibles, qui ne se révèlent que par une suppuration abondante qu'il importe d'éviter.

⁂

Dans l'eau douce et dans la mer, des poissons produisent jusqu'à cent mille œufs et plus ; des naturalistes assurent que la morue en produit neuf à dix millions, afin de satisfaire tout à la fois : à la subsistance d'espèces distinctes et à notre nourriture. D'un autre côté, l'observation scientifique nous démontre que dans une mare d'eau stagnante, il s'y trouve plus d'animalcules que nous ne saurions en nombrer, puisque nos bactériologistes en accusent jusqu'à quatre millions cinq cent mille dans un centimètre cube. Les fleuves, les rivières, les sources les plus pures, celles des grottes profondes et même les eaux minérales en contiennent aussi — le moins quatre cent cinquante au centimètre cube. — Ces exemples de la puissance créatrice nous font admettre qu'elle s'est manifestée dans tout l'univers.

⁂

L'Univers possède une multitude d'astres évaluée à un milliard par un astronome. Pourquoi s'est-il arrêté à ce chiffre — l'espace étant infini ? Un appareil photographique exposé plusieurs heures obtient sur un fond noir une quantité de points blancs, sans espace entre eux et même quelquefois superposés. Ils représentent des soleils — centres d'autres mondes. Cette pluralité indique bien l'immensité du nombre.

Admirons cette grande œuvre du Créateur, inclinons-nous profondément en esprit et admettons sans réserve que chaque planète —j'allais dire aussi chaque soleil, pourquoi pas ! — contient : sa population, sa production, son règne animal, végétal et minéral.

Je trouve les traces de ce dernier règne dans les études faites sur les rayons solaires qui indiquent la présence de divers métaux.

Il a été découvert que les aérolithes contiennent du fer et d'autres métaux inconnus.

La rapidité de leur chute qui a causé intensivement leur fusion commune, n'a pas permis de les déterminer.

Et, plus près de nous, bien qu'il n'y ait pas de corrélation, la foudre tombant dans nos habitations décèle la présence du soufre.

Ainsi les planètes seraient d'une composition analogue à celle de la « Terre ». Nous devons faire ce raisonnement que, occupant notre rang parmi les autres, la matérialité de toutes doit être sensiblement la même : celle des aérolithes l'indique bien suffisamment.

Par analogie, l'esprit des habitants doit être également pourvu d'un raisonnement personnel, le dualisme — d'essence divine — étant nécessaire aux découvertes, aux études, au progrès.

Il est impossible de leur supposer un caractère uniforme : ce serait la monotonie, l'ennui, l'absence d'action, la négation de l'initiative.

∴

Il faut cependant admettre une certaine dissemblance de nature physique entre les êtres vivant sur les différentes planètes.

Leur organisme doit se modifier suivant les conditions d'existence où ils sont placés. Climat, atmosphère, pesanteur (etc.), doivent influer sur leur constitution. Il est à supposer que les êtres existant à la surface des planètes « Mars » ou « Vénus », dont l'analogie est frappante avec la « Terre », doivent avoir avec elle des caractères communs dans les manifestations de la vie ; tandis qu'au contraire les règnes végétaux ou animaux de « Jupiter » ou de la « Lune » doivent être entièrement différents des nôtres à cause des conditions toutes particulières dans lesquelles ils doivent exister.

∴

N'avons-nous pas d'ailleurs pu constater sur la « Terre » même, des transformations dans la nature de ses habitants, suivant les modifications de ses climats et de ses températures ?

Les savantes reconstitutions paléontologiques de Cuvier, nous ont fait connaître un monde étrange de végétaux et d'animaux dont les espèces ont aujourd'hui complètement disparu.

Ne voyons-nous pas encore d'une contrée à l'autre des races dont les caractères sont assez distincts ?

Aussi combien sera-t-il solennel le moment où la Science victorieuse de tous les obstacles, atteindra enfin le but cherché depuis tant de siècles et pourra découvrir sur les planètes voisines de la nôtre, la première manifestation de mouvement et de vie !

Souhaitons, Messieurs, que ces hommes qui ont dépensé leur existence, leurs peines et leurs travaux dans ces laborieuses recherches auxquelles l'humanité tout entière est intéressée, trouvent bientôt la récompense de leurs nobles efforts, et que la reconnaissance universelle leur témoigne une profonde gratitude pour tout ce qu'ils ont fait pour l'avancement de la Science et la manifestation de la Vérité.

A. Féret.

LA MAISON RURALE

(*Voir l'article page* 280)

La gravure de la page suivante indique la disposition courbée de la toiture — en impériale, suivant le terme en usage dans le bâtiment — les grandes fenêtres remplaçant avec avantage les lucarnes et les châssis de toit.

La cuisine, établie dans un placard-armoire à deux vantaux, est éclairée et aérée extérieurement par un châssis établi sur la toiture. Armoire pour la vaisselle, autre armoire attenante pour les vêtements. Ces dispositions sont particulièrement applicables à l'étage supérieur des maisons de ville.

La maison rurale conservant la cuisine et la salle à manger au rez, il n'y a pas lieu de les établir ici, sauf les armoires-placards pour les vêtements.

Une maison de 11 m. 50 à 12 mètres aurait quatre chambres communiquant par le corridor et entre elles, s'il est nécessaire. S'il n'en est pas besoin d'autant, elles formeraient divers greniers ou un seul.

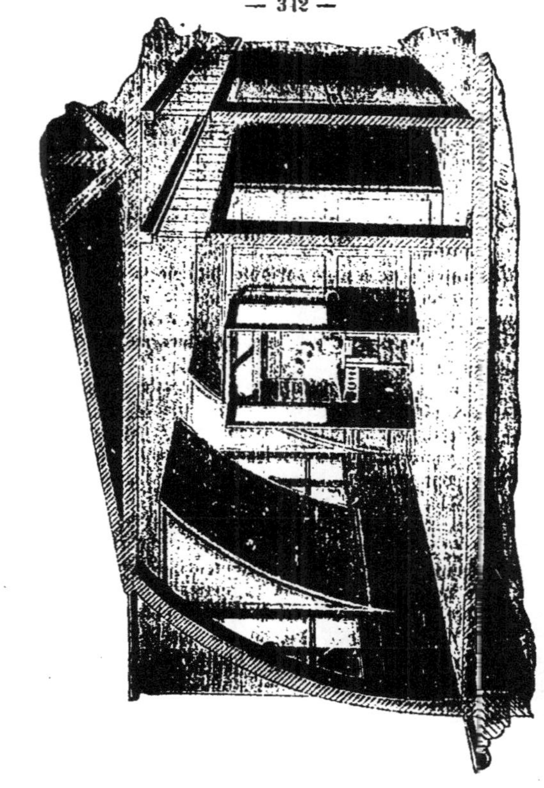

ÉTUDES SUR LES MANSARDES

DES ANCIENNES MAISONS D'HABITATION

(Voir l'article page 316)

Ces dessins que nous n'avions pas lors de la publication de cette étude, font remarquer — en comparaison — les lucarnes anciennes et nouvelles.

Ces dernières donnent, par les joues vitrées, un éclairage supplémentaire dans l'intérieur du logement; des deux côtés et de face. L'aérage, par un vasistas de chaque côté, est assuré par le courant d'air. Les verres uniques, à chaque vantail, donnent un jour supérieur à ceux divisés en plusieurs parties.

Les vues de côté — comme aux windows, si en faveur aujourd'hui, procurent l'agrément du locataire.

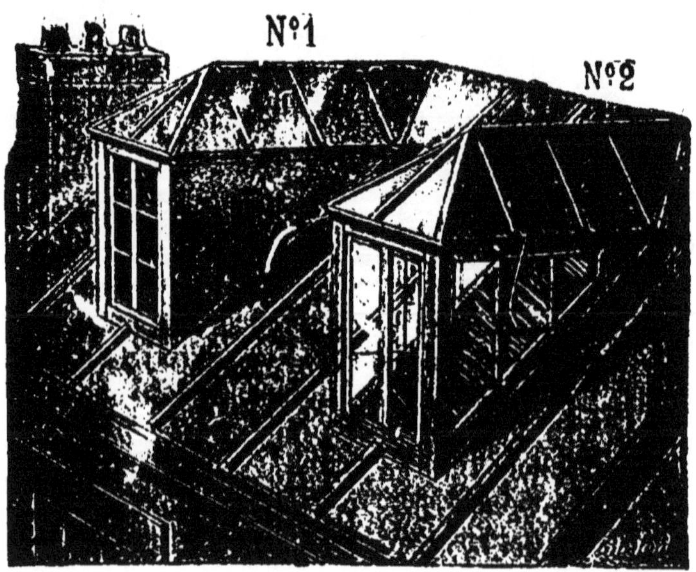

Vue de l'intérieur de la mansarde parfaitement éclairée dans toute son étendue. Comme ce dessin l'indique: le jour venant de droite éclaire la partie gauche et celui de gauche, la partie droite.

Le Journal *La Nature*, qui se préoccupe toujours des faits intéressants et nouveaux, a publié dans son numéro 1387 du 23 décembre 1899, une étude avec dessins sur cette manière de construire « la maison rurale » et l'amélioration « des mansardes » intitulée : « Les mansardes, de M. Ferret » (*sic*).

A consulter.

SOCIÉTÉ D'HYGIÈNE DE L'ENFANCE

SÉANCE DU LUNDI 5 MARS 1900.

Edilité parisienne (1).

MES CHERS COLLÈGUES,

La population de la ville de Paris augmentant, comme on sait, de trente mille habitants en moyenne par année, la circulation s'accroît considérablement, surtout dans la partie centrale ; il m'a semblé qu'il y aurait lieu de la faciliter en modifiant les services qui encombrent les trottoirs et en supprimant les obstacles des chaussées de certaines rues passantes, de sorte que je viens proposer les modifications suivantes en vous priant d'apprécier les moyens que j'indique au point de vue : de la convenance, de la nécessité et de l'hygiène générale.

***

1° Formation de candélabres d'éclairage où seraient annexés :

A. les affiches théâtrales ;

B. l'avertisseur d'incendie ;

C. les boîtes aux lettres ;

D. le distributeur de timbres-poste à 5, 10 et 15 centimes et de cartes postales.

---

(1) Cette communication a été également faite à la Société Française d'Hygiène, séance du vendredi 9 mars 1900.

CANDÉLABRE A QUINTUPLE USAGE
Éclairage, Affichage, Avertisseur d'Incendie, Boîte aux lettres, Distributeur automatique de Timbres Poste et de Cartes postales.

Ces annexions permettraient la disparition des :

2° Colonnes lumineuses d'affichage.

3° Boîtes aux lettres à réclames lumineuses.

4° Avertisseurs d'incendie.

5. Trink-hall.

6° Tourelles à eau chaude (s'il en reste).

En prenant possession du sous-sol des trottoirs, on pourrait aussi éliminer très avantageusement les :

7° Urinoirs.

8° Watter-Closet, en les réunissant suivant les explications et le dessin que je vais bientôt vous communiquer.

Il me reste encore à faire connaître une prescription nécessaire, peut-être sera-t-elle plus difficile à obtenir.

L'habitude étant prise, l'envahissement des trottoirs s'est continué, mais il est tel maintenant que l'on éprouve le besoin de demander la suppression de l'ensemble pour que la circulation sur ces trottoirs soit entièrement libre.

Indiquons les moyens de l'obtenir en s'inspirant du passé.

∴

Autrefois, les ponts sur la Seine (jusqu'en 1845 environ) étaient encombrés de petits débitants : fruits, légumes, salades assaisonnées, café noir et au lait, soupes, que les ouvriers consommaient debout et sur place. J'ai vu le Pont Notre-Dame et le Pont au Change dans ces conditions.

Rappelons en passant que sur ce dernier, feu Champion, surnommé « le petit manteau bleu », s'est fait, vers 1840 — tout en gardant l'incognito — une réputation de philanthrope en servant lui-même la soupe aux nécessiteux qui venaient lui tendre leur écuelle.

Plus anciennement, le Pont-Neuf était encombré d'échopes, de boutiques, d'articles de luxe et même de changeurs.

∴

La Municipalité de ces époques les a supprimés successivement; nos Ponts sont libres depuis longtemps, la circulation s'en trouve bien et l'esthétique en est satisfaite. Nous éprouverions, par le même effet, une semblable satisfaction.

Avant l'établissement général des quais, les rives de la Seine se trouvaient encombrées d'étalagistes populaires. La partie comprise entre le Châtelet et le Pont-Neuf était spécialement occupée par des marchands de ferraille et d'appareils primitifs de chauffage. Beaucoup de personnes, vers 1840-1850, le dénommaient encore : « Quai de la Ferraille », mais successivement les constructions neuves firent place à un commerce plus relevé tout en restant, en partie, affecté aux articles de métallurgie.

Ce quai a été dénommé : « de la Mégisserie » en souvenir des premiers occupants.

Il n'est pas besoin d'être « vieux parisien » pour se rappeler la vue des horribles sous-sols béants sur la Seine de l'ancien Hôtel-Dieu, avant la suppression — vers 1876 — de cet antique hôpital situé sur l'emplacement actuel du « Parvis Notre-Dame. »

Ces transformations, dont j'apprécie les heureux effets d'élégance par la comparaison vécue, semblent m'autoriser à m'adresser à nos Ediles, si pénétrés des besoins de la vie moderne, en leur proposant de multiplier dans les rues suffisamment larges :

Des refuges au milieu de la chaussée, pour la protection due aux personnes prudentes ou âgées, aux femmes, aux enfants, qui pourraient ainsi traverser les rues en deux fois. Les rues sont tellement sillonnées de voitures que souvent on court un danger réel. Les accidents si fréquents en sont une preuve évidente.

Il y serait placé un candélabre à éclairage intensif.

*
* *

Les *urinoirs* à nombreuses places avec *watter-closet* (1) pourraient être établis dans le sous-sol des

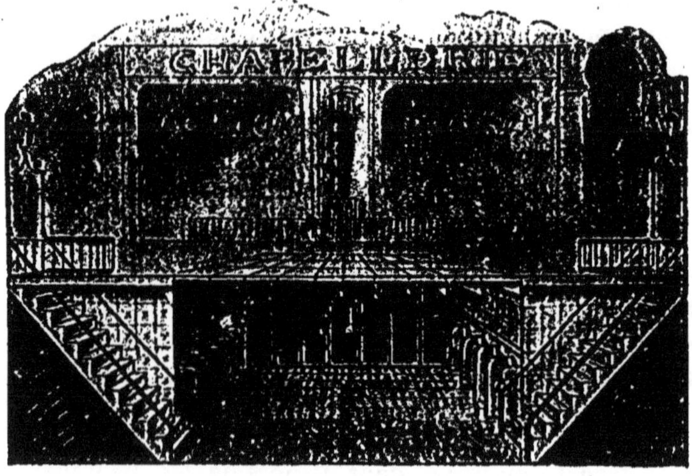

URINOIRS ET WATER-CLOSETS DANS LE SOUS-SOL
Trottoir en dalles de verre pour les éclairer. — Aération par les deux escaliers de service.

trottoirs. Ces parties de trottoirs recouvertes de dalles en verre suffiraient à les éclairer le jour ; la nuit, ils le

(1) En me rendant à Londres en 1886, au Congrès d'Hygiène et de Démographie, j'ai pu, en visitant des établissements ainsi construits, m'assurer de leur convenance parfaite. Ils sont établis au milieu de la chaussée.

seraient par un éclairage intensif. Pour les aérer, un escalier confortable d'entrée et de sortie en sens inverse, plus un tuyau d'aérage placé entre deux immeubles, appliqué contre le mur mitoyen, pourraient suffire.

Il en serait établi pour dames. Dans chacun d'eux il y aurait un gardien chargé de l'entretien et de la surveillance.

Pour faire reconnaître de loin ces établissements, je propose que, entre les deux escaliers, il y soit placé le candélabre à éclairage intensif à usage multiple, comme je l'ai expliqué. Une plaque en tôle placée dans le sens longitudinal recevrait, sur les deux faces, l'affichage théâtral.

Les *énormes tourelles* pour eau chaude — s'il en existe encore — seraient supprimées sans remplacement.

Les *trink hall*, dont il reste encore un certain nombre sur les boulevards de Sébastopol et St-Michel, seraient aussi supprimés, car ils ne répondent pas à un besoin ; nos marchands de vins, si nombreux, si accueillants, suffisent largement à satisfaire notre alimentation liquide.

Les *boîtes aux lettres* à réclames lumineuses seraient également supprimées.

Les *Fontaines Wallace*, peu encombrantes, don d'un homme bienfaisant, augmentées de nombre par la Ville, resteraient à la disposition du public qui les estime et en fait usage par la certitude qu'elles ne débitent exclusivement que de l'eau alimentaire.

Les *kiosques* élégants, récemment améliorés pour la vente des journaux, étant de dimensions restreintes, ne causent pas d'obstacle important. Acheter un journal sans se déranger est un agrément public.

*
* *

J'arrive à un des points principaux de mon étude en réclamant la suppression des :

Étalages extérieurs des magasins, qui occasionnent un rétrécissement considérable des trottoirs et, quand il s'agit de denrées, que la poussière altère forcément, c'est une véritable atteinte à l'hygiène.

Il en serait de même pour tous autres établissements.

*
* *

Je sais bien que, aussitôt, une objection se pose — le rapport assez considérable des droits — mais nous le payons trop cher par la gêne qu'il nous impose; enfin, comment le remplacerez-vous? me presseront de dire des personnes d'un esprit réfléchi, positif.

*
* *

Je me garderai bien de traiter la question, la Commission des Finances du Conseil Municipal se chargeant de trouver ou de créer les ressources nécessaires pour maintenir l'équilibre entre les recettes et les dépenses.

Il me suffit de démontrer les faits dont la disposition peut être accueillie — même par ceux que la mesure atteindrait — à cause de son utilité évidente et du bienfait général qu'elle apporterait.

J'ajoute que cette suppression d'emplacement sur la voie publique aurait encore un avantage indirect, celui de déterminer un besoin d'agrandissement des magasins en faisant louer des locaux vacants, source de revenus très importants pour la Ville et pour l'Etat.

*
* *

Les *chaussées libres.* — Je voudrais aussi effleurer un autre point du même sujet : celui des marchands avec petite voiture ou au panier, à poste fixe de plusieurs heures, en prenant pour exemple restreint : une partie du faubourg St-Denis, de la rue de Rambuteau et de la rue Montorgueil, où l'agglomération importante des marchands et de leurs acheteurs pendant leur débat sur le prix d'achat et le délai de livraison nuit considérablement au passage des voitures et surtout à celui des piétons que cette affluence retarde dans leurs affaires.

Les trottoirs se trouvant encombrés, le public pressé d'arriver se trouve obligé de se rendre sur la chaussée en se glissant agilement parmi les voitures, au risque d'être blessé grièvement.

*
* *

Comme fait social, je communique cette remarque : les ménagères, attirées par la vue directe des produits exposés sur les voitures, donnent la préférence aux marchands ambulants, de sorte que les magasins sont en partie délaissés.

Je sais bien que les agents ont reçu l'ordre formel d'éviter qu'une profession analogue se trouve de face, mais leur proximité rend cette protection illusoire.

Ces marchés nomades en pleines rues commerçantes très fréquentées sont, à notre époque, une anomalie.

Des marchés couverts me paraissent préférables. Abriter ces marchands de produits frais serait humain et correct.

Ce sont d'utiles pourvoyeurs.

Les acheteurs s'en trouveraient également bien.

*
* *

Les Places publiques. L'encombrement de ces places par les bateleurs, saltimbanques, jeux de toutes sortes, acrobates, lutteurs, théâtres forains et autres exhibitions, à l'occasion des fêtes publiques annuelles d'arrondissement, a donné lieu à des plaintes sérieuses sur l'hygiène, les mœurs et la sécurité résultant de ce séjour prolongé.

Au point de vue général, le développement continu de ces industries en plein vent donne la réalité de l'instinct nomade et aventurier, qui s'empare si vite des jeunes gens à l'esprit remuant, actif, et amateurs du bruit, du boniment et de la liberté d'allures, d'autant mieux que ces plaisirs donnant profit, leur laissent la liberté de la journée qu'ils dépensent follement pour la plupart.

*
* *

J'estime que la société, qui toujours tend à s'améliorer, obtiendrait des avantages imprévus de cette disposition d'esprit de nos adolescents, de cette fleur de la nation dont nous devons faire l'économie sociale en dirigeant ses aptitudes.

*
* *

Notre puissance coloniale, si importante, a besoin de jeunes Français ardents, actifs, débrouillards; ils pourraient aider à la colonisation en devenant des auxiliaires d'entreprises considérables en cours et bientôt eux-mêmes des colons expérimentés; faire souche de familles et fonder des agglomérations africandines.

Là est, je crois, leur avenir prospère, lucratif, souvent une source d'immense fortune. L'exemple de l'Amérique le prouve assez — il est à suivre.

*
* *

L'Algérie, la Tunisie et leurs prolongements naturels par le Sahara, par un chemin de fer de pénétration dont le projet est sur le point d'obtenir une solution pour une partie; plus tard, il nous donnerait un prompt accès dans l'Interland de l'Afrique où nous avons des points d'appui et un grand nombre d'établissements qui augmente sans cesse.

D'ici là, nous nous y rendrons par les transports maritimes.

*
* *

Je veux parler de la riche contrée du Soudan, du Congo, du haut et bas Oubanghi et des nombreux territoires qui les avoisinent, où on cultive le café, la canne à sucre, le manioc, le cacao, la vanille, etc.

Le caoutchouc y abonde et les bois d'essence précieuse. Et des richesses minières qu'il nous faudrait exploiter dans le plus court délai.

Dans nos grandes villes du Nord : Lille, Roubaix, etc., nos manufacturiers viennent, en quelques mois, de fonder plus de quarante sociétés, au capital de 600.000 francs à 3 millions chacune.

Le Ministre des Colonies leur a accordé des concessions très importantes pour les cultiver. J'apprends qu'à onze autres, plus récentes, au capital de 18.050.000 francs, le Ministre leur a accordé un ensemble de 203.540 kilomètres carrés à exploiter. Que de travaux en vue! que de bras et d'intelligences à employer! que d'emplois pour nos jeunes Français!

*
* *

Mais il y a plus : le Sénégal, la Côte d'Ivoire, le Dahomey. Et Madagascar dont l'exploitation régulière s'ouvre par les soins et la sollicitude de l'illustre général Galliéni. D'un autre côté, nous avons le Tonkin, l'Annam et l'Indo-Chine, gouvernés avec tant de tact et de sagesse par M. Doumer. Plus : un coin de la Chine.

D'autre part, la Nouvelle-Calédonie, les Nouvelles-Hébrides. Quel nombreux choix les réclame, les attend ! Allez, jeunes gens, nous vous demanderons une quantité de colis-postaux de vos produits !.

Il en sera certainement autorisé de 50 et 100 kilos.

*
* *

L'hygiène générale des diverses latitudes devra être enseignée. Des explorateurs viendront donner les détails nécessaires. Ces descriptions seraient utilement faites aux grandes écoles du soir pour les adolescents. Afin d'en assurer le succès : des leçons de choses et de métiers pourraient être données par un grand nombre de personnes de professions diverses, autorisées par la Direction de l'Enseignement.

Il serait indispensable qu'une loi rende ces cours obligatoires, de 12 à 18 ans.

Tout le nécessaire serait fait pour rendre ces cours intéressants : projections lumineuses, intermèdes de chant, de jeux, de diction à tour de rôle par les élèves, enfin tout ce qui pourrait aider à former des jeunes gens instruits et éduqués, au grand avantage de notre race, de notre avenir, de nos colonies.

Des prix, des bourses de voyages dans ces contrées, pourraient être institués en faveur des plus méritants.

A. Féret.

PERFECTIONNEMENTS IMPORTANTS DES BUREAUX

1896-1899

MODÈLES NOUVEAUX

BUREAUX { *Administratif* / *Ministre* / *Américain ou Derby*

Table pour malades. — Liseuse au lit. — Chaise orthopédique. — Bibliothèque mobile.

L'hygiène devant être rendue pratique pour être suivie, il fallait, en ce qui concerne le but que je me suis proposé d'atteindre, porter mes vues sur les grands bureaux en les perfectionnant pour les divers services qu'ils sont appelés à rendre, suivant leur destination.

Les Bureaux à dessus horizontal, avec partie inclinable à volonté, formant pupitre, m'ont semblé remplir les conditions nécessaires. Ils évitent la fatigue physique que l'on éprouve par le stage continu d'une même position, soit assise, soit debout, à un bureau de hauteur incompatible avec les besoins de sa conformation.

En effet, des personnes de même taille ont le buste plus ou moins long. D'autres ont l'abdomen plus ou moins proéminent. Dans ce cas, la partie inclinable donne l'aisance utile. En outre, la sédentarité est une cause d'indispositions spéciales qui obligent un certain nombre d'écrivains à cesser cette profession, ou tout au moins à en être gênés ou blessés dans leur santé.

Il est donc indispensable pour le bien-être, le confort et l'hygiène générale, de pouvoir varier la hauteur du bureau et d'écrire debout par intervalles.

Les bureaux représentés ici à élévation facultative et automatique, ont été créés en 1896, 1897, 1898 et 1899, quelques-uns ont figuré, pour la première fois, à l'Exposition Nationale et Coloniale de Rouen, en 1896, et à l'Exposition Internationale de Bruxelles en 1897; au Congrès International d'Hygiène et de Démographie à Madrid, en 1898 ; à l'Exposition de Toronto (Canada) en 1898, où le Jury de la Section française a décerné un diplôme d'honneur ; à la deuxième Exposition Internationale d'Automobiles, organisée par l'Automobile-Club de France, à Paris; aux Expositions du Mans et de Poitiers, en 1899, où le Jury de l'Hygiène de cette dernière a décerné un Diplôme de Grand Prix.

Beaucoup de personnes font la réflexion que cette invention se généralisera, attendu que le bureau doit, au même titre que les vêtements, être approprié à notre taille.

C'est aussi le vœu que je forme et qui a inspiré mon œuvre.

A. Féret.

Tous ces meubles sont admis à l'Exposition Universelle de 1900 :

Groupe I, Classe 1, Enseignement primaire.
— I, — 2, — secondaire.
— XII, — 69. Meubles.
— XVII, — 115, Colonies.

Et ce volume : Groupe XVI, Classe 111, Hygiène.

BUREAU ADMINISTRATIF

Exécuté pour l'Exposition Nationale, Internationale et Universelle de Bordeaux, en 1895.

BUREAU MINISTRE

Exécuté pour l'Exposition Nationale et Coloniale de Rouen, en 1896

BUREAU MINISTRE

Exécuté pour l'Exposition Nationale et Coloniale de Rouen, en 1896

— 361 —

BUREAU GENRE AMÉRICAIN

(Fermé)

Système FÉRET. — Exécuté en 1897

BUREAU GENRE AMÉRICAIN

(Ouvert)

Système FÉRET. — Exécuté en 1897

TABLE POUR MALADES

Exécutée en 1898

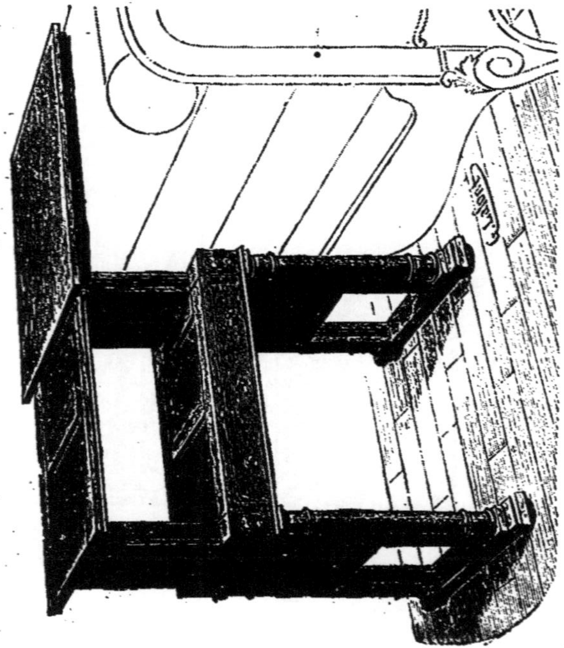

LISEUSE AU LIT

Exécutée en 1899

Ce meuble, d'un beau style, a sa place au salon ou dans une chambre. Il forme, étant baissé, une élégante Table de travail ou de jeu.

Etant incliné : de bureau, de chevalet pour le dessin, la peinture, la musique, etc.

CHAISE FÉRET

Exécutée en 1899

Orthopédique, avec partie

convexe, mobile.

Hauteur : 0 m. 90

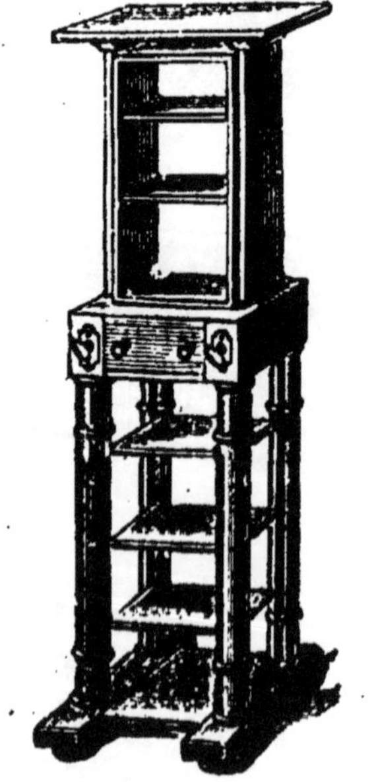

BIBLIOTHÈQUE FÉRET

0.80 baissée, atteint 1.40.
Le casier supérieur
mobile peut être enlové
pour baisser
la partie mobile.

TABLE DES MATIÈRES

De la deuxième partie du Volume

CONTENANT

DIVERSES COMMUNICATIONS

A LA SOCIÉTÉ FRANÇAISE D'HYGIÈNE
A LA SOCIÉTÉ D'HYGIÈNE DE L'ENFANCE
ET AUX CONGRÈS DES SOCIÉTÉS SAVANTES

Pages

Paris, imp. A JOUANDEAUX, 188, Faub. St-Martin.

www.ingramcontent.com/pod-product-compliance
Ingram Content Group UK Ltd.
Pitfield, Milton Keynes, MK11 3LW, UK
UKHW020059200726
13856UKWH00002B/282